［増補版］

おもてなしの経営学 理論編

旅館経営への複合的アプローチ

東北学院大学経営学部
おもてなし研究チーム ［著］

創成社

初版はしがき

本書は、ほぼ同時に公刊された『おもてなしの経営学【実践編】宮城のおかみが語るサービス経営の極意』の姉妹編にあたり、特に旅館経営や観光産業に関する理論や分析枠組みの解説ならびに旅館・ホテル経営の事例の分析に力点を置いております。おもてなし3部作としての継続性を打ち出しつつ、問題意識や視点の違いをうまく表すために、書名を『おもてなしの経営学【理論編】旅館経営への複合的アプローチ』としました。

『おもてなしの経営学』【実践編】【理論編】【震災編】の3部作が今回出版されるに至った経緯については、【実践編】冒頭にやや詳しく記してありますので、あわせてそちらをご参照いただければ幸いです。繰り返しになることを承知のうえ、どうしても述べておかなければならないのは、これら3部作が、東北学院大学経営学部が展開する実践型講義「おもてなしの経営学」から生まれた学術成果であるということです。この講義は運営方法がかなりユニークで、本学経営学部の6名の教員と「みやぎ おかみ会」に所属する宮城県の旅館・ホテルの女将が共同で学生に講義を提供しています。「みやぎ おかみ会」からは毎年4～5名の女将を講師として派遣してもらい、女将の生い立ちや経験、そして旅館経営の現実やこだわり等についてまさに実践的なお話をいただいております。ちなみに、2009年と2010年に同講義にご登壇いただいた女将の講義を中心に編集したのが既刊『おもてなしの経営学

【実践編】』であり、3・11東日本大震災発生後に実施した2011年の女将の講義を収録したのが公刊予定『おもてなしの経営学【震災編】東日本大震災とおもてなしの心』（仮題）です。

本書は、教員が講義のなかで実際に話した理論の解説や分析の内容を補正したうえで一つの著作に取りまとめたものであり、まさに「おもてなしの経営学」の【理論編】となります。また「旅館経営への複合的アプローチ」という副題には、後で詳しく述べるように本講義の運営に係わっている6名の教員の専門領域が少しずつ異なっているため、それぞれの立場から旅館・ホテル経営に関する自らの考えや分析結果をつまびらかにするという意味が含まれています。さしあたりここで、各教員の専門を紹介しつつ、各章の内容をごく簡単に解説しておきたいと思います。

まず第1章を執筆した斎藤善之（東北学院大学経営学部教授）は、商業史を専門としています。本章では、歴史研究という立場から、日本において「おもてなし」という考え方がいつ頃出現し、それがどのように広がってきたのか、さらに「おもてなし」が日本の歴史のなかでどのような行為として理解されてきたのかなどを明らかにしています。

第2章を執筆した村山貴俊（同大学経営学部教授）は、国際経営論および経営組織論を専門としています。本章では、西洋のおもてなしともいうべきホスピタリティがどのような行為であるかをいくつかの既存文献に依拠しながら明らかにし、さらにザ・リッツ・カールトンという最高級ホテルチェーンを事例として、ホスピタリティに関する一つの独自の考え方が、企業という組織体のなかでどのように実行に移され、どのように成果に結びつけられているかを明らかにしています。また、ホスピタリティ経営においては、終わりなき高質なおもてなしの追求こそが目的となり、利益はその結果であるという利益結果説の立場に立つことが大切であると指摘しています。

第3章を執筆した折橋伸哉（同大学経営学部教授）は、経営管理論および経営戦略論を専門としています。ここではまず「ものづくり経営学」における設計情報のスムーズな転写という分析枠組みを解説したうえで、「ものづくり経営」と「サービス経営」との本質部分での類似性を指摘しています。さらに、欧米の有名ホテルチェーンによる企業買収や新サービス展開といったダイナミックな戦略的経営の事例を紹介しつつ、激しい競争に対峙する日本の旅館やホテルが今後とるべき方策について提言しています。

第4章は村山貴俊が執筆し、ここでは宮城県の各旅館・ホテルの競争力構築について分析しています。特に本章では、旅館やホテルが自らの歴史、自然環境、施設、女将の経験や技などの有形・無形の経営資源をうまく組み合わせて独自のおもてなしを開発し実践していくことの重要性を指摘しています。さらに、そうした旅館・ホテルなど個の行動主体の独自性こそが、地域全体のサービスの多様化へとつながり、その全体の多様性が地域観光業の持続的発展を可能にする一つの力になることを明らかにしています。

第5章を執筆した松村尚彦（同大学経営学部教授）は、ファイナンスおよびコーポレート・ファイナンスを専門としています。本章では、事業再生マネジメントの視点から旅館業再生の問題を取り上げます。経営に行き詰まった多くの旅館に共通するのは家業の弊害ともいうべきマネジメント能力の欠如であり、旅館再生の第一として、強いリーダーシップのもと家業を企業に転換することが必要であると指摘しています。また再生ファイナンスの代表的なスキームである減資・増資およびデットエクイティースワップを解説したうえで、企業の統治構造の変化を伴うこうしたスキームの導入が、なぜ旅館再生に有効であるかを明らかにしています。

第6章（増補版では第7章）を執筆した松岡孝介（同大学経営学部准教授）は、管理会計論および原価計算論を専門としています。本章では、まず企業の財務諸表の読み方の基礎を解説したうえ、特にわが国で優良ホテルと評される帝国ホテルの財務諸表を実際に分析し、「安全性」「収益性」という二つの領域にかかわる基本指標から同ホテルの財務的な健全性を明らかにしています。そのうえで、帝国ホテルの高質なおもてなしが安定した収益性と高い安全性を生み出し、そうした財務上の収益性と安全性がさらに高質なおもてなしの追求を可能にするという好循環の存在を指摘しています。

第7章（増補版では第6章）を執筆した矢口義教（同大学経営学部教授）は、企業倫理および企業の社会的責任を専門としています。本章では、まず過去に多発した旅館やホテルをめぐる耐震偽装、温泉偽装などの不祥事や法令違反を列挙しつつ、今後は、法令遵守は当然のこととして社会的責任をより意識した経営が求められると指摘しています。他方、今般の東日本大震災では、東京の有名ホテルの一部が帰宅困難者や近隣からの避難者に対して宴会場などを無料開放したうえで食料・飲料の提供のみならず安心感という無形のサービスの提供を行ったり、また南三陸で自らも被災したホテルが地域住民の避難所となり、その後は被災した子供たちの教育支援にも尽力するなど、おもてなしの精神に則った積極的な社会的責任行動がみられたことを明らかにしています。

全7章（および一つの付録。ただし増補版では付録は未収録）からなる本書でありますが、各人がそれぞれの専門分野の立場から独自の解説や分析を行いながらも、仮に全体としてある程度統一のとれたものになっているとするなら、それは「おもてなしの経営学」という講義の運営方法に起因するものと思われます。本講義では、教員は他の教員の講義にも毎回出席しお互いの講義内容を熟知する間柄にあり、さらに日頃から他人の講義内容について建設的な意見を言い合える関係にもあります。大学というどちらかといえば個が優先される職場環境のなかで、個を尊重しつつも、お互いに自由に意見を交わせるチームワークのもとで講義と研究が進められているのです。もちろん、こうしたとりくみがなければ、「おもてなし3部作」がこのように世に問われることはなかったと思われます。とはいえ、個々の論文の質そして統一性がしっかりと保たれているか否かは、読者の皆様による批評を待つよりほかなく、この点に関して忌憚なきご意見やご指導をいただければ幸いです。

本書は、各教員が各専門領域から執筆していますが、内容自体は一般の大学生でも十分に理解できる平易なものを目ざしました。したがって旅館・ホテル経営や観光産業に携わる実務家の方にも、既刊【実践編】や近刊【震災編】と合わせて、ぜひ、本書を手にとっていただきたいと思います。例えば、【実践編】【震災編】の旅館経営の実例と本書の理論や分析枠組みの解説とを組み合わせ、おもてなしや旅館経営に関する社員研修の教材としてご活用いただければ幸いです。

最後に、既刊の【実践編】にもまったく同じことを記しましたが、東北そして宮城に暮らし3・11の大震災とその後の被害を目の当たりにしてきたわれわれ教員も、この「おもてなし3部作」が宮城や東北の魅力の再発見そして観光客の誘客につながり、東北の観光業復興の一助となることを心より願っております。

2012年10月　東北学院大学土樋キャンパスにて

編著者一同

＊本書の現地調査および参考文献・資料の一部は、科学研究費補助金・基盤研究C（課題番号24611017）の助成を受けています。

増補版について

２０１２年に初版を公刊してから約７年が過ぎました。この７年で、我が国の観光を取り巻く社会・経済状況は大きく変容しました。初版を用いて講義を進めるなかで、各章の一部の内容と観光産業の現状とにずれが生じていると感じるようになりました。このことから各章の内容を補正することにしました。

さらにこの間、海外の観光学の研究者と学術交流する機会にも恵まれ、われわれなりに観光学の理論や観光産業の実態に関する研究を進めてきました。また科研費を利用して、観光学に関する欧米の研究を収集したり、宮城県の観光地においてアンケート調査を実施したりしてきました。今回、そこで得られた知見に基づき、新たに二つの章を追加しました。全９章となり、内容もより充実したのではないかと思われます。

観光学に興味を持つ学生の学び、さらに各地で観光振興に携わる実務家の方々の実践に、本書が少しでもお役に立てることを願っております。

２０１９年2月　東北学院大学土樋キャンパスにて

編著者一同

＊本書の研究の一部は、ＪＳＰＳ科研費 15K01961 および 18K11872 の助成を受けています。

目　次

第1章　日本の歴史に見る「おもてなし」の精神文化

斎藤善之

1　おもてなしの起源―古　代

おもてなしの語源

ここでは日本の歴史のなかに「おもてなし」の起源を探り、日本文化との関係について考察してみたいと思います。まずその語源から考えてみましょう。『日本国語大辞典』（小学館）によれば、「おもてなし」は「お持て成し」と表記され、①客に対する扱い。待遇。②客に出す御馳走《ごちそう》。接待。③人や物事に対する振る舞い方。態度。④物事に対する扱い。処置。とあります。また三省堂の『大辞林』では、①ご馳走を出すなどして心をこめて客を接待すること。とあります。

このように「もてなし・もてなす」とは、歓待すること、酒宴に招くこと、食事をおごることであり、「ふるまい・ふるまう」とは、豪勢な食事、山海の珍味、酒の肴、特別な料理を意味しています。そもそも「御馳走《ごちそう》」とは、ふるまいやもてなしをするために、方々を走り回り（馳《は》せ走《はし》り）準備、用意する行為を意味する言葉でした。それがやがてそうやって心を尽くして準備して来客に食事などをふるまう意味となり、さらにはそのように準備された手のかかった料理そのものを意味するようになります。

そもそも原始社会ではこうした「振る舞い」は大きな意味をもっていたと言われています。文化人類学が明らかにしてきたポトラッチはその典型的な例です。ポトラッチとは『大辞泉』（小学館）によれば「北アメリカ太平洋岸のインディアン社会に広くみられる威信と名誉をかけた贈答慣行。主催者は盛大な宴会を開き、蓄積してきた財物を客に惜しみなくふるまって自らの地位と財力を誇示し、客も自分の名誉をかけて他の機会にそれ以上のもてなしをする」ものでした(1)。

地域社会で有力とされる家族や部族のリーダーが、家族員や部族員の誕生、成人、結婚、葬送などに際して客を招き、歌や踊りを伴う宴会でもてなしたうえ、さらに盛大に贈り物をするのです。そうすることによって主催者の家族や一族は地域社会における名誉や地位を保つことができる、あるいはそれらを上昇させると考えられました。これに対し招かれた客の側も、さらに大規模な宴会や豪勢な贈り物のお返しをすることで、それを上回る自らのステータスを誇示しようとすることもあり、そこに贈答応酬の競争が繰り返されることになります。こうした社会慣行がポトラッチです。

ただポトラッチとはいえ、このような互酬《ごしゅう》競争が際限なく繰り返されていくことはありえず、どこかでは手打ち（競争の収束）がなされたでしょうし、また競争といってもその結果はおそらくゲームの勝者と敗者のようなものであって、後の階級社会のような支配・従属関係として固定されるようなことはなかったと思われます。

おそらくポトラッチとは、それぞれが提供（消費）しうる財力の大きさを地域の人々に認知させ、それを通して地域社会における部族や家族の序列（地域秩序）を再確認（承認）することで終了したものと考えられます。またそうしたポトラッチにより、有力者のもとに蓄えられ偏在した富は、地域の人々の間で消費・再分配され、それによって社会の中の富の偏在や貧富の差は解消されていたとみられます。

市場経済以前のこと

ところでこうした儀礼が意味を持ち得たのは、一族や家族の社会的地位がその所有している財産の規模ではなくて、消費しうる財産の規模（度量の大きさ）によって決まる、という観念が支配的な社会であったからです。実はそうした観念をもつ社会は、前近代の北アメリカのネイティブインディアンだけではありませんでした。太古の時代に遡るならば、そのような観念はむしろ世界各地で広く見られたと考えられています。

現代社会を動かしているのは高度に発達を遂げた市場経済の原理ですが、市場経済は文明、すなわち古代国家の誕生とともに始まると考えられています。文明化すなわち古代における国家の成立こそ、今日に繋がる市場経済の基礎となる様々な要素をもたらし、市場を誕生させたのです。(2)

さらに市場経済の始まりは、富を自らの所有物として独占する私有財産制度と、さらにそれを後の世代へ継承させせたいとする人間の飽くなき所有への欲望を解き放ちます。こうして富をどれだけ気前よく分配・消費してみせるかではなく、私有財産をどれだけ所有しているのかが人間の価値を計る指標にとってかわられていったのです。

そうなると市場経済が始まる前、すなわち市場がなかった時代に、人間は必要とするモノをどのようにして入手していたのか、交換はどのように行われていたのでしょうか。フランスの文化人類学者マルセル・モースによれば、それは贈答であったというのです。市場経済になれば売買（等価交換）が交換の主要な手段となりますが、それ以前の社会では贈答の応酬が社会内でのモノの交換を実現する手段であり、それを贈答経済と呼ぶというわけです(3)。

このような考えにたてば、私たち（現代人）からみて無駄としか思えないようなポトラッチのような互酬競争、すなわちどれだけ消費（現代人からみれば無駄遣い）できるかを競うといった行為も、贈答経済の原理では当然のことであったということができます。そして見返りを求めない「もてなし・ふるまい」の心とは、実はこのような市場原理以前の太古の時代の交換原理であった贈答経済に起因すると考えることもできるわけです。

さて日本の歴史においては、国家の成立への胎動は、農耕（稲作）が開始された弥生時代の後期に始まるとされ、市場経済以前というと縄文時代およびそれ以前ということになります。縄文時代は東北地方を中心として約一万年続いたとされているので、弥生から現代までの歴史を二千年とするなら、その五倍以上の長きにわたり贈答経済、すなわちポトラッチの時代が続いていたということになります。日本人、とりわけ東北の人々が「おもてなし」に懐かしさと癒しを感じるのは、そのような歴史をふまえて考えてみる必要があるでしょう。

ちなみに国家成立後のことになりますが、平安時代の宮中の公式行事などでとくに椀に高く大盛りにした飯を食膳に出すことを椀飯振《おうばんぶ》る舞《ま》いと言いました。『日本国語大辞典』（小学館）では古文書での用例として「昔は大身小身《たいしんしょうしん》は申《もう》に及ばず、軽《かる》き壱人も召仕《めしつか》ふ程《ほど》の者《もの》、町人迄《ちょうにんまで》も正月は椀飯振廻《おうばんぶるまい》とて親類縁者子供まて」とあり、この椀飯振る舞いが、身分の上下を越えて行われたことを示しています。身分制社会では様々な人々が食膳を共にすること、すなわち身分を越えた共食行為はそれ自体が異例なことでした。現在でも使われている無礼講《ぶれいこう》という言葉も椀飯振舞と共通する意味合いをもって、人々の間に強く根づいて使われてきたものと思われます。こうしたことからも、太古のポトラッチはその後の社会に大きな影響を与えていたことを見ることができます。

2 旅とおもてなし——中　世

マレビト信仰

おもてなしとは、もてなす側ともてなされる側の両者の関係から紡ぎ出されるものであって、そのいずれかが欠けても成り立ちません。そのような観点から「おもてなし」の起源を歴史に探ろうとする時、民俗学者・国文学者の折口信夫《おりぐちしのぶ》が日本人の信仰観・他界観を知る重要な手がかりとした古代日本人のマレビト観念が想起されます(4)。

マレビトは「稀人」と表記され、異界から来訪する見知らぬ異人・客人のことをいいました。マレビトは英語で言えばストレンジャーです。またマレビトからマロウド（客人）が派生したとされます。

庶民層が娯楽や観光目的で旅ができるようになるのは、旅客施設や交通手段の整備が進んだ江戸時代後半以後のことであり、それよりも昔に遡れば、旅ができたのはごく限られた人々のみでした。中世以前の一般民衆は生まれ育った狭い地域や共同体のなかで一生を送り、広い世界を旅することなどほとんどなかったため、旅人はきわめて特異な存在でした。ですから当時の旅人はまさしく「稀人」であったわけです。それはまた異界からやって来る得体の知れない畏怖の対象であるとともに、異界の珍奇な物や未知の情報をもたらしてくれる魅惑の存在でもあり、この二つの相反する心性が共存し交錯したものが当時のマレビト観であったと思われます。

そうした心性は、マレビトを人の形をしながら、実は神、精霊、あるいは動物などとする信仰をも生みました。鶴女房、雪女などのお伽《とぎ》話は、いずれも人でない存在が人の姿で人々の世界を訪れるという話です。

先祖の霊があの世からこの世に回帰するとされるお盆の行事も、マレビト信仰と深い関係があると考えられています。マレビトへの視線は他力本願の宗教思想の浸透とも相まって、異界から訪れる異能者への畏怖と期待が交錯する心性を培っていたのです。

旅する人々

ところで古代から中世にかけてのマレビトとは、実際にはいかなる人々だったのでしょうか。当時、漂泊の旅に生きた人々としてまずあげられるのは「遊行者《ゆぎょうしゃ》」と呼ばれた宗教者（僧・神人）たちでした。彼らは困難であった旅を修行の場とし、また訪問した先々の地域で民衆への布教活動や勧進《かんじん》（募金）行為を行っていました。

いっぽう民衆にとって廻国の宗教者は魂の救済を果たしてくれるばかりでなく、生業や生活に役立つ実利的な知識をもたらしてくれる存在でもありました。廻国の宗教者は民衆にとって最も身近な知識人だったのです。彼らがもたらす医薬の知識は病人たちを治癒させ、その計数能力は水利や架橋などの土木事業を進捗させました。そうして作られたとされる井戸や溜池、堤や橋などは各地にみられ、その多くが弘法大師《こうぼうたいし》によってもたらされたという伝説を伴っています。水不足に悩む村を廻国の僧（その正体は弘法大師とされる）が訪れ、ここぞという場所で杖を突くと水がコンコンと湧き出て途切れぬ井戸や池となって、その後長く人々を救うというものです。こうした弘法水《こうぼうすい》伝説は、日本各地に千五百箇所ほどもみられると言われています。さらには弘法大師が発見したとされる温泉も各地に散在しています。(5)

弘法大師とは、周知のように真言宗の開祖である空海《くうかい》〔七七四〜八三五〕のことであり、伝説が残る各地を本人が実際に訪れていたことはあり得ないとみられますが、廻国した無数無名の宗教者を弘法大師に仮託することによって民衆の願望を記憶させるキーワードが「弘法大師」であったともいえるでしょう。このようにマレビトは地域民衆が抱える課題を解決してくれるマージナル（呪術的）な力を有する異能者であり、その来訪は怖れられつつも待望されるものであったのです。

そのほか旅に生きた人々といえば、旅回りの芸人（芸能民）とか、遠隔地交易に従事した商人などもあげられます。地域に生きる人々にとって、芸能民は娯楽を、そして商人は珍奇な物品をもたらす存在であり、そのうえいずれもが興味をかきたてられる異世界の情報を携えてくる人々でした。彼らもまた宗教者同様、地域民衆から待望され歓待された人々であったと考えられます。こうして古い時代の日本には、マレビトに対し宿や食事を提供して、これをもてなすという風習が広くみられるようになるのです。

説教節「小栗判官」

このようなまれびと歓待の習俗が、中世日本社会の民衆の心性と融合して生み出されたといわれるものに説教節《せっきょうぶし》の小栗判官《おぐりはんがん》があります。説教節とは、文字が読めなかった中世の庶民に仏教の教義や経文《きょうもん》を説く唱導《しょうどう》（説法）から発展した民間芸能で、僧形の芸人が街頭《がいとう》や門《かど》付《づ》けで節をつけた説教を行いました。その伴奏にはササラや鉦《かね》、後には三味線《しゃみせん》なども使われました。なかでも五大説教節と言われたのが「小栗判官」のほか「山椒大夫《さんしょうだゆう》」「かるかや」「しんとく丸」「ぼん天国」などで、それらは中世の民衆社会の底辺に深く浸透していました。[6]

小栗判官のストーリーは、簡単に紹介すると次のようなものとなります。

京都の名門公家《くげ》の家に生まれた貴公子《きこうし》小栗は、美しい娘に化けた大蛇と契りを結んだことから父に勘当されて常陸国《ひたちのくに》に流されてしまいます。そこで小栗は絶世の美女照手姫《てるてひめ》の噂を聞いて、その父横山氏の目をぬすんで屋敷に押しかけ照手姫と夫婦の契りを結びます。それを知った横山は怒り、小栗を宴会に招くと毒入りの酒を飲ませて殺し、照手姫も生かしておけないと川に流してしまいます。その後、照手姫は相模国《さがみのくに》に流れ着き、地元漁師の長者に救われますが、その妻に妬まれて人買い商人間を転売されて最後に美濃国青墓宿《みののくにあおはかしゅく》の遊女宿《ゆうじょやど》に至ります。そこで照手姫は貞操を守るため遊女になることを拒み、常陸小萩《ひたちこはぎ》と呼ばれて水仕女《みずしおんな》（台所廻りの下女）となり、苛酷な労働に耐える日々を送るのでした。いっぽう小栗は地獄の閻魔《えんま》大王の計らいでこの世に戻されますが、目も見えず口もきけない餓鬼《がき》（病者・障害者）の姿となり、胸に下げられた掛札《かけふだ》には「この者を藤沢の遊行《ゆぎょう》寺の上人《しょうにん》に渡すので熊野《くまの》の本宮《ほんぐう》で本復《ほんぷく》させよ」とありました。これをみた上人は餓鬼阿弥陀仏《がきあみだぶつ》と名づけて「この者をひと引きすれば千僧供養《せんぞうくよう》、ふた引きすれば万僧供養《まんぞうくよう》」と札に書き加え、土車《つちぐるま》（いざり車）に乗せて東海道へと送り出します。餓鬼阿弥を乗せた土車は無数の人々の奉仕の手で少しずつ引かれては西へと向かい、やがて青墓に至ります。たまたま引き手がなくうち捨てられた土車の餓鬼阿弥を見かけた常陸小萩。夫小栗の供養のためにと五日の休みをもらい、夫とは知らぬまま近江国大津宿《おうみのくにおおつしゅく》まで餓鬼阿弥を乗せた土車を引いていくのです。しかしそこで休みは終わり、常陸小萩は「本復されたら美濃国青墓の常陸小萩を訪ねてください」と札に書き添えて帰っていくのです。餓鬼阿弥はその後苦難の旅を続け、四百四十四日目についに熊野本宮にたどり着きます。そして湯の峰の壺湯《つぼゆ》で湯治すること四十九日目にして餓鬼阿弥はついに元の凛々《りり》しい小栗の姿となって甦ったのでした。都に戻った小栗は帝《みかど》への謁見を果たし、常陸国や美濃国を拝領して国守となります。そして小栗は横山を討ち亡ぼし、青墓の遊女宿の照手姫と再会して二人は晴れて幸せな夫婦となるのでした・・。

熊野詣

当時の熊野は人々の憧れの地でした。生涯に三十四回も熊野行幸（詣で）を行ったことが知られる後白河法皇〔一一二七～一一九二〕も、自ら編さんした『梁塵秘抄《りょうじんひしょう》』のなかで次のように詠っています。

熊野へ参らむと思へども　徒歩《かち》より参れば道遠し　すぐれて山きびし
馬にて参れば苦行《くぎょう》ならず　空より参らむ　羽を賜《た》べ若王子《にゃくおうじ》

熊野詣でに行きたいと思うけれど、徒歩で行けば道は遠い、そのうえ山は厳しい。馬で行っては苦行にならない。そうだ空から参ろうか。羽をくれ若王子よ。というのです。若王子《にゃくおうじ》神社には熊野権現のお使い八咫烏《やたがらす》が祀《まつ》られています。遙かなる熊野への憧憬と困難さが、空を飛んで行きたいという空想を生んだのでしょうか。大行列を引き連れて食糧をはじめ様々な必需品を供の者に運ばせるなどして、それなりに快適な旅ができた後白河法皇にしてこのように詠っているのですから、庶民にとっては熊野詣は苛酷な旅であったにちがいありません。個人で携行できる食糧など限られており、途中で体力が尽きあるいは食糧が尽きて行き倒れとなる人もけっして少なくなかったといわれています。熊野巡礼の長い旅は沿道の人々の厚志にすがり、そのおもてなしに預かることで初めて目的地に到達できるものでした。それでも「蟻《あり》の熊野《くまの》詣《もうで》」とまで言われたほどに熊野三社への巡礼者の群れは途切れることなく続いたといわれます。(7)

なぜ熊野がそれほど当時の人々を惹きつけたのでしょうか。熊野は当時、あの世（黄泉《よみ》の国）へ通じる所と考えられ、そこから熊野に参詣すればどんなに傷つき病んだ肉体であれ魂であれ再生できると言われていました。そのことと関わって、熊野の神（熊野権現）は「信《しん》不信《ふしん》をえらばず、浄不浄《じょうふじょう》をきらはず」と託宣《たくせん》（夢告）したとされ、身分や性別そして信仰の有無すらも問わず、人々を受け容れる寛容さ、一種の平等観念を有していたと言われます。そこに当時の人々は憧れ惹かれたのでしょう。説教節の小栗判官はまさしくそうした熊野への人々の思い、当時の庶民の願望が凝縮した物語なのです。(8)

そのうえ小栗判官は、貴種流離譚《きしゅりゅうりたん》というもうひとつの特質をもっていました。貴種流離譚とは、高貴な血筋の人が訳《わけ》あって落ちぶれ、漂泊の旅に出て様々な試練に遭遇し、苦難を乗り越えた末にもとの地位に復帰するという説話《せつわ》文学で、このモチーフは普遍性をもってお り世界各地にみられるものです。社会の底辺で虐げられ傷病に苦しむ民衆にとって、今は落ちぶれているけれどもほんとうは高貴な血筋なのだ、そしていつかは心も体も新たに再生し幸せになれるのだ、という言説がどれほど心を捉えたことでしょうか。(9)

かつての熊野巡礼の道は、今は熊野古道と呼ばれ、二〇〇四年七月に世界で二例目の道の世界遺産「紀伊山地の霊場と参詣道」に登録されました。ちなみに一例目はフランスからスペインに至る「サンティアゴ・デ・コンポステーラの巡礼路」です。これがキリスト教の聖地巡礼路として記録に現れるのは一〇世紀中頃とされ、一一世紀にはヨーロッパ中から多くの巡礼者が集まり、最盛期の一二世紀には年間五〇万人もの人々が巡礼に赴いたとされています。目的地のサンティアゴはイベリア半島の先端にあり、フランスからでも約八〇〇キロの道のりでした[10]。

　これに対する熊野古道は、難波《なにわ》から紀伊半島の先端にある熊野大社に向かう巡礼路で、十世紀に始まり、一一、一二世紀に最盛期を迎えたとされています。紀伊半島をめぐる大辺《おおへ》路《じ》・中辺路《なかへじ》・小辺路《こへじ》の三つのルート、さらにそこに至る紀伊路と伊勢路の二つのルートを加えると全長は優に千キロを越えるといわれています。

　こうしてみると、一一、一二世紀を最盛期とすること、半島の先の海へと向かう巡礼路であり、そして千キロにおよぶというその距離など、ふたつの世界遺産の巡礼路には共通する点が多いことが注目されます。そのうえいずれの巡礼路においても、沿道の住人たちによる巡礼者へのおもてなし（日本では喜捨《きしゃ》とかお接待《せったい》ともいわれる）が行われていました。

　ちなみに現代の日本における巡礼路として有名なものに四国お遍路《へんろ》道があります。弘法大師ゆかりの札所《ふだしょ》八十八箇所を巡礼する道の全長はおよそ一四〇〇キロもあるとされ、平安期に巡礼が始まり江戸時代に最盛期を迎えて現代に至っているといわれます[11]。ここでは今もなお巡礼者（お遍路さん）への「おもてなし」が行われています。地元では「御接待《ごせったい》」と呼ばれ、食べ物、飲物の提供、接待所《せったいしょ》と呼ばれる休憩所の開放、善根宿《ぜんこんやど》と呼ばれる宿舎の提供など様々な形をとっていますが、いずれもすべて地元の住民らによって無償で提供されています。こうしてみると中世社会における人々の信仰、そして聖地への巡礼の歴史の遺産は、その後の日本のおもてなしの文化の形成にきわめて大きな影響を与えたといえるでしょう。

廻国伝説

熊野詣や四国遍路などの巡礼とも密接に関わりつつ、もうひとつ中世に流布した伝説に廻《かい》国伝説《こくでんせつ》があります。(12) 貴人や為政者がその身分を隠して諸国をめぐり、庶民と交わるとともに不正を糺《ただ》すというもので、中世においては鎌倉幕府の執権であった「北条時頼の廻国伝説」が有名ですが、江戸時代になると「水戸黄門漫遊記」へと「現代化」されます。北条時頼の廻国伝説とはどのようなものなのか、有名な謡曲《ようきょく》「鉢の木」のあらすじから見てみましょう。

ある大雪の日の夕方、諸国遍歴の旅の僧が上野国《こうづけのくに》（群馬県）佐野《さの》の貧しい民家を訪れて一夜の宿を頼みます。帰宅した主人はこれをいったんは断りますが、途方にくれる僧を見て「それではろくなもてなしもできませんが、それでよろしければ」と家に招き入れます。貧しい粟飯を食べ囲炉裏端《いろりばた》で語りあううち、僧は主人の教養人格のただ者でないことに気づき、その身の上を訊ねると主人はその境遇を語り始めるのでした。自分の名はもと佐野源左《げんざ》衛門常世《えもんつねよ》といって近在の佐野庄《さののしょう》三十余郷を支配する領主でしたが、一族の者に所領を騙し取られて落ちぶれてしまったのです。しかしやせても枯れても自分は鎌倉の御家人であり、もし幕府に一大事あれば瘠《や》せ馬にまたがり、ただちに鎌倉に駆けつけて幕府のため命を投げ出して奉公するつもりであると胸の内を語るのでした。

そのうち囲炉裏の薪がなくなりかけると、主人は家の外から梅と桜と松の盆栽《ぼんさい》三鉢をもって来てそれをナタで叩き折ろうとします。僧は驚いて止めますが、主人は「何もおもてなしもできないのが残念なので、せめてもの気持ちとして最後の盆栽を薪にするからそれで暖まって欲しい」と語り、一鉢ずつ叩き折っては火にくべるのでした。旅の僧は黙ってその火をじっと見つめていました。翌朝、僧は何度も礼を言って旅立っていきました。

しばらくして鎌倉から一大事との緊急動員令が下されます。関東八ヶ国の御家人たちは「いざ鎌倉」と先を争って鎌倉にかけつけます。そのなかに佐野常世の姿もありました。居並ぶきらびやかな諸将のなか、壊れた鎧を身につけ錆びた刀を携えた貧相な常世は笑いものとなります。そのうち常世が呼び出されます。粗末ないでたちが咎《とが》められるものと覚悟する常世ですが、幕府首脳陣の前に召し出されてみると、目の前の北条時頼が実はかつての雪の日の旅の僧であることを知って驚くのでした。時頼は常世が約束を守って馳せ参じたことを褒め、佐野庄三十余郷を常世に返し与えただけでなく、薪となった三鉢の盆栽のお礼にと、梅・桜・松にちなんで加賀国梅田庄、越中国桜井庄、上野国松井田庄の三つの庄園を新たに恩賞として与えたのでした。こうして常世は晴れて故郷に帰還していくのです・・。

鉢の木は、能を大成した観阿弥《かんあみ》〔一三三三～一三八四〕の作とも言われ、室町時代後期に広く上演されて人気を博した能の名作です。なお佐野庄《さののしょう》は実在したことが確認されていますが、佐野常世という人物は実在が確認できません。また北条時頼（一二二七〜六三）は鎌倉幕府の第五代執権《しっけん》でしたが、廻国が事実かどうかについては議論があります。執権引退後の時期もあるので廻国もありえたとも言われますが、やはりそれは無理であろうと否定的にみられています。[13] つまり鉢の木の物語はフィクションとされているわけですが、だからこそいっそう純粋に当時の人々の願望が反映されているともいえます。[14]

このように「鉢の木」は、古代以来のマレビト歓待の伝統をモチーフに、鎌倉御家人の困窮化と所領の回復といった当時の社会の願望をふまえたストーリーとして再編され、能という当時最高の芸能表現によって人々に広く受容されていったとみられます。

ここにも日本的な独特の「おもてなし」の観念の形成がうかがえます。例えば食べ物などはないけれども、丹精《たんせい》込めた盆栽を相手のために薪にするという、もてなしとしてはモノよりも精神的な行為に高い価値がおかれること、それが貧しい旅の僧に対してなされ、見返りが期待されないこと、そしてこのようにして供与された精神的な接待に対して、もてなされる側もそれを理解し享受できる洞察力（客側の精神的力量）が求められることなどで、これらは物質的な大盤振る舞いとは一線を画する精神性の重視が見て取れ、日本的なおもてなしの要件としてさらに次の時代の茶の湯の世界へと繋がっていくのです。

3　茶とおもてなし─近　世

おもてなしと茶の湯

「おもてなし」といえば、茶の湯を連想する人は多いのではないでしょうか。また現代日本では、日常的な接客の場面でも茶はきわめて重要な役割を担っています。

そもそも茶は最初、平安時代に遣唐使によって日本にもたらされたとされますが、それは烏龍茶のような半発酵茶であったといわれます。また唐の文筆家陸羽《りくう》〔七三三〜八〇四〕が著した『茶経』三巻には茶の歴史、栽培法、製造法、飲み方などが記述されており、その書の日本伝来によって茶に関わる知識も日本にもたらされたと考えられています(15)。

その後、鎌倉時代に宋に留学し、日本に臨済宗（禅宗）をもたらした禅僧栄西《えいさい》〔一一四一〜一二一五〕が、帰国時に茶の苗木を持ち帰ってきたのが日本における茶の栽培の最初ともいわれます。さらに栄西は『喫茶養生記《きっさようじょうき》』（国宝。上下二巻）を著したことにより、日本茶の始祖ともいわれるようになります。そこには茶の種類や抹茶の製法、喫茶のもたらす効用、病気に対する薬効などが書かれており、茶は最初は薬として服用されていたものが、栽培の普及にともない、次第に嗜好品として飲まれるようになっていったことも分かります。

ところで、これ以後の日本における喫茶の普及がうかがえるいくつかの画像資料を紹介しましょう。

これは一二九九年に制作された「一遍聖絵《いっぺんひじりえ》」（別名「一遍上人絵伝《いっぺんしょうにんえでん》」）の一場面で、京と難波を結んだ淀川沿いの街道（淀街道）の風景が描かれたものです。柳の木の下に小屋があり、二人の女性が棚の上に上がって、並べた器に茶らしきものを淹《い》れています。客の旅人らしき人は棚にもたれ、休息しながら茶を立ち飲みしているようです。茶の栽培が始まったとされる時期からほぼ一〇〇年が過ぎた頃、人通りの多い街道沿いにはこのような茶店が出現するようになっていたのです。

「茶店」1300 年頃（「一遍上人絵伝」）

ちなみに一遍〔一二三九〜一二八九〕は伊予国（愛媛県）に生まれました。武家の身分や妻子を捨てて出家し、諸国を遍歴して念仏踊りを広める布教活動を行い、時宗《じしゅう》の開祖となりました。これこそ実際に廻国した宗教者ということになります。当時の仏教（密教）が王侯貴族を布教対象としていたなか、一遍は社会の底辺に見捨てられた人々に布教の手をさしのべました。それゆえ一遍の生涯を描いたこの絵巻には、このような市井に生きる様々な人々の様子が活写されています。この場面は描かれた茶店としては日本最古の画像といえるかもしれません。

こちらは先の絵からさらに約二五〇年後にあたる一五六五年頃に制作されたといわれる「洛中洛外図屏風《らくちゅうらくがいずびょうぶ》」（上杉本）の一場面です。京都の近郊、人の往来する道に面した茅葺《かやぶ》きの建物が描かれています。三面は壁に囲まれていますが、前面は壁がなく人々が自由に出入りできるオープンスペースになっています。内部は土間で中央には竈が据えられ、湯を沸かしています。主《あるじ》が柄杓《ひしゃく》を手にしており、茶を淹れているようにみえます。また壁際には腰掛けがしつらえられ、そこに客が座って何か飲んでいます。

「茶店」1565年頃（「洛中洛外図屏風」）

「洛中洛外図屏風」は応仁の乱後、復興しつつある京都の様子を描いたものとされています。作者は狩野永徳《かのうえいとく》〔一五四三～一五九〇〕。発注者は織田信長で、これを上杉謙信に贈ったとされています。その後、これを上杉家では家宝として代々伝え、現在は米沢市の所蔵となって国宝に指定されています。

次の絵は一五〇〇年頃に制作された「七十一番職人《しょくにん》歌合《うたあわせ》」の一画面で、対とされる二人の商人が描かれています。右の商人は「一ふく一せん」（一服一銭）と記され、科白《せりふ》が「こ葉《ば》の御茶をめし給《たま》へ」（粉葉のお茶を召し上がれ）とあります。粉茶というのは抹茶のことでしょう。これをこうして一杯いくらで売っていた商人がいたのです。

左の商人は「せんし物うり」（煎じ物売り）とあり、科白は「おせむし物、〳〵」（御煎じ物）とあります。「おせんじもの」とは煎茶でしょうか。あるいは煎じ薬のようなものかもしれません。こちらは天秤棒《てんびんぼう》に吊した携帯型の竈に釜を据えて湯を沸かして何か煎じている姿が描かれています。

「お茶売り」1500年頃（「七十一番職人歌合」）

いずれも当時の窯や釜、茶器などの様子が具体的に分かる貴重な資料です。これによれば現代の茶の湯でも使われている基本的な道具が、この時点ですでにおおむね出揃っているように見えます。茶を一杯ずつ販売する形態といい、行商タイプの形態といい、喫茶が都市では庶民生活に浸透しつつあったことが分かる貴重な史料といえるでしょう。

闘茶から侘び茶へ

日本における茶道の始祖は、臨済宗の禅僧南浦《なんぽ》紹明《しょうみょう》〔一二三五～一三〇九〕といわれています。南浦は、中国（宋）留学の帰りに茶会の作法や茶道具などを日本にもたらしたとされる人物です。その当時、中国では茶会が流行していたといわれますが、そこでは茶の産地を当てる遊びである闘茶がさかんに行われ、これが日本に伝えられ貴族社会でもてはやされたといわれています。一三三二年に光厳《こうごん》天皇が貴族たちと「飲茶勝負」を行ったという記録もあり、将軍や大名らも金にものをいわせて蒐集した高級輸入品の「唐物《からもの》道具」を飾り付けるなど、当時の茶会は派手で華美なものでした。さらに婆娑羅《ばさら》大名として知られる佐々木道誉《どうよ》〔一二九六～一三七三〕は莫大な景品を賭ける「百服茶《ひゃっぷくちゃ》」の茶会を開くなど、闘茶は賭博の場にもなっていました。そのためか「建武式目《けんむしきもく》」〔一三三六〕では「茶寄合《ちゃよりあい》」（闘茶）の禁止令が出されています[16]。

このような風潮のなかで、茶会の物質的な華やかさでなく、飲酒や賭博を禁じて、主人と客の精神的な交流を重視する日本的な「侘《わ》び茶《ちゃ》」への道を拓いたのは村田珠光《むらたじゅこう》〔一四二三～一五〇二〕でした。珠光は小さな四畳半の質素な草庵を茶室とし、そこに能の精神を融合させることで茶会に精神的な深みを追求しようとしたのです。

その後、武野紹鴎《たけのじょうおう》〔一五〇二～一五五五〕が高級輸入品である唐物の茶器によらず、むしろ日常的で素朴な生活雑器を茶器として取り入れることにより、茶の湯を侘びの精神をもつ「茶道」へと高めていきました。

そのような精神性を重視する侘び茶の世界をさらに突き詰めて大成させたのが、千利休《せんのりきゅう》〔一五二二～一五九一〕でした。利休は茶会を「人をもてなす際に現れる心の美しさ」すなわち「和敬清寂《わけいせいじゃく》」の精神を追求する場であるべきとし、人をもてなすことの本質を追求しました。そのためには遊びの要素を排除して、「一期一会《いちごいちえ》」の緊張感のある主客の心を尽くした交流を中心とする茶の湯の世界を作り出し、そこに「茶道」が完成したのです。

侘び茶の作法

茶道における正式な茶会を茶事《ちゃじ》といいます。現代の茶事の流れを簡単に見てみましょう。
茶事に招待された客はまず寄付《よりつき》に通されます。客が揃うと案内に従い小門から路地《ろじ》（庭）に入ります。亭主の心遣いの打ち水がなされた飛び石の通路を行くと外待合《そとまちあい》があり、そこの腰掛けで心を整えながら待ちます。やがて亭主の迎付《むかいつき》の合図があり、客は茶室へ向かいます。客は茶室の前にある蹲踞《つくばい》でまず手水《ちょうずい》を使い、にじり口と呼ばれる小さな入口から頭をかがめて茶室に入ります。床の間には季節に合わせた掛軸や生花があしらわれ、夏は風炉《ふうろ》が置かれ、冬は炉《ろ》が切られています。茶席に客が座ると亭主が勝手口から現れ、挨拶の後に茶事が始まります。茶室の中は静寂に保たれ光も抑えられており、主客ともに茶事に没頭することができます。初座では炉（風炉）に炭をつぐのを見る炭点前《すみてまえ》（初炭）、心づくしの料理である懐石《かいせき》（一汁三菜《いちじゅうさんさい》）、菓子をいただき、終わると客はいったん露地に退出します。その後銅鑼《どら》の合図で再び茶室に席入《せきい》りします。これを後座といい、まず一同で濃茶を回し飲み、炭手前（後炭）の後、薄茶をいただいて客は茶室から退出します・・・。

　こうして見ると、まさしく鉢の木の一夜の主客の語らいのような場が、茶事ではより洗練されて意図的に作り出されているといえるでしょう。鉢の木の出会いは予期しない偶然のものであったのに対して、茶事では人為的に主人と客が濃密に相対するための空間が作り出されたのです。そして主客が精神的交流のみに集中できるよう、茶室はそれに必要ない要素を全てそぎ落とし、究極の簡素で最小限の空間を作り出したのです。

茶の湯の歴史的意義

当時は天下統一の時代でした。天下を掌握した権力者の権威を誇示する絢爛豪華、威風堂々とした城郭建築や御殿建築が次々と建てられ、そのなかで様々な儀式や儀礼が執り行われました。めまぐるしく変化する政治情勢のなかで、権力構造や権威の秩序は常に変動しており、したがって権力者たちは互いの序列や関係をこうした儀礼において絶えず確認することが必要だったのです。それゆえ儀礼の場となった空間は、権威が誇示される壮大で華美なものとなり、儀式も格式や形式が重視される荘重なものとなりました。そのようなデコレーションされたパブリックな空間が重視されればされるほど、それとは対極的な狭小で質素な空間の必要性も高まることになったと考えられます。なぜなら権威や儀礼漬けのなかでむしろ人として本音で語り合える場、腹を割った心の交流ができるプライベートな空間が求められることになったからです。そして茶室こそそれにふさわしい空間であったのです。

茶室は主従制の原理が支配する身分制社会にあって、いったんその中に入ればそうした原理に縛られずに人間として対面できる異空間といえる特質をもっており、それが茶室の革新性でもありました。中世から近世への移行期にあたる安土桃山文化は、同時期の西洋社会におけるルネサンスにも較べられる人間としての自由な精神性がみられると評価されますが、茶室は日本的なおもてなしの心の粋を突き詰めて、自由な精神性を獲得した象徴的な存在であったともいえるでしょう。

しかしそうした精神性を突き詰めていく茶の湯の世界は、究極的には主従制と身分制の原理に抵触することにもなりました。利休の茶の湯におけるおもてなしの心の追求は、物質的な虚飾の世界を廃し、精神的な世界の至高性を追求するものであり、また狭い茶室の中だけとはいえ、そこでの主客の対等性を強調したことで、当時の絶対権力者であった豊臣秀吉からはその心のありようが危険視されることになったのではないかと考えることができます。

利休は最後に秀吉から死を賜ることになるのは有名な話ですが、その理由には諸説があります。大徳寺の山門に自分の像を設置して秀吉を見下ろしたというものや、秀吉が利休の娘を側室に望んだがこれを拒否したというもの、生活雑器である茶器を高額で売買して私腹を肥やしたというものなど、様々にとり沙汰されています。

しかし本稿では、これまでの考察から、利休の死については次のように考えたいと思います。これも諸説のひとつとして、政治上の最高権力者である秀吉と芸術家利休のプライドの対決というものがありました。それと近いのですが、茶の湯の精神性、おもてなしの心を至高のものとするためには、茶室の中においてはたとえ最高権力者であっても絶対的なものとせず、あくまで相対的なものと位置づけようとしたのではないでしょうか。利休を取り立てた信長は、そのような精神性についてもある程度理解していたとも考えられますが、秀吉はそのような精神性を容認することはできず、絶対者を認め身分制原理に服従して茶室の中にもその精神を持ち込むのか、あくまでそれを拒むのかの選択を迫ったのではないかと考えます。これに対して利休は、茶の湯の精神世界の絶対不可侵性を選びとり、その結果として秀吉から死を命じられることになったのではないでしょうか。そのことは却って茶の湯の精神を究極的、絶対的なものとして完成させることに繋がったのではなかったかと考えます。

大宮富貴呼おかみのお茶のおもてなし

私たちの「おもてなしの経営学」は二〇〇九年度から始まりましたが、おかみの講義の第一回目に登場されたのが遠刈田《とおがった》温泉の旅館三治郎《さんじろう》の大宮富貴呼《ふきこ》おかみでした。大宮おかみは、おもてなしとは何かを長年のおかみの実践のなかで突き詰めて考え、また全国各地さらには海外を旅するなかで模索し、その結果として旅館のなかに特別な場をしつらえてそこでお客様にお茶出しをすることに至ったとされます。そのお茶出しのコーナーはまさしく茶室の精神に通じるものです。大宮おかみはその思想を次のように語っています。

「おもてなしということは日本の文化だと思います。私たち日本人でなければ細やかな感性はとても表現できないと思います。それがおもてなしであって、そして感謝、ありがとうという気持ちであって、どうすればお客さんが喜んでいただけるかなというふうに、私は日頃から考えております。三治郎は零細企業で家業でございますので、お金のかからないおもてなしが本当のおもてなしではないかというふうに思っております。それは真剣に念じて考えることです。それが私の哲学です。そして私のこれからの夢は、一期一会という言葉がありますけれど、再びの出会いができるように、感激・感動・感謝というのが私は大好きなんですが、そういう言葉を心に秘めながら、日々、朝の七時から九時まで毎朝、何か出張や旅行でない限りは必ずお茶だししております。どうぞ私のお茶を飲みに来て下さいませ。本当

大宮富貴呼おかみ　お茶出しのおもてなし

に心を込めた田舎のお茶だけれども、私のお茶を差し上げたいと思います」

大宮おかみのお茶は、旅館の裏山の大木の洞から何百年にもわたって湧き出ている水を館内に引き入れて沸かして淹れたものです。そしておかみは、意識的にお客様と健康によい長命の水とかお茶の殺菌力とかといった「たわいもないこと」をお話したり、あるいは遠刈田の物語と民話をお話したりするというのです。祖先が残してくれた裏山から湧き出てくる清水をそのまま大事にしながら、それを活かしてお客様と対話し交流をすることが大宮おかみにとって大切な一期一会であり、その場所がお茶出しのコーナーであるということでした。

それはまさしく本稿で述べてきた、日本の伝統的なおもてなしの心の発現そのものです。長い年月を経て育まれた日本の伝統文化としてのおもてなしの心がこのようにおかみさんたちに受け継がれ、接客のなかで今日も脈々と息づいていることを知ることができます。

＊付記　大宮富貴呼おかみはご講義から半年後の二〇一〇年三月にご逝去されました。その死を悼みご冥福を心からお祈り申し上げます。

【注】

（1）サーリンズ（山内　昶訳）『石器時代の経済学』法政大学出版局、一九八四年。
（2）カール・ポランニー（玉野井芳郎・中野　忠訳）『人間の経済2―交易・貨幣および市場の出現』岩波書店、二〇〇五年。
（3）マルセル・モース（吉田禎吾・江川純一訳）『贈与論』筑摩書房〈ちくま学芸文庫〉、二〇〇九年。
（4）折口信夫「とこよとまれびとと」『折口信夫全集・第4巻』中央公論社、一九九五年。
（5）河野　忠「弘法大師の伝説と湧水」『地理予』No.55、一九九九年。
（6）荒木　繁、山本吉左右編『説経節』〈東洋文庫〉平凡社、一九七三年。
（7）篠原四郎『熊野大社』学生社、一九六九年。
（8）小山靖憲『熊野古道』岩波書店（岩波新書）、二〇〇〇年。
（9）折口信夫「真間・蘆屋の昔がたり」『国学院雑誌』第五三巻第一号、国学院大学出版部、一九五二年。
（10）関　哲行『スペイン巡礼史　地の果ての聖地を辿る』講談社現代新書、二〇〇六年。
（11）頼富本宏・白木利幸『四国遍路の研究』国際日本文化研究センター、二〇〇一年。
（12）佐々木馨『執権時頼と廻国伝説』吉川弘文館、一九九七年。
（13）豊田　武「北条時頼と廻国伝説」『英雄と伝説』塙書房、一九七六年。
（14）石井　進「北条時頼廻国伝説の真偽」『別冊歴史読本三〇　もののふの都　鎌倉と北条氏』新人物往来社、一九九九年。
（15）布目潮渢（中村　喬編訳）『中国の茶書』平凡社〈東洋文庫〉、一九八三年。

(16) 熊倉功夫「闘茶」『国史大辞典・第十巻』吉川弘文館、一九八九年。

参考文献

熊倉功夫『茶の湯の歴史』朝日選書、一九九〇年。
佐々木馨『執権時頼と廻国伝説』吉川弘文館、一九九七年。

演習問題

日本における「おもてなし」の思想の展開を、古代・中世・近世の各時代の文化と関連づけて論述してみましょう。

第2章　おもてなし経営の考え方

村山貴俊

1　はじめに

前章のテーマは、日本のおもてなしの起源とその変遷をたどるということでしたが、本章では、西洋のおもてなしともいうべきホスピタリティ＝hospitality について考えていきます（以下、文脈に応じてホスピタリティないし hospitality と表記します）。研究者のなかには、ホスピタリティとおもてなしは同じではなく、西洋のホスピタリティは、日本のおもてなしよりさらに広がりを持つ概念であり、おもてなしという日本語では「本来ホスピタリティのもつ意味を充分に表現できない」（服部、２００８、42頁）と主張する方がいます。他方、おもてなしとホスピタリティをほぼ同一視している研究者もいます（山上、２００８）。

一般的な辞書に目を向けると、例えば研究社『新英和大辞典』では英語 hospitality に対して「1．旅行者や客を親切にもてなすこと、歓待、厚遇。2．（新思想などに対する）受容力、理解力」、また『ランダムハウス英和大辞典』では「1．（1）（客や他人の、報酬を求めない）厚遇、歓待、心のこもったサービス。（2）温かく親切にもてなす心、歓待の精神。2．（新しい考え方などの）受容力、進んで摂取すること[1]」という説明がなされています。いずれの辞書でも、hospitality に対して、第一ないし第二の邦訳として「もてなし」があてられています。ですから、一般的な感覚では、ホスピタリティとおもてなしは、まったく同一ではないにせよ、かなり意味が類似する近接の概念と捉えられているのではないでしょうか。ここではひとまずホスピタリティを西洋のおもてなしと理解したうえで、ホスピタリティの意味や行為がどのようなものであるかを検討していきたいと思います。

ただし、ホスピタリティの言語的意味や行為の起源について言語学的ないし歴史学的に綿密に調査することは、経営学を専門とする筆者の能力をはるかに超えた内容になることから、ここではいくつかの既存研究に依拠して話をすすめます。まず研究者の所見を知るために、服部勝人『ホスピタリティ・マネジメント入門（第2版）』、山上徹『ホスピタリティ精神の深化 おもてなし文化の創造に向けて』でのホスピタリティの捉え方に目を向けます。さらに、欧米の有名ホテルチェーンの経営に携わってきた実務家の著作、例えば高野登『リッツ・カールトンが大切にする サービスを超える瞬間』、マルコム・トンプソン『日本が教えてくれる ホスピタリティの神髄』のなかで、ホスピタリティが実務的な視点からどのように捉えられているかをみます。

さらに、本章の表題が、「おもてなしの考え方」ではなく「おもてなし経営の考え方」となっているように、ホスピタリティに対する一つの独自の考え方が、企業という複合組織のなかで、どのような仕組みを伴って、どのような行為として実践されているかもみていきます。ここでは、リッツ・カールトンという米国発祥[2]の高級ホテルチェーンの事例を取り上げます。同ホテルは、ホスピタリティに対する独自の考え方を掲げ、それを独自の経営上の仕組みのもとで実践し、高い顧客満足へとつなげてきました。同ホテルについてもたくさんの著作が出版されていますので、それら既存文献を参考に同ホテルのホスピタリティ経営の特徴を明らかにしていきます。

最後に、現代資本主義社会の厳しい競争のなかで、経済的・経営的行為としてのホスピタリティやホスピタリティ経営が長期的に持続・発展していくための条件について考えてみます。

2 西洋のおもてなし＝ホスピタリティとは

初めにホスピタリティとは何か？という問題を検討します。ここでは既存文献に依拠することとし、研究者の著作そして実務家のビジネス書という順に、その内容をみていきます。

（1）服部勝人『ホスピタリティ・マネジメント入門（第2版）』（丸善、2008年）

日本ホスピタリティ・マネジメント学会会長で東洋大学大学院の服部勝人教授は（肩書きはいずれも出版当時のもの）、観光経営やホスピタリティの分野で数多くの著作を出版されている研究者ですが、ここでは、それら著作のなかでとくに学生向け教科書として執筆されたと思われる右記の入門書を参考に、ホスピタリティの言葉の意味や行為について、その要点だけをかいつまんで紹介していきます。

まず、ホスピタリティの語源について、服部教授は以下のように解説しています。英語hospitalityは「ラテン語のホスペス（hospes）という言葉が最初の派生の源」（服部、２００８、15頁）になっており、さらにそのhospesの語源としてラテン語のpotisとhostisがあり、これら二つの語が合成されたのがhospesとなります。

次に、potisとhostisの意味に触れ、potisには「可能な」「能力のある」という意味があり、その後、power＝力・権力、potential＝可能性、potent＝有力な、possible＝可能な、possess＝所有する、などの英語に派生していったとされます（同上書、15頁）。服部教授は、そうした言葉の意味を踏まえ、ラテン語のpotisが「もてなすにふさわしい権力・能力・可能性・資産」を有する者、すなわち「共同体のもてなす側・主人」を指しているといいます（同上書、30頁）。他方、hostisには、「ローマ領の住民でローマ市民と同等の権利義務をもつもので味方としての余所者」という意味があり、後に「他人、外国人、敵としての余所者」という意味へと次第に変化し、さらにhostile＝敵の、hostility＝敵意、hostage＝人質などの英語に派生していったとされます。hostisとは「外国人、異人、余所者、敵」であり、すなわち「共同体外のもてなされる側・客人」を指しているといいます（同上書、15—16頁および30頁）。さらに服部教授は、hospesの形容詞形であるhospitalisからhospital＝病院、hospitaler＝慈悲宗教団員、hosteler＝宿泊所の世話係・合宿者、hostel＝ホステル・宿泊所、hotel＝ホテル・旅館など数多くの英語が派生してきたこと、またフランス語hospitaliteを経て現代の英語hospitalityへとつながる派生についても丁寧に解説されていま

図２－１　hospes から hospitality への言語的変化の概略

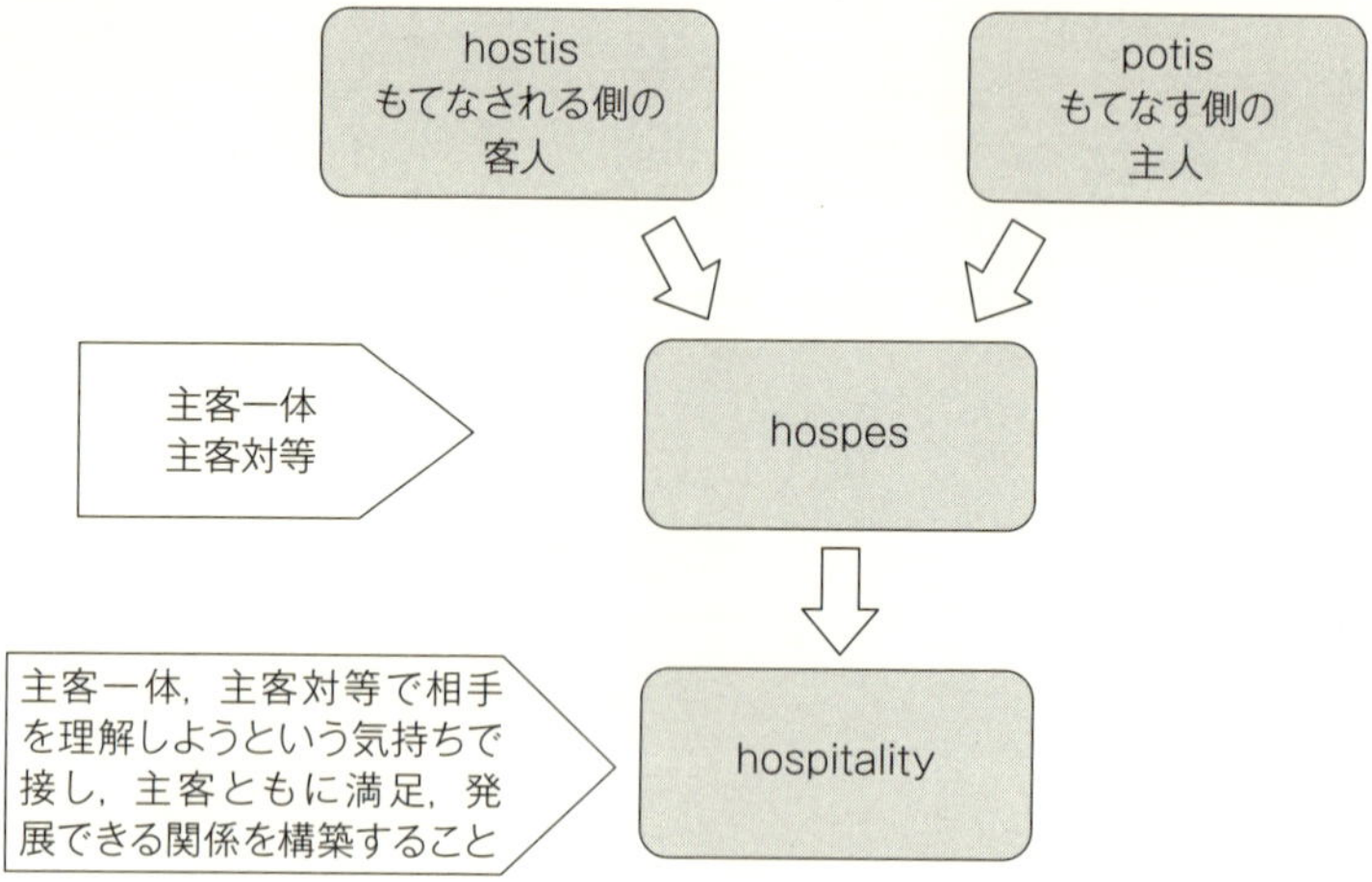

出所：服部（2008），16頁の図1および31頁の図5を参考に筆者作成。

すが、紙幅の関係上、ここではその詳細は省きます（同上書、17—19頁）。

　ここで注目すべきは、potis＝主人と hostis＝客人が合成された hospes には「主人（host）・客人（guest）の両者の意味を含み、主人と客人が同一の立場に立つ態度を常に保つ」（同上書、35頁）という意味があるとし、それを語源とするホスピタリティには、自ずと対等な立場に立った主人と客人、すなわち「主客同一」による互酬・互恵関係という意味が含まれると服部教授が主張している点です（図2—1）。

　さらに服部教授は、ホスピタリティと対比させるため、サービス＝service の語源についても考察しています。英語 service の語源は、エトルリア語から発生したラテン語 servus であり、その servus

図2－2　サービスとホスピタリティについて

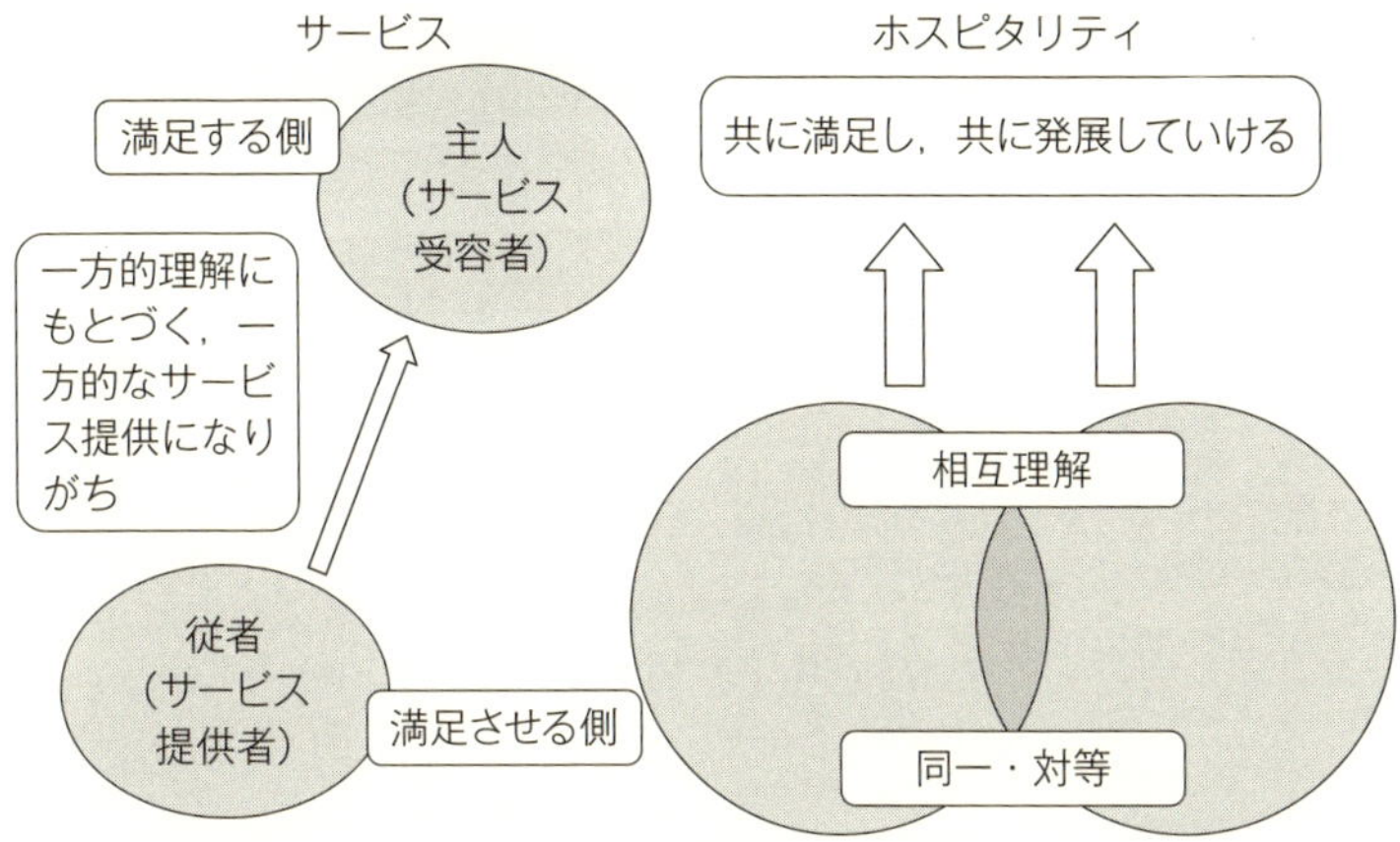

出所：服部（2008），34 頁の図 6 を参考に筆者作成。

には「奴隷の、地役権のある」（同上書、20頁）という意味があるとされます。その後、さまざまな言語的派生を経て、servus は、service だけでなく、serve＝仕える、subservient＝屈従する、servant＝召使、sergeant/sejeant＝軍曹、deserve＝値する、といった現代英語へとつながっていきます。服部教授は、サービスが奴隷を意味する servus を語源とすることから、サービスには自ずと主従の関係、すなわちサービス購入者（主人）とサービス提供者（従者）の上下関係、サービスを受け取るお客とそれに献身的に仕える従業員の固定的な役割分化という意味が含まれるといいます。まずここでは、主客同一の関係を前提としたホスピタリティ、主客の従属関係や上下関係を前提としたサービス、その違いを理解しておくことが重要といえます（図

2―2)。

また、主客同一の関係のなかで繰り広げられる行為の内容については、ホスピタリティという行為の歴史的起源に目を向けることで、一つのヒントが得られると思われます。服部教授は、その行為の歴史的起源の一つとして『ガリア戦記』(カエサル、1942)という書物に記されたケルト人の異国人歓待を挙げています。服部教授によれば「ケルト人の社会では、共同体の長には共同体内の窮乏者を養う義務が付帯し、異国の旅人を例外なくもてなすことも同時に義務づけられていた」(服部、2008、5頁)といいます。そのような義務のもと、ケルト人たちは、外部社会からやってくる異国の旅人を受け入れ、もてなしの卓において旅人に次々と質問を投げかけ、そこで得た情報によって外部社会の動きを学んだというのです。まさに、もてなす力を持った主人が、味方としての余所者である客人を対等の立場で受け入れ、そこで外部社会に関する学びを進めていたということです。もちろん、もてなされる側の旅人もその地域や共同体のことを知り、また別の地域や共同体でその情報を提供していくことになると思われます。そこでは互恵的な情報交換ないしは相互学習という行為が行われていたといえるのです。

以上のような語源の考察から、服部教授は、サービスがサービス提供者(従者、例えば店や旅館、そこで働く従業員)とサービス受容者(主人、例えば客)の上下関係を前提にした提供者から受容者への一方的な行為を指すのに対し、ホスピタリティは「主客同一(主人と客人が同一の立場に立って、互いに遇する)の精神をもって相互満足しうる対等となるに相応じい共創的相関関係で互いに遇する」（同上書、35頁）ことであると主張します。さらに服部教授は、やや抽象的な表現と思われる「共創的相関関係」について、それは「相互容認」「相互理解」「相互確立」「相互信頼」「相互扶助」「相互依存」「相互創造」「相互発展」であると説明しています（同上書、35頁）。すなわち、ホスピタリティとは、主と客が同一ないし対等の立場に立ち、相互理解に基づき相互信頼を築き上げ、相互創造を行い相互発展していける関係や行為を意味していると理解できます。

（2）山上徹『ホスピタリティ精神の深化 おもてなし文化の創造に向けて』（法律文化社、2008年）

次に、ホスピタリティ・マネジメント論、観光経営論を専門とする同志社女子大学の山上徹教授の著書に目を向けます。山上教授は、ホスピタリティとサービスについてそれぞれの語源に注目し、両者は、主人と客人との関係について本質的に異なる関係を想定していると指摘します。つまり、服部教授と同じく、主客同一・平等のホスピタリティ、主客従属のサービスという理解を示しています。

そうした違いを踏まえたうえで、山上教授は、ホスピタリティとサービスについて、以下のような類似点と相違点を指摘しています

まず両者の類似点として（3章でも説明がありますが）、目に見えない「無形性」、評価が瞬間で決まる「即時性」、貯蔵や在庫がきかない「非貯蔵性」や「時間配分の困難性」、輸送

ができず特定の場所から分離できない「不可分性」、提供者の能力や場所そして受け手の主観的判断に質が大きく依存してしまう「異質性」などがあり、工業製品など有形財とは幾分異なる経営手法が求められるといいます（山上、２００８、12―13頁）。

次に相違点について、まず山上教授が指摘するのは、服部教授と同じく、サービス＝主従、ホスピタリティ＝対等という関係性の違いです。しかし、むしろここで注目すべきは、山上教授が、顧客と従業員だけでなく、経営者と従業員の間でも、より対等で水平的な関係が求められると強調している点です。すなわち、ホスピタリティは、突き詰めれば人に対する思いやりであり、それは顧客だけでなく、従業員にも等しく向けられるべきだといいます。そして、山上教授は、従業員という呼び方それ自体が、「経営者（主人）あるいはお客に対し、従者（従事）という主従関係を前提としている」（同上書、15頁）ことから、ホスピタリティ産業で働く人々を「スタッフ」（同上書、15頁）と表現すべきだと主張します。

さらに、山上教授は、サービスについてはマニュアル化が可能である一方、ホスピタリティでは先回り、先読み、気づきが重視されマニュアル化が難しいといいます。その前提には、サービスが不特定多数の顧客の固まりを対象とし、ホスピタリティが多様なニーズを持った個人を対象にしているという考えがあるようです。不特定多数の顧客に効率的にサービスを提供していくためには、サービス内容の画一化、同質化、均質化がどうしても必要となり、もってサービスのマニュアル化が進んでいくことになります。対してホスピタリティは、「特定少数の個客」（同上書、16頁）が対象とされ、よって「個別的で異なる対応」（同上書、17頁）が求められます。そして個々に異なる個客のニーズを的確に把握するために「言葉を交わし、相互に心を通わせ」（同上書、16頁）ることが必要となり、そのうえで「最高度の気づき」（同上書、16頁）と「先読み・先回り」（同上書、16頁）をもって個客の満足や感動を引き出すことが大切になるといいます。また山上教授は、ホスピタリティでは、効率性や経済合理性よりも個客に高い満足や感動を与えることが最優先されるべきであり、それによってお客が「固定客となり、結果的に利益が増加する」（同上書、17頁）という、いわゆる利益結果説に立つべきであると考えています。

ここで山上教授の所見について、私見を交えつつ整理しておきます。まず主人と客人の関係が対等であることに加え、経営者と従業員の関係も対等かつ水平的でなければならないと主張されます。とりわけ、ホスピタリティのように瞬間的な接客のなかで個客による評価が下される場合、接客を行う従業員の心的状態が健全に保たれていることが重要になります。[3]そのため、従業員が奴隷のように扱われるのではなく、経営者と従業員の間に相互信頼があり、経営者と従業員がより良いホスピタリティの開発および提供に向けて対等な立場から建設的に意見を交わせる状態にあることが望まれます。

さらに、サービスが不特定多数の顧客を対象とするのに対して、ホスピタリティが多様なニーズを有する個客を対象とすることから、個客ニーズを把握するための「対話」あるいは現場での「気づき」「先読み」「先回り」といった、事前計画を重視するマニュアル化とはまったく異なる世界を追求していかなければならないという指摘にも留意しておくべきでしょう。もちろん、これはマニュアルそのものを否定するということではなく、基本的な動作や所作に関するマニュアル化を前提にしたうえで、それを超えたところでの気づきや先読みが求められるということを意味しています。

（3）高野登『リッツ・カールトンが大切にする　サービスを超える瞬間』（かんき出版、2005年）

次に、実務家のビジネス書に目を向けます。まずは、ザ・リッツ・カールトン・ホテル日本支社長の高野登氏（肩書きは出版当時のもの）の著作に基づき、リッツ・カールトンという最高級ホテルチェーンが考えるホスピタリティについてみていきたいと思います。(4)

リッツ・カールトンの全従業員が、ゴールド・スタンダードが記されたクレドカードを常に携帯していることは有名な話ですが（クレドカード全文は章末の資料2―1を参照）、そこには同ホテルが目指すべきホスピタリティが、クレド（信条）として以下のように記されています。

> リッツ・カールトンでお客様が経験されるもの、それは、感覚を満たすここちよさ、満ち足りた幸福感そしてお客様が言葉にされない願望やニーズをも先読みしておこたえするサービスの心です。（クレドカードの「クレド」より抜粋のうえ転載。傍点は筆者加筆）

この抜粋したクレドの一文のなかでとくに重要だと思われるのが、傍点を付した部分です。すなわち、お客がまだ声に出していない要望やニーズを先読みし、それに応えることで、お客に驚きや感動を与えることを目指しており、同ホテルではそれが「リッツ・カールトン・ミスティーク（神秘性）」（高野、２００５、１１０頁）と呼ばれています。まだ明確に言葉にしていない要望に応えるサービスが先回りで提供されたり、あるいは求めたことを上回る想定外のサービスが提供されたりと、リッツ・カールトンに宿泊するお客は、そうした不思議で神秘的（ミスティーク）な体験ができるということです。このようなホスピタリティが本当に必要なのか、これがホスピタリティの本質なのかという点については、人によっていろいろ意見が分かれるところだと思われますが、リッツ・カールトンにおいては「感動はお客様への最高のおもてなしのひとつだ」（同上書、１１１頁）と考えられています。なお、リッツ・カールトン・ミスティークの具体的な事例については、後ほどやや詳しく紹介します。

そして、リッツ・カールトンでは、自らが考えるホスピタリティを実践するために必要な従業員とお客との関係が、クレドカードのなかに「モットー」として以下のように記されています。

We are Ladies and Gentlemen Serving Ladies and Gentlemen
紳士淑女をおもてなしする私たちも紳士淑女です
（クレドカードの「モットー」より転載）

クレドカードのなかにひときわ大きな文字でこのモットーが記されていると言われますが、ここではまさに従業員（紳士淑女）とお客（紳士淑女）の関係における対等性ないし同一性が強調されています。高野登氏は、このモットーに込められた意味を以下のように解説します。

これまでホテルの従業員はお客様より一段へりくだってサービスするのが当然になっていました。従業員はあくまでサーバント（給仕する人）であり、お客様が上、従業員は下という不動の関係のもとにサービスが行われていました。

しかし、それではお客様とのコミュニケーションが取れず、人間対人間の信頼関係を築くことは難しくなります。心が通ったサービスをするには、お客様と従業員が同じ目線を持って尊敬しあうことが必要不可欠なのです。

また、精神面においても召使いのように受動的に働くだけでは、仕事に対しての誇りも喜びも感じられないでしょう。ひとりの人間として認められてこそ、生き生きとして働くことができるのです。（同上書、58―59頁）

先に紹介した二人の研究者の見解と同じく、従業員とお客の対等な関係を重視するものであり、対等であることによって初めてコミュニケーションが促されると考えられています。そしてこのコミュニケーションのなかから、お客がまだ言葉にしていないニーズや要望を先読みし、リッツ・カールトン・ミスティークと呼ばれる驚きと感動を提供していくことになります。すなわち、リッツ・カールトンが目指す理想のホスピタリティを実現する起点となるのは従業員とお客とのコミュニケーションであり、それを促すために従業員とお客との対等な関係が強調されているのです。

リッツ・カールトンが考えるホスピタリティでは、先の研究者の著作でも強調されていた、従業員とお客との対等な関係、その関係を基礎にしたコミュニケーション、そしてニーズの先読みや相互信頼の構築などが重視されているのです。

(4) マルコム・トンプソン『日本が教えてくれる ホスピタリティの神髄』(祥伝社、2007年)

香港発祥の高級ホテルチェーンのザ・ペニンシュラホテルが2007年に開業したザ・ペニンシュラ東京の総支配人マルコム・トンプソン氏(Malcolm Thompson)(肩書きは出版当時のもの)の著作から、同氏が考えるホスピタリティについてみていきます。トンプソン氏は、日本での勤務経験が比較的長く、ザ・ペニンシュラ東京以前にパークハイアット東京でも約7年間ゼネラル・マネージャーを務めていました。そうした経験を踏まえれば、同氏の考えるホスピタリティというのは、純粋に西洋的なものではなく、まさに著書の表題のごとく、日本的な考えと西洋的な考えがミックスされたものといえます。また、トンプソン氏自らが述べているように、ホスピタリティ、サービス、おもてなしに関する同氏の理解は一種独特であり、まさに自身の経験や体験のなかから作り出されてきた独自の捉え方になっています。

さて、トンプソン氏は、ホスピタリティ＝対等、サービス＝従属とする「辞典的な解説」（トンプソン、２００７、１４７頁）があるが、自身の考えはそれとは少し異なると主張しています。そして、自らの考えを以下のように解説します。

「サービス」と「ホスピタリティ」は一体化したものです。「サービス」は「ホスピタリティ」という歯車を回す潤滑油のようなものであり、それがあることで全体が円滑に運営されるのです・・・（中略）・・・お客様の視点で言えば、「ホスピタリティ」はお客様の経験全体を指し、そこで感じられる感覚、印象です。その経験をよどみなく回しつづけるために必要なのが、「サービス」という潤滑油なのです。（同上書、１４８頁）

もう少しわかりやすくいうと、サービスが、ホスピタリティを生み出す手段と位置づけられています。すなわち、旅館やホテルのなかでの「全体経験」を通じて顧客が心から満足を感じている状態がホスピタリティであり、建物、客室の設《しつら》え、お風呂、清潔な布団、美味しい食事、仲居やスタッフの心のこもった接客などは、満足した状態を生み出すための有形・無形のサービスということになります。すなわち、ホスピタリティとサービスは、目的と手段という形で固く結びつけられているといいます。

さらに、トンプソン氏は、「日本語には『おもてなし』という素晴らしい言葉があります。しばしば、この『おもてなし』を『ホスピタリティ』（hospitality）の訳語に充てる例（他に reception や treatment と英語訳する場合もある）を目にしますが、私は両者を同列に考えていません」（同上書、153頁）と述べています。そのうえで、おもてなしを、「パーソナル・サービス」（personal service）（同上書、153頁）ないし「パーソナル・タッチのサービス」（同上書、154頁）と捉えます。このパーソナル・サービスこそが、ホスピタリティというお客が心から満足した状態を生み出すために必要な「究極の形」（同上書、154頁）に近いサービス（すなわち手段）と理解されるのです。

このパーソナル・サービスとは、一人ひとりが異なるニーズを持ったお客に対して、それぞれに合った適切なサービスを適切な分だけ提供していくことであり、お客に全神経が集中されるなかで「まるで宿泊客は私一人なのではないかと錯覚」（同上書、155頁）させられるようなサービスを意味しています。そして、パーソナル・サービスを適切に提供していくためには、経験を重ねた従業員によるお客の心の読みとりや最高度の気づきが不可欠になるといいます。

少し内容が複雑だと思われるので、これまでの説明を図2―3のように整理しておきます。ホテル・旅館は、自らの建物、部屋の設え、温泉、食事などの有形サービス、さらにトンプソン氏が究極のサービスと称するパーソナル・サービスという無形サービスを通じて（手段）、お客が心から満足している状態、すなわちホスピタリティ（目的）を作り出していくことになります。確かにトンプソン氏の個人的な経験から導き出されたやや特殊な考え方ではありますが、お客を同質的な集団ではなく個々に異なるニーズを有する個人と捉える視点、それらお客の多様なニーズを満足させるために先読みや気づきが大切になると指摘して

図２－３　マルコム・トンプソン氏によるホスピタリティの理解

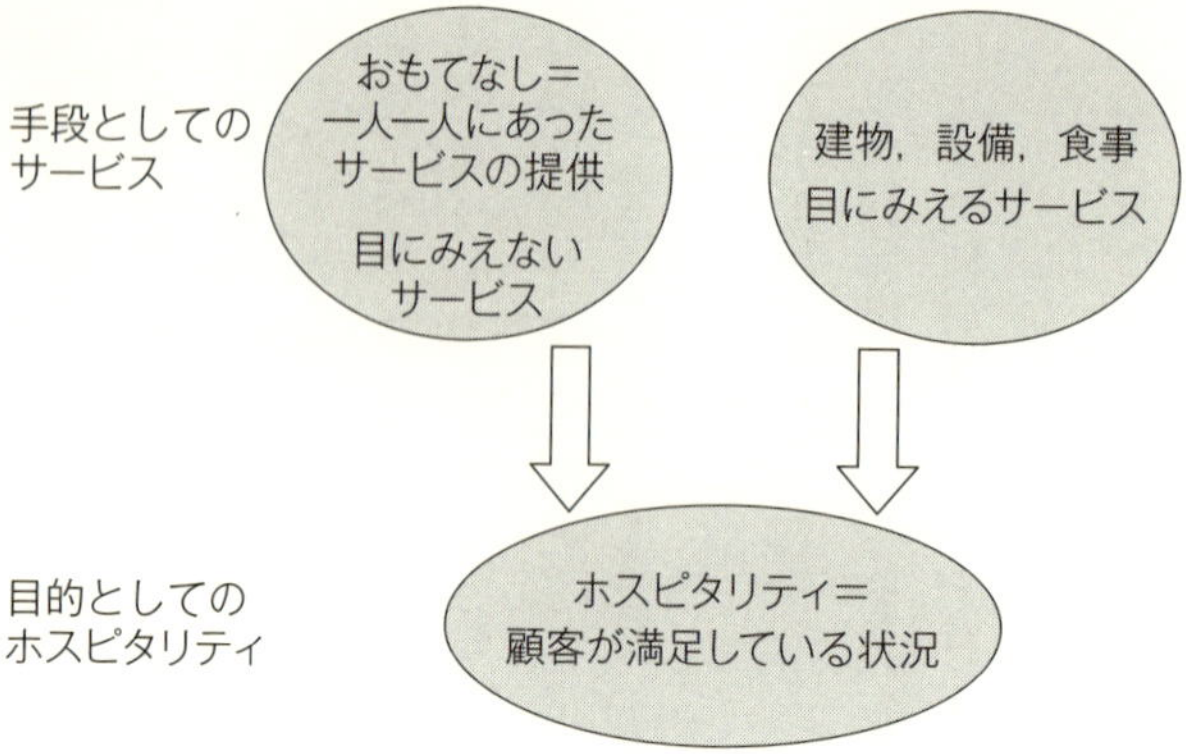

出所：トンプソン（2007），146-155頁を参考に筆者作成。

いる点など、他の論者と共通する部分が多くみられます。

（5）まとめ

　では、以上でみてきた四人の論者の見解をふまえて、ホスピタリティとは何か、という問いに、一定の解答を用意していきたいと思います。

　まず押さえておくべきは、ホスピタリティの語源であるhospesは主人と客人という語が合成されたものであり、サービスは奴隷が語源になっているということから、ホスピタリティとサービスでは、前者が「同一」「対等」、後者が「従属」というように、お客と従業員あるいは従業員と経営者の関係についてそれぞれ異なった前提に立っているということです。

　次に、ホスピタリティでは、そうした対等あるいは同一の関係を前提として、従業員とお客、従業員と経営者とが相互に活発な意思疎通を行うという「双方向性」が重視されることになります。単なる意思疎通ではなく、相互に理解を深め、お客と従業員が共に学び、共に満足し、共に発展していける関係が大切になります。従属関係に基づく、一方的な理解、一方的な押しつけであってはならないということです。

また、サービスが不特定多数の集団としての顧客を対象とするのに対し、ホスピタリティでは一人ひとりが異なったニーズを持った個客と捉える「個別性」が強調されます。サービスでは不特定多数の顧客に効率的にサービスを提供するために接客応対のマニュアル化が進むと捉えられていましたが、ホスピタリティでは双方向のコミュニケーションを通じた相手のニーズや願望の「先読み」と最高度の「気づき」をもってお客に接することが大切になるとされます。もちろん、双方向性が重視される以上、お客の側にもホテルが提供する高質かつ独自のおもてなしへの「気づき」が求められます。そうしたお客による気づきがなければ、後ほど詳しく述べますように企業と顧客の相互学習や相互発展が成り立たなくなります。

もちろん、これ以外にもさまざまな理解や定義づけが可能になると思いますが、ひとまずここでは、ホスピタリティの特徴として、関係性として「同一」「対等」「双方向性」「個別性」、行為として「先読み」「気づき」などが大切になることを押さえておく必要があると思われます。

3　ホスピタリティ経営とは―ザ・リッツ・カールトンに学ぶ

次にホスピタリティに対する一つの考え方が、組織のなかでどのような仕組みを伴って実行に移されるのか、すなわちホスピタリティの経営について検討します。どれだけ高邁なホスピタリティへの考えや想いを掲げたとしても、それが適切に実行に移されなければ、その想いはまったく無意味なものになってしまいます。優れたホスピタリティへの考え方[5]が、優れた組織によって実践されることで、企業と顧客が共に満足しあえる優れた関係の構築へとつながっていくのです。

ここでは、非常に高い顧客満足[6]を実現していると言われるザ・リッツ・カールトンというアメリカの最高級ホテルチェーンの経営について、既存文献に依拠して紹介していきます[7]。

(1) リッツ・カールトン・ミスティークとは

同ホテルが目指すホスピタリティについては、すでに前節で説明しましたが、改めてその内容を確認しておきます。同社が重視するのは、顧客のニーズの先読みと先回りによって、お客に驚きや感動を与えるリッツ・カールトン・ミスティークでした。とはいえ、驚きや感動という表現はいささか抽象的ですので、ここではリッツ・カールトン・ミスティークの実例をいくつか挙げておきたいと思います。

〔事例1〕リッツ・カールトン・マリナデルレイ（米国カリフォルニア州）で働くバーテンダーのボブは、ハワイアン・カクテルのマイタイを注文した常連客のカップルとの会話のなかで、新婚旅行でハワイに行く予定であったが、新郎に癌がみつかり投薬治療のため旅行がキャンセルになったことを知りました。

ボブは、カウンターをそっと離れて何本かの電話をかけた後、あと30分ほどここにいて欲しいとカップルに伝えました。30分後にアロハシャツを着たフロントスタッフから「特別なカパルアルームにご案内します」と声をかけられました。スタッフについていくと、ランの花が敷き詰められ水槽のなかで熱帯魚が泳ぐ、ハワイの雰囲気が醸し出されたスイートルームが用意されていました。漁網がかけられたベッドには貝殻がちりばめられ、バスルームはエスニックなランプで照らされています。また業務用の巨大なアイスボックスに砂が敷き詰められバケツとスコップが添えられビーチが演出されていました。カップルは、「私たちがハワイへハネムーンに行くつもりだったことは、ついさっきバーのボブに話したばっかりだったのに」と驚き、涙が出るほど感動したといいます（高野、2005、108─110頁）。

〔事例2〕リッツ・カールトン・ネイプルズ（米国フロリダ州）でビーチ係が、砂浜に並んだビーチチェアを片付けていたところ、一人の男性客がやってきて、今夜ここで恋人にプロポーズをしたいので、できればビーチチェアを一客残しておいて欲しいとお願いされました。時間がきたらビーチチェアを片付けるのがビーチ係の役割なわけですが、もちろんちょっと気の利いたスタッフであれば、笑顔で応えて言われた通りにチェアを一客残しておくでしょう。しかし、このビーチ係の対応は違っていました。彼は、チェアのほかにビーチテーブルも一つ残しておき、テーブルのうえに真っ白なテーブルクロスを敷き、花とシャンパンを飾りました。また、ひざまずいてプロポーズする時に膝に砂がつかないよう、チェアのそばにタオルも敷いておいたのです。そしてビーチ係は、レストランのスタッフから白いタキシードを借りて、Tシャツ・短パンというういつものユニフォームから急いで着替えて手に白いクロスをかけて、カップルが来るのを待っていたというのです（高野、2005、40―41頁および林田、2004、88―89頁）。

〔事例3〕それ以外にもリッツ・カールトン・ミスティークの事例は、枚挙にいとまがありません。まだチェックインしていないのに、入り口でドアマンに名前で呼ばれた。世界中どこのリッツ・カールトンに宿泊しても、自分の好きなミネラルウォーターの銘柄「ヴォルビック」が冷蔵庫に入っており、友人が泊まるときは彼の好きな銘柄「ヴィッテル」が入っている。結婚記念日に妻と食事をしていたら「結婚記念日おめでとうございます」とシャンパンをプレゼントされた。ウエイターにちょっと話しただけなのに、翌朝コンシェルジュから美術館のパンフレットを渡された。

なぜ、リッツ・カールトンでは、〔事例1～3〕に書かれているようなことが起こるのでしょう？　それは偶然起こったわけではなく、これから順にみていくように、リッツ・カールトン・ミスティークを生み出すための独自の経営上の仕組みが存在するからです。

（2）起点としての対話

リッツ・カールトンでは、お客との対話が大切にされます。すでに述べたように、対話を促進するために、従業員とお客は対等な関係にあるべきだと考えられていました。対等な関係の重要性を“We are Ladies and Gentlemen Serving Ladies and Gentlemen”というモットーとして表現していました。

すなわち、従業員は、お客との対話を通じて、お客がまだ言葉にしていない心のなかのニーズや想いを読み取っていきます。それを単なる対話に終わらせないよう、従業員には、鋭い気づきや先読みが要求されます。例えば、〔事例1〕についても、バーテンダーとカップルの何気ない会話が起点になっていました。そこで、バーテンダーは、カップルの境遇を知り、彼／彼女を喜ばせられるようなアイデアを形にしていったのです。リッツ・カールトン・ミスティークという同社の考える最高のホスピタリティは、従業員とお客のさりげない会話からすべてが始まるといっても過言ではないのです。

（3）エンパワメント（権限委譲）

リッツ・カールトンは、現場の従業員が自分の判断で迅速に動けるよう、エンパワメント

（empowerment）、すなわち現場への権限委譲を進めています。リッツ・カールトンでは「①上司の判断を仰がずに自分の判断で行動できること②セクションの壁を超えて仕事を手伝うときは、自分の通常業務を離れること③一日二千ドル（約二十万円）までの決裁権」（高野、2005、122頁）という三つの権利が、従業員に認められているといいます。

周知のように、サービス業でのお客による企業への評価は、一瞬で決まると言われています。現場で発生した問題を即座に解決したり、あるいは現場での気づきを迅速に行動に移していくことが肝要となり、そのために権限委譲が重要になることは言うまでもありません。リッツ・カールトンでは、上司の判断を仰がず自分で判断できる、さらに一日2000ドルの決裁権が認められるなど、大胆な権限委譲が行われています。これは、経営者が自ら採用した従業員の質に自信を持ち、また現場を信頼しているからこそとれる施策です。

例えば、〔事例2〕のプロポーズの際にビーチ係が用意した花やシャンパン、あるいは〔事例3〕の結婚記念日のシャンパンのプレゼントなどは、現場に許された決裁権を行使したものだと考えられます。

（4）チームワーク

リッツ・カールトンでは、チームワークが重視されています。これについて、高野登氏は自らの経験を振り返り、「私がアメリカのホテルに勤めて感じたのは、部署間の縄張り意識がとても強い業界であるということでした。これはひとつにはホテルのユニオン（組合）

が、会社単位ではなく職種単位であるということに起因しているようです。ウエイターならウエイターの、ハウスキーパーならハウスキーパーのユニオンがあります。そのため宴会のスタッフが手薄でもハウスキーパーにヘルプを要請するということはありません。また、組合がない営業のスタッフがロビーで荷物運びを手伝ったりすると、越権行為としてベルマンの組合にレポートされて注意書が届くこともあります。彼らはチップ収入で生計を立てているため、それを脅かす存在ととらえられてしまうのでしょう。ヒルトンの営業時代には、好意でお客様の荷物を運んだ結果、何枚も注意書をもらいました。また購買や在庫管理など裏方部門へ勝手に出入りしたりすることもできませんでした」（同上書、126―127頁）と述べています。すなわち、多くのアメリカのホテルでは、職種別労働組合がチームワークを阻害する一因になっているわけです。しかしリッツ・カールトンでは、「こうしたセクション間の縄張り意識がほとんどない」（同上書、127頁）といいます。リッツ・カールトンでは、人手が足りない時には他のセクションにヘルプを頼むことができ、要請を受けた側も快くそれに応じてくれるのです。

そして、リッツ・カールトンでは、チームワークを促すような制度がしっかりと整備されています。例えば、前項でみたエンパワメントのなかでも、「②セクションの壁を超えて仕事を手伝うときは、自分の通常業務を離れること」が認められていました。他者や他部門を助けるために自らの持ち場を一時的に離れることが制度として認められることで、従業員は安心して他部門に協力することができます。良かれと思って他のセクションを助けたにもかかわらず、自分の持ち場を離れたことで直属の上司からお咎めを受けたとなれば、以後、この従業員が他のセクションを助けることはなくなるでしょう。また、叱責されたことが噂として広まれば、その組織からは早晩チームワークという考え方が消えてなくなってしまうはずです。従業員たちが時間に余裕があるときに他者を助けるという意識を持つことで、良い人間関係そして良い職場環境がつくられ、これにより従業員はより安定した心理状態のもと業務や接客にあたることができるようになると考えられます。

加えて、リッツ・カールトンには「ファーストクラスカード」という制度があります。ヘルプを頼んだ際、手伝ってもらった相手への感謝のしるしとしてファーストクラスカードを渡すのです。高野氏によれば、"You are first class"という表現は、「アメリカ社会では相手に対する最高の賛辞のひとつ」（同上書、131頁）になっているといいます。しかも、このカードの原本は手伝ってくれた相手に、そのコピーが人事部門に渡され、人事部門では誰がどのようなヘルプをしたのかが詳細に記録され、人事査定の参考資料とされるのです。チームワークは大切という掛け声だけにとどまるのではなく、しっかりとそれを評価する仕組みも整備されている、そこがリッツ・カールトンの優れたところです。

例えば〔事例1〕〔事例2〕のようなホスピタリティは、その起点であったバーテンダーやビーチ係の単独の力では到底なしえなかったことです。部署を超えた協力、すなわちフロントスタッフ、ルームスタッフ、レストランスタッフなどの数多くの助けがあって初めて可能になったのです。また、〔事例3〕のコンシェルジュから美術館のパンフレットを渡されたという事例も、ウエイターからコンシェルジュへの顧客情報の速やかな伝達がそれを可能にしていたのです。パンフレットを渡すという非常に些細な出来事と思われるかもしれませんが、それも部署を超えたチームワークがあって初めて可能になるわけで、実際はそれほど簡単ではないはずです。

(5) 情報共有

ミスティークを生み出すには、情報の蓄積と共有が極めて重要になります。チームワークのところで部署をまたぐ情報伝達の大切さについて若干説明しましたが、リッツ・カールトンでは世界にまたがるホテルチェーン全体で顧客情報を共有する仕組みが整備されているといいます。

例えば、元ザ・リッツ・カールトン大阪営業統括支配人の林田正光氏によれば、「Aさんという方がいて、何度か宿泊されたことがあったとします。お客様のニーズについての情報は、それを把握したルームメイドやルームサービスといったスタッフがメモに書き、それを顧客管理を担当する部門でデータ化し、蓄積していきます。その情報は世界中のリッツで共有」(林田、2004、75―76頁)されることになるといいます。このように情報が蓄積・共有されていれば、Aさんが前回宿泊したときに蕎麦殻の枕を要望されたのであれば、次は最初から蕎麦殻の枕を用意しておき、さらに新聞も好みのもの、タオルは通常よりも2本多め、寝間着も浴衣でなくパジャマをあらかじめ準備しておくことができます。また、どこのリッツ・カールトンに泊まっても好みのミネラルウォーターが冷蔵庫に入っているという事例は、顧客情報が世界中のリッツ・カールトンで共有されているということを意味しています。

こうした情報の共有と先読みによる事前準備こそが、ミスティークという驚きの提供につながるわけですが、同時にホスピタリティを構成する重要な要素であるパーソナル・タッチや個別性、すなわちその人に合ったその人だけのサービス提供を実現していくことにもなります。

(6) 人材採用

リッツ・カールトンは、人材採用にも独自のこだわりを持っています。同ホテルの採用では、技能や過去の実績よりも、その人物の性格、価値観、人間性が重視されます。そこには「サービスの技術や技能は訓練すれば習得できます。知識もキャリアを積めば自然に身につくものです。しかし、その人の人格や価値観は長い時間をかけてつちかわれてきたものであり、あとからそう簡単に変えられるものではありません。テクニックはあとから訓練できたとしても、パーソナリティは鍛えられない」(高野、2005、143頁)という考えがあります。人と話すより一人で仕事をすることが好きな人が、仮に営業や接客の技術を人一倍速く習得したとしても、それで営業や接客がうまくいき、そして本人自身が心の底から働くことの喜びを感じられるのでしょうか。逆に、人と話したり人を喜ばせることが本当に好きな人であれば、最初は接客の技術や知識が不足していても、自ら進んで必要な技術や知識を身につけていくということです。

また、リッツ・カールトンの採用面接会場では、会場の入り口にドアマンが立ち、応募者を丁重に出迎えてくれるといいます。会場のなかではプロ・ミュージシャンが生演奏を披露し、いざ面接が始まるとウエイターがコーヒーやジュースを運んできてくれるのです。このように一風変わった（面接者をお客のように扱う）面接試験が行われる理由として、相手が誰であろうと親切にもてなすという同社の企業文化があることに加え、「じつは最初にリッツ・カールトンの理念や価値観を伝え…（中略）…実際に自分が〔面接時に〕受けたサービスを通して、リッツ・カールトンの文化に適応できるのか、もしくは本当に適応したいのかを考えてもらう狙い」（同上書、140頁。ただし〔〕内は筆者注）があるといいます。例えば、高野氏がリッツ・カールトン サンフランシスコの立ち上げに関わった際、350人のスタッフ募集枠に対して約3000人が応募してきましたが、会場の雰囲気を見ただけで半分ぐらいの人が自分に合わないと帰ってしまったといいます。

さらに、面接では、「最近、どんな本を読みましたか？ その本のどこに感動しましたか？」「先月、自分の家族を喜ばせるために何をしましたか？」「同僚があなたに協力的ではなかったとしたら、あなたはどうしますか？」（同上書、142頁）という人間性や性格を探るような質問が出されるといいます。こうした質問のなかで、応募者の感受性、倫理観や自立心の強さなどを把握しつつ、リッツ・カールトンが掲げる理念やホスピタリティとの相性を見極めていくわけです。

（7）人材教育

そのような基準で採用された人材に対して、リッツ・カールトンは、これまた独自の人材教育を行っています。入社研修に始まり、さまざまな教育制度が用意されているわけですが、そのなかで最も特徴的であり多くの本で紹介されているのが「ラインナップ」（同上書、161頁）ないし「デイリー・ラインナップ」（林田、81頁）です。ラインナップとは、すなわち日本でいう「朝礼」を意味するわけですが、社長や上司が一方的に講話するのではなく、リッツ・カールトンでは、司会者が投げかけた質問やテーマについて皆で考え、意見交換する形で進められるといいます。そこで取り扱われる質問やテーマは、毎週木曜日に本社クオリティー部門から各ホテルや各営業所に一週間分まとめて送られてきます。今週は「モットー」に関する質問、来週は「クレド」に関する質問といったように、週単位で大きなテーマが設定されたうえ、世界中の従業員が同じテーマや質問について考えていくのです。例えば、モットーがメイン・テーマの週には、「紳士淑女とは、どういう人のことだと思いますか?」「あなたは紳士淑女になるためにどんな努力をしていますか?」（高野、2005、162頁）などの質問が投げかけられるといいます。こうした問題を繰り返し自分の頭で考え、仲間たちと議論を交わしていくなかで、リッツ・カールトンが掲げる理念やホスピタリティが頭と体にしっかり染み込んでいくのです。高野氏によれば、「マニュアル化して『ああしなさい、こうしなさい』と教えても、企業理念やビジョンを浸透させることはできません。自社の理念やビジョンは、自分自身に問いかけてもらうことではじめて従業員の血となり肉となり、具体的なサービスへと反映されていく」（同上書、162頁）のだといいます。

また、このラインナップでは、お客から寄せられた感動や感謝の手紙とそれにまつわるエピソードが世界中の従業員に紹介されることがあるといいます。リッツ・カールトンのホスピタリティが具現化された優れたサービス実践は、「WOW・ストーリー」あるいは「ストーリー・オブ・エクセレンス」と呼ばれ、同社内で広く長く語り継がれていきます。例えば、先に紹介した〔事例1〕や〔事例2〕は、そうしたストーリーの一つだと思われます。これは、優れたサービス実践を世界中の従業員に学ばせるという狙いとともに、リッツ流の独自のホスピタリティの考え方を具体例を通じて従業員に浸透させることを企図しているといえます。

リッツ・カールトンの人材育成の特徴というのは、リッツが掲げる独自のホスピタリティの考え方を従業員にしっかり理解・浸透させることを第一義とし、そのうえで権限を委譲された従業員が自らの判断と責任のもとで接客や業務を遂行し、そうした実践のなかでの主体的、能動的、創造的な学びを通じて従業員の成長を促していくことだと考えられます。

これまでの内容をふまえ、リッツ・カールトンの経営が非常に優れていると評される理由をきわめて簡潔に要約してみると、まず自社が考えるホスピタリティが何かをはっきり示し（すなわち「リッツ・カールトン・ミスティーク」）、さらにそれを適切に実行するための独自の仕組みや制度（すなわち、「対話」「チームワーク」「エンパワメント」「情報共有」「人材採用・教育」）をしっかり整備していることだと思われます（図2—4）。当たり前過ぎる

図2－4　リッツ・カールトンのホスピタリティ経営とは

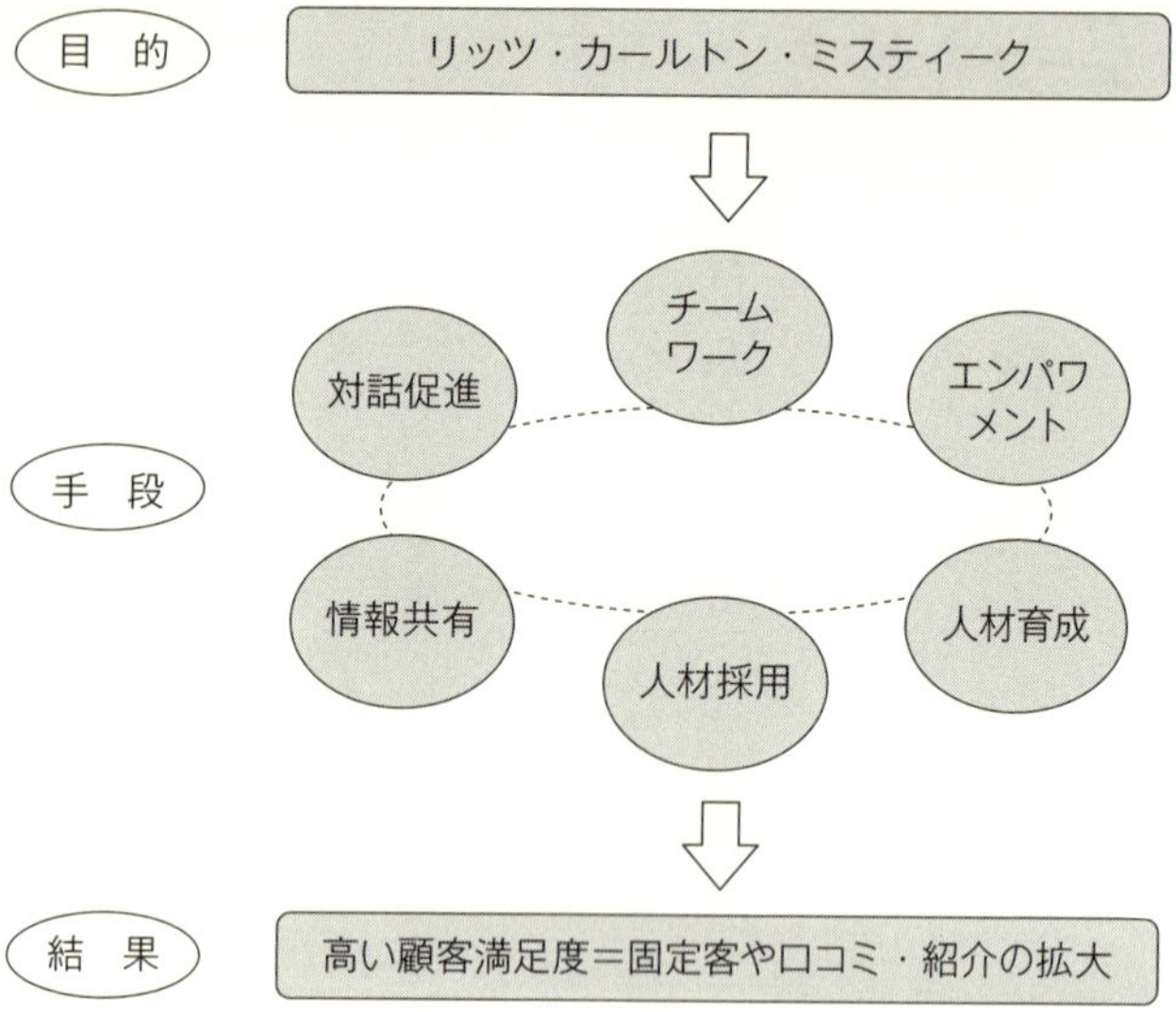

出所：筆者作成。

と思われるかもしれませんが、高邁な理念だけを掲げ、それに逆行するような仕組みや制度を設け、従業員のやる気を削ぎ、ひいては顧客の期待を裏切るという企業は決して少なくありません。その意味で、リッツ・カールトンの競争力の源泉は、当たり前のことを当たり前にやれることであり、意外にもこれこそが強い企業を支える共通の力といえるかもしれません。

4　むすび―ホスピタリティ経営の目的と成果

ホスピタリティを、ケルト人社会で行われたような（いわば無償の）社会的行為としてだけではなく、現代の資本主義経済下で営まれる経済的行為や経営的行為として捉えた場合、当然、ホスピタリティの経済的成果とは何か、という問題を考えなくてはなりません。最後に、ホスピタリティ経営の成果について考えることで、本章を締めくくります。

旅館やホテルという経営体の場合、やはり事業活動の継続のために適正な利益が不可欠となります。すなわち、得られた利益が旅館やホテルの事業活動の核心ともいうべきホスピタリティのさらなる高度化や拡充に向けて絶え間なく再投下されていくことで、既存顧客の維持さらに新規顧客の獲得へと結びついていくのです。とするならば、ホスピタリティは、この利益を目的に行われるべきなのでしょうか。さまざまな意見があると思われますが、本章ではそのように考えていません。ホスピタリティは、やはり主客が一体となり顧客（ひいては従業員）の満足や感動を生み出すことを目的に行われるべきです。例えば、章末の資料2―1にみられるように、リッツ・カールトンの「クレドカード」を構成する「クレド」「サービスの3ステップ」「モットー」「サービス・バリューズ」「従業員への約束」には、おもてなしやサービスのあるべき姿、そのために従業員がとるべき行動、そして従業員に対する会社の姿勢だけが記され、それらこそが優先されるべき目的や目標だと捉えられています。そこには経済的成果、すなわち利益（あるいは売上）に関する記述は一切みられません。

しかしながら、リッツ・カールトンは、1898年にパリのホテル・リッツが開業されて以来、経営者、所有者そして経営母体こそ変化してきましたが、そのブランド名とブランド価値は脈々と受け継がれ、2011年7月時点でアメリカを中心に全世界に77のホテルを展開する有数の最高級ホテルチェーンになっています。当然、そこでは利益がしっかりと創出され、その利益が事業活動に再投資されてきたからこそ、そうした持続的成長がもたらされたのです。すなわち、利益が目的と位置づけられていなくても、しっかりと利益が創出され、適切な資金の循環と持続的成長が達成されてきたのです（公表情報からリッツ・カールトンのチェーン全体の利益額を明らかにすることは困難です。現在、ザ・リッツ・カールトン北米はマリオット傘下にあります。ここでは参考までに、2010年の*Marriot Annual Report*に記載された、マリオット傘下の各ホテルの稼働率、宿泊平均単価などを表2―1として示しておきます）。

すなわち、ホスピタリティ経営では、利益が目的とされるのではなく、顧客に満足や感動を与える高質なホスピタリティが提供された結果として利益が生み出されるという、いわゆる利益結果説の立場に立つべきであり、それもホスピタリティ経営の重要な特徴の一つといえます[8]。より高質なホスピタリティの開発と提供という目的を追求していった結果として、顧客が固定化され、さらに固定客からの口コミや紹介を通じて新規客が開拓されることになれば、一定水準の収益性を安定的に達成できるようになり、強固な財務・経営基盤の構築へとつながります（詳細は6章を参照）。そして、結果として得られた利益というのは、原則

表２－１　マリオット傘下のホテルの稼働率，宿泊平均単価，RevPAR

フルサービス部門

◇マリオットホテル＆リゾート

稼　働　率	69.1%
宿泊平均単価	＄156.27
宿泊平均単価	＄152.57
ＲｅｖＰＡＲ	＄107.98

◇ルネッサンスホテル

稼　働　率	67.2%
宿泊平均単価	＄152.57
ＲｅｖＰＡＲ	＄102.51

最高級部門

◇ザ・リッツ・カールトン北米

稼　働　率	67.6%
宿泊平均単価	＄280.17
ＲｅｖＰＡＲ	＄189.30

リミテッドサービス部門

◇レジデンスイン

稼　働　率	74.0%
宿泊平均単価	＄113.52
ＲｅｖＰＡＲ	＄84.06

◇コートヤード

稼　働　率	64.3%
宿泊平均単価	＄107.69
ＲｅｖＰＡＲ	＄69.26

◇タウンプレイススイーツ

稼　働　率	65.5%
宿泊平均単価	＄73.94
ＲｅｖＰＡＲ	＄48.47

◇スプリングヒルスイーツ

稼　働　率	64.7%
宿泊平均単価	＄96.04
ＲｅｖＰＡＲ	＄62.26

注１）RevPARとはRevenue Per Available Roomの略であり，宿泊平均単価と稼働率をかけあわせた性質を持つ指標と理解できます。なお，RevPARの詳細な説明は，本書６章を参照してください。

注２）あくまでも売上に関する成果を測定する指標であり，利益の成果を測定するものではありません。リッツは相対的に売上が高くなっていますが，その分だけ費用がかかっていれば当然利益は少なくなります。ただし，経済不況が深刻なアメリカにおいて，客室料金が高くても，他のホテルとほぼ同等の稼働率が維持されていることは，リッツ・カールトンの強さ，そして同社のホスピタリティが競争力を有していることの一つの証左といえます。

注３）リッツ・カールトンとマリオットの関係については，本書３章を参照してください。

出所：Marriot（2010）に依拠して筆者作成。

として、終わりなき目的ともいうべきいっそう高質なホスピタリティを実現するために再投資されていかなければならないのです。このように顧客に感動を与えられる最高のホスピタリティの実現を目的とすることで、利益は結果であると同時にその目的を達成する手段となり、旅館やホテルの本業であるホスピタリティの開発と実践から大きく逸れたところ、例えば不動産投機などに利益が投下されていくことも少なくなるのではないでしょうか（リッツ・カールトン大阪による食材の景品表示法違反は、運営にあたる阪神ホテルシステムズとの関係の中で、利益が目的化されたことが原因の一つになったと考えられます）。

ただし、こうした好循環を完成させるうえで、もう一つ重要な要素となるのが、ホスピタリティを受ける側の顧客の姿勢です。つまり、こだわりを持って提供されるホスピタリティに気づける感受性、その意味や価値を正しく見極められる知識と洞察力が、顧客に求められることになります。例えば、リッツ・カールトンに宿泊して従業員が話しかけてきてはなはだ不快だとなると、同社が掲げる独自のホスピタリティ（リッツ・カールトン・ミスティーク）は成立しなくなります。また、田舎の素朴なもてなしに力を入れた古民家の宿に宿泊して、部屋が寒いとか風呂やトイレの使い勝手が悪いと酷評したり、1章でも取り上げられた茶事において、茶室が狭いとか入り口で腰をかがめるのが面倒だと不満を述べたりするのは、明らかに顧客側の勉強不足や知識の欠如に問題があるわけです。例えば茶事の世界では、もてなされる側も長い時間をかけて茶道の形式を学び、それら型の学びを通じて茶道の精神や心を習得していくことが求められます[9]。すなわち、高質なホスピタリティを成立させるためには、もてなされる側にも多くの学びと、そこで得られた知識に基づく鋭い気づき、そして適切な理解や評価が求められるのです。繰り返しになりますが、ホスピタリティという世界においては、もてなされる側の顧客も、もてなす側と共に学び、共に成長していかなければならないのです。

さらに、高質なホスピタリティが競争社会下で経済行為や経営行為として長期的に持続・発展していくためには、顧客が、提供されたホスピタリティの意味や価値に気づくだけではなく、それに見合った適正な対価を何らかの形で支払うことが大切になります。この対価は何も高価な宿泊料金だけでなく、さまざまな形があると考えられます。例えば欧米社会では宿泊料金以外にチップというならわしがありますし、チップという慣習が必ずしも一般的でない日本においては、提供されたホスピタリティの質が料金を上回ったと感じた場合に、リピーターになる、あるいは知人への紹介といった形で追加的な対価を支払うことが可能になるでしょう。

以上のように、ホスピタリティ経営とは、まずホスピタリティという言葉が持つ本来の意味そして行為の起源を十分に理解したうえで、ホスピタリティに対する会社ないし経営者の考え方をしっかりと内外に示し、独自の仕組みや制度を整備しながら日々の接客のなかでそれを実行へと移していくことであり、その結果として、既存顧客の固定化や新規顧客の紹介などを通じて経済的成果に結びついていくのです。また、高水準のホスピタリティが成立するためには、もてなす側の経営者や従業員の学びと同時に、もてなされる側の顧客にも相応の学びが求められるという相互学習と、それによる主客の相互発展が不可欠になるという点を最後に改めて強調しておきたいと思います。

●サービス・バリューズ

1．私は，強い人間関係を築き，生涯のリッツ・カールトン・ゲストを獲得します。
2．私は，お客様の願望やニーズには，言葉にされるものも，されないものも，常におこたえします。
3．私には，ユニークな，思い出に残る，パーソナルな経験をお客様にもたらすため，エンパワーメントが与えられています。
4．私は，「成功への要因」を達成し，リッツ・カールトン・ミスティークを作るという自分の役割を理解します。
5．私は，お客様のリッツ・カールトンでの経験にイノベーション（革新）をもたらし，よりよいものにする機会を常に求めます。
6．私は，お客様の問題を自分のものとして受け止め，直ちに解決します。
7．私は，お客様や従業員同士のニーズを満たすよう，チームワークとラテラル・サービスを実践する職場環境を築きます。
8．私には，絶えず学び，成長する機会があります。
9．私は，自分に関係する仕事のプランニングに参画します。
10．私は，自分のプロフェッショナルな身だしなみ，言葉づかい，ふるまいに誇りを持ちます。
11．私は，お客様，職場の仲間，そして会社の機密情報および資産について，プライバシーとセキュリティを守ります。
12．私には，妥協のない清潔さを保ち，安全で事故のない環境を築く責任があります。

●従業員への約束

「リッツ・カールトンではお客様へお約束したサービスを提供する上で紳士・淑女こそがもっとも大切な資源です。

信頼，誠実，尊敬，高潔，決意を原則とし，私たちは，個人と会社のためになるよう持てる才能を育成し，最大限に伸ばします。

多様性を尊重し，充実した生活を深め，個人のこころざしを実現し，リッツ・カールトン・ミスティークを高める…リッツ・カールトンは，このような職場環境をはぐくみます。」

出所：リッツ・カールトン大阪HPのなかの「ゴールド・スタンダード」
http://www.ritz-carlton.co.jp/profile/goldstandard/index.html より転載。

資料2－1　ザ・リッツ・カールトンのクレドカード

リッツ・カールトンでは，すべての従業員がクレドカードを常に携行しているといいます。日本の他の組織でも，経営理念が社員手帳などに記され，従業員が携行していることは少なくありません。しかし，単に携行するだけでなく，そうした理念やクレドについて従業員が常に自分なりにその意味を問うていることが重要になります。すなわち，リッツ・カールトンにみられるように，朝礼（ラインナップ）でのクレドに関する質疑応答，さらに理念に基づく行動を後押しするような制度を通じて，理念やクレドを実質化させていくことが大切です。

●クレド

「リッツ・カールトンはお客様への心のこもったおもてなしと快適さを提供することをもっとも大切な使命とこころえています。

私たちは，お客様に心あたたまる，くつろいだそして洗練された雰囲気を常にお楽しみいただくために最高のパーソナル・サービスと施設を提供することをお約束します。

リッツ・カールトンでお客様が経験されるもの，それは感覚を満たすここちよさ，満ち足りた幸福感そしてお客様が言葉にされない願望やニーズをも先読みしておこたえするサービスの心です。」

●サービスの3ステップ

1．あたたかい，心からのごあいさつを。お客様をお名前でお呼びします。
2．一人一人のお客様のニーズを先読みし，おこたえします。
3．感じのよいお見送りを。さようならのごあいさつは心をこめて。お客様のお名前をそえます。

●モットー

“We are Ladies and Gentlemen Serving Ladies and Gentlemen”
（紳士淑女をおもてなしする私たちも紳士淑女です）

【注】

（1）『電子版研究社大辞典』および『ランダムハウス英和大辞典』（ただしジャパンナレッジ オンラインデータベース http://www.jkn21.com）より引用。

（2）ただし、リッツ・カールトンの起源は、「ホテリエのなかの王であり、王に仕えるホテリエ」（king of hoteliers and hotelier to kings）と称されたスイス人のセザール・リッツがパリに1898年に開業したホテル・リッツにあります。後に、パリのホテル・リッツとイギリスで1899年に開業されたカールトン・ホテルでの経験に基づき、アメリカ・ボストンで1905年に開業されたザ・リッツ・カールトン・ボストンが現在のザ・リッツ・カールトン・ホテル・カンパニーLLCの基礎となります（Homepage of The Ritz Carlton, http://corporate.ritzcarlton.com/en/About/OurHistory.htm およびザ・リッツ・カールトン大阪のHP内の「リッツ・カールトンの歴史」http://www.ritz-carlton.co.jp/profile/history/index.html を参照）。

（3）労働者の心的態度の状態が生産性に強く影響を及ぼし、さらにその心的態度の状態がその人を取り巻く公式的・非公式的な人間関係によって決まると主張するのがホーソン実験に基づく「人間関係論」です。電話継電器の組立作業に関する実験では、監督のスタイル、監督者と労働者の関係が生産性に影響を及ぼすとされ、とくに作業グループとして選ばれた被験者の作業員が監視からの自由を感じ、また重要な決定に参画できているという感覚を持ったことが、生産性の向上をもたらす一因になったのではないかという仮説が導き出されました。詳細については、Mayo (1933) および Roethlisberger (1941) などを参照してください。

（4）そのほか、リッツ・カールトンに関しては、井上・デゥブランク（2007）、四方（2010）、高野（2011）、林田（2004）などの著作があります。

（5）この考え方や想いは、ホスピタリティに関する設計情報と呼ぶことができます。そうした設計情報を経営組織と教育された人材を用いて顧客へと転写していくことになります。詳細は、本書3章を参照してください。

（6）日本全国のホテルグループ・チェーン137ブランドを対象に、J・D・パワー アジア・パシフィックが集計した2010年顧客満足度調査のなかの一泊3万5000円以上部門において、ランキング対象12ホテルブランドのうちザ・リッツ・カールトンが満点1000ポイント中778ポイントを獲得し、2006年から5年連続で第1位を獲得しました（マイナビニュース、2010年11月25日付、http://news.mynavi.jp/news/2011/11/25/103/index.html を参照）。ただし、2016年、2017年、2018年には帝国ホテルが3年連続で1位になっています。また2018年には星のやが2位となり、リッツカールトンは3位となりました（J・D・パワー・ジャパンHP https://japan.jdpower.com/ja/press-releases/2018_Japan_Hotel_Guest_Satisfaction_Index_Study を参照）。

（7）以下の記述は、あくまでも既存文献に依拠したものです。ちなみに、筆者は、試しに一度だけ「リッツ・カールトン大阪」に宿泊し、レストラン、フィットネスルームなどの施設を一通り体験してみましたが、いずれの施設においても既存文献に書かれているようなホスピタリティを実感することはできませんでした。他の廉価なホテルチェーンと比較した場合でも、とくに優れた対応ということではなく、落ち度のない通常の接客である、というのが筆者の主観的感想です。もちろんホテルや部屋の家具調度品やフィットネスルームの清潔度は、やはり宿泊代金や利用代金に相応した水準の高いものであると思われます。あえて意識してホテル全体を見回してみると、すべてのセクションの従業員が非常に忙しそうに動き回っており、とてもお客一人ひとりに構っている時間がないというような印象を受けました。もちろん固定客や常連客、あるいはハイ・グレードの部屋への宿泊者には、既存文献のなかに記されるようなパーソナル・タッチのおもてなしやリッツ・カールトン・ミスティークという驚きや感動が提供されているのかもしれません。もちろん、筆者の感受性が鈍い、あるいはホテルを評価する目が育っていない、という問題もあるのかもしれません。また同ホテルに関するさまざまな著作が出回ることで、顧客の期待が必要以上に高められている、あるいは顧客から無理難題を要求される、という問題もあるのかもしれません。訪問調査などを通じた既存文献の内容の真偽の検証については、今後の研究課題とします。

（8）利益結果説をより深く理解するには、Ford（1988）が最適ではないかと筆者は考えています。自動車王ヘンリー・フォードは、「大衆への奉仕」こそが企業の目的であり、その結果として企業に利益が与えられると説いています。フォードにとっての「大衆への奉仕」とは、標準化された高質な車をできるだけ安く提供することで、移動に伴う疲労や時間から人々を解放し、家族と一緒に余暇を楽しめる（フォードが考える）豊かな生活を実現することでありました。また結果としての利益は企業に帰属するものとし、大衆への奉仕という目的のさらなる追求、すなわち標準化された車をより安く提供するために必要となる生産活動や生産革新に再投資されるべきであると説きました。

（9）詳しくは、リクルートワークス編集部（2007）の第2講「茶道」を参照してください。

参考文献

【文　献】

Ford, H. (1988), *Today and Tomorrow* (*Commemorative Edition of Ford's 1926 Classic*), CRC Press, FL.（竹村健一訳『藁のハンドル』（抄訳）中公文庫、2002年）。

Marriot (2010), *Annual Report 2010*.

Mayo, E. (1933), *The Human Problems of an Industrial Civilization*, Macmillan, NY.（村本栄一訳『新訳　産業文明における人間問題―ホーソン実験とその展開』日本能率協会、1967年）。

Roethlisberger, F. (1941), *Management and Morale*, Harvard University Press, MA.（野田一夫・川村欣也訳『経営と勤労意欲』ダイヤモンド社、1954年）。

井上富貴子・リコ・ドゥブランク（2007）『リッツ・カールトン20の秘密―一枚のカードに込められた成功法則』オータパブリケイションズ。

カエサル（1942）『ガリア戦記』（近山金次訳）岩波文庫。

四方啓暉（2010）『リッツ・カールトンの究極のホスピタリティ』河出書房新社。

高野　登（2005）『リッツ・カールトンが大切にする　サービスを超える瞬間』かんき出版。

高野　登（２０１１）『リッツ・カールトン一瞬で心が通う「言葉がけ」の習慣』日本実業出版社。

服部勝人（２００８）『ホスピタリティ・マネジメント入門（第2版）』丸善。

林田正光（２００４）『リッツ・カールトンで学んだ仕事でいちばん大事なこと』あさ出版。

マルコム・トンプソン（２００７）『日本が教えてくれる ホスピタリティの神髄』祥伝社。

山上　徹（２００８）『ホスピタリティ精神の深化―おもてなし文化の創造に向けて』法律文化社。

リクルートワークス編集部（２００７）『おもてなしの源流―日本の伝統にサービスの本質を探る』英治出版。

【辞　書】

『電子版研究社大辞典』。

『ランダムハウス英和大辞典』（ただしジャパンナレッジ オンラインデータベース http://www.jkn21.com を利用）。


【ホームページ】


The Ritz Carlton Homepage, http://corporate.ritzcarlton.com, ２０１２年４月15日アクセス。

マイナビニュース（２０１０年11月25日付）http://news.mynavi.jp/news/2011/11/25/103/index.html。

リッツ・カールトン大阪ホームページ、http://www.ritz-carlton.co.jp、２０１２年４月15日アクセス。

さらなる学習へ

ホスピタリティ経営やサービス・マーケティングに関する定評のある欧米のテキストとして、次の2冊を挙げておきます。

◇ Kotler, P. *et. al.* (2003), *Marketing for Hospitality and Tourism*, Pearson.（白井義男監修『コトラーのホスピタリティ&ツーリズム・マーケティング』ピアソン・エデュケーション、２００３年）。

◇ Lovelock, C. and Wirtz, J. (2007), *Service Marketing: People, Technology, Strategy* (6th ed.), Pearson.（白井義男監修『ラブロック＆ウィルツのサービス・マーケティング』ピアソン・エデュケーション、２００８年）。
いずれも読み応えのある大著でありますが、邦訳書が出版されていますので、ぜひ挑戦してください。

演習問題

問１．ホスピタリティとサービスの違いについて説明してください。

問２．ザ・リッツ・カールトンが考えるホスピタリティとはどのようなものでしょうか。また、同ホテルが、どのような経営上の仕組みのもとで、それを実践しているかを説明してください。

問３．ザ・リッツ・カールトンの人材採用と人材育成の特徴について説明してください。

第3章　旅館業への経営学的アプローチ

折橋伸哉

1　はじめに

従来、観光ビジネスは、そのマクロ経済における存在感の大きさに比べて、経営学の研究対象として十分に重視されてきたとはいえません。しかしながら、その中核の一角を占める旅館業を例にとってみてみましょう。旅館は言うまでもなく、多様な職種の従業員から構成されており、成功裡に経営していく上ではその協働が極めて重要である経営組織です。しかも、営利を目的とするビジネスを展開しているという点では、これまで経営学が主たる分析対象としてきた他のビジネスとまったく同様です。したがって、当然のことながら、製造業など一般企業と同様にマネジメントをしていかなければなりませんし、さらには緻密な分析に基づく経営戦略の策定も本来欠かせません。経営学は今後、観光ビジネスも研究対象の一つとして研究を蓄積していかなければならないと考えます。また、それこそが東北学院大学経営学部が、「観光経営論」や「総合講座Ⅲ（おもてなしの経営学）」といった授業科目を設け、さらに所属教員らがその持てる力を結集して、本シリーズを編集・出版した所以でもあります。

そこで、本章では旅館業を、まず前半の2節と3節では、東京大学の藤本隆宏教授によるものづくり経営分析の手法を概観した上で、それを用いながら、現場の組織能力構築を重視する観点からみていきます。後半の4節では、旅館業を取り巻く外部環境の著しい変化について概観し、それに対する戦略的対応について考察していきたいと思います。

2　藤本教授によるものづくり経営分析

まず、本章の議論の前提として、藤本教授によるものづくり経営分析について、簡単に解説していきます。なお、紙幅の都合上、より詳しくは藤本（2003）や藤本（2007）、折橋（2008）などの関連書籍を参照いただきたいと思います。本節の解説も、これらの書籍に基づいており、一部そのまま引用している箇所もあります。

(1) ものづくりの組織能力と競争力・収益力

企業の競争力について、藤本（2003）は収益力イコール競争力ではないとしています。競争力は複合的な概念であり、一つの指標だけでは全容を捉えられず、階層的に捉える必要があるからです。図3—1は、ものづくり組織能力と競争力・収益力との関係を示しています。

まず、図3—1中の矢印に沿って、その因果関係を説明していきます。「ものづくり組織能力」は「裏の競争力」に直結しており、それを規定します。この「裏の競争力」には、生

図３－１　ものづくり組織能力と競争力・収益力

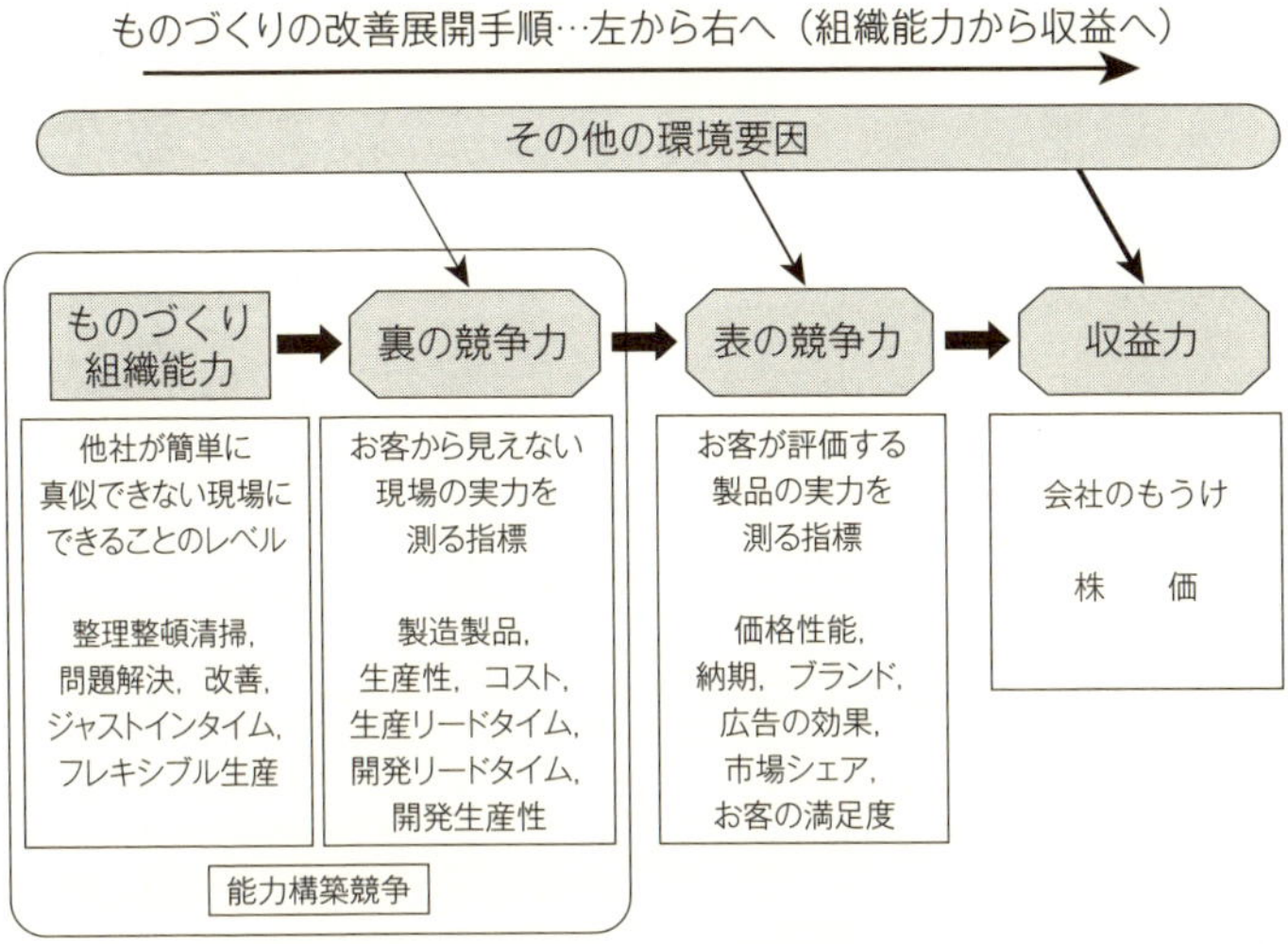

出所：藤本（2007），26頁の図１－１－２を転載。

産性や生産リードタイム、適合品質（製造品質）、開発リードタイムなどが含まれます。多少は、経済・社会情勢の変化などの外部環境要因の影響を受けるものの、その影響はそれほど大きいものではありません。「裏の競争力」がさらに「表の競争力」に影響して、最終的に「収益力」となって表れます。「表の競争力」には、価格、納期、製品内容の訴求力、広告内容の訴求力などが含まれます。右にいけばいくほど、外部環境要因から受ける影響の度合もより大きくなります（矢印の太さの違いは、それを反映しています）。

　では、それぞれの能力について、個別にみていきましょう。

①「ものづくり組織能力」

組織能力とは、他社が真似をしたくても簡単にはすることができない、組織全体が持っているその組織独自の力のことをさします。では、なぜ簡単には真似をすることができないのでしょうか。それは、多くの組織ルーチンが束になっていて、非常に複雑なシステムになっているためです。この組織能力は、他社に対する競争力や収益力の差を生み出す原動力となっています。

では、「ものづくり組織能力」とは、一体何なのでしょうか。簡潔に言うならば、「効率的なオペレーションを安定的に実現することを可能にする能力」と定義できます。こうした組織能力を発揮するための手法としては、具体的には、5S[1]（整理、整頓、清潔、清掃、しつけ）、作業の標準化、JIT（ジャスト・イン・タイム）、TQC[2]（Total Quality Control）（全社的品質管理）、TPM（Total Productive Maintenance）、改善、サイマル・エンジニアリング、フロント・ローディングなどがあります。いずれも、いわゆる日本的生産・開発システムの構成要素として、しばしば各種教科書・専門書などで取り上げられているものです。

「ものづくり組織能力」には、表3―1に示したように、次の三つのレベルがあります。「もの造り能力」は、生産現場での日常的な生産活動において、同じ製品を、競争相手よりも低いコスト、高い品質、短い納期で継続的に供給し続ける能力です。「改善能力」は、生産性や品質などの「裏の競争力」を繰り返し着実に向上させていく組織能力です。言い換えれば、問題解決プロセスの質そのものであるともいえます。「進化能力」は、予期せぬ事態

表３－１　ものづくり組織能力の３階層特性

組織能力＼特性	ルーチン的か	能力の対象：レベルか変化か
もの造り能力	ルーチン的（情報転写の繰り返し）	静態的（他社よりも高レベルの競争力を繰り返し実現）
改善能力	ルーチン的（問題解決の繰り返し）	動態的（他社よりも速いスピードで競争力向上）
進化能力（能力構築能力）	非ルーチン的（創発的な能力構築への対処）	動態的（他社よりも速いスピードで上記２つの組織能力を構築）

出所：折橋（2008），30 頁の表２－１を一部修正のうえ転載。

に際しても的確に対処し、前述の二つのルーチン的な組織能力を、競合他社よりも速く構築する組織能力です（藤本、２００３）。

② 「裏の競争力」

裏の競争力は、読んで字のごとく、顧客は直接見ることのできない競争力です。これを測定する指標としては、例えば製造品質や生産性、生産リードタイム、開発リードタイム、工程内不良率などがあります。日本の製造企業各社は、これらの指標でこれまでしのぎを削り、その結果として卓越した国際競争力を獲得してきました。裏の競争力の向上は、顧客は通常直接見ることはできないものの、当然のことながらその先の収益力の向上につながるため、極めて重要です（藤本、２００３）。「ものづくり組織能力」及び「裏の競争力」といった顧客から直接見えないところをめぐる企業間の熾烈な競争を、藤本（２００３）は「能力構築競争」と呼んでいます。

③　「表の競争力」

表の競争力とは、顧客が直接観察できる競争力です。顧客が実際にものを買う時の評価基準となる「価格」「知覚された品質」「ブランド」「納期」「サービス」「市場シェア」などがこれにあたります。日本の製造企業は、ここに課題があると、かねてより指摘されてきました。例えば、ブランド構築が苦手な点です。すなわち、品質が良くて壊れにくい良い製品は作るのですが、その良さを顧客にわかってもらうための仕掛け（いわゆる、ビジネスモデル）に課題があるのです（藤本、２００３）。こうして、ブランド力が弱いことから、価格設定権が握れないといった弊害も発生しています。自動車、時計、服飾雑貨などなど、この種の事例には事欠きません。もちろん、最終的な利益パフォーマンスには、例えば、外国為替レートの変動など、企業レベルではどうしてもコントロールできないような要因も働いてはいるのですが。

④　収益力

収益力は、各種利益、売上高営業利益率、株主資本利益率、売上高営業キャッシュフロー比率、などの財務指標に表れてきます。さらに、その先に投資家による企業に対する評価を反映した、株価があります（藤本、２００３）。これらについて詳しくは、第６章を参照いただきたいと思います。

3　製造業とサービス産業の違い(3)

本章で主に対象とする旅館業を含むサービス産業は、製造業とは違って、商品・サービスが無形物であるためにその生産と消費が同時点・同地点であり、有形物を生産する製造業とは違って、在庫としての保存が不可能です。また、消費が瞬時に終わるために、消費者の間で評価のばらつきが製造業の場合よりもより出やすいことも指摘できます。したがって、多様な嗜好を持つ顧客から常に高い評価を得るためには、それぞれに合ったサービスをタイムリーに提供する必要があるのです（藤本、２００７）。

(1)　それぞれに求められる組織能力の違い

製造業の生産現場に求められる組織能力としては直接的には、効率的なオペレーションを安定的に実現することを可能にする「もの造り能力」が指摘できます。もちろん、それを支える「改善能力」「進化能力」も、ですが（詳細な説明は前節ですでにしましたので、ここでは省略します）。

その一方で、サービス産業の現場（顧客に直接接して、サービスを提供する場）に求められる組織能力は、多様な顧客それぞれに合ったサービスを、適切なタイミングで安定的に提

表３－２　製造業と旅館業の違い

	製造業	旅館・ホテル業
表の競争力	価格，性能，納期，ブランド，顧客満足度など	価格，顧客を待たせない，サービスの質，ブランド，顧客満足度など
裏の競争力	生産性，コスト，生産LT，開発LT，開発生産性など	業務の効率性，コスト，顧客要望への対応LTなど
（ものづくり）組織能力	4S，問題解決，改善，JITなどを通じ強化	個々の従業員の資質・能力向上，日々の業務の反省に立った継続的改善・問題解決能力の向上などを通じ強化
提供する商品	モノ（製品）	サービス（属人的傾向強い）

（注）LTとは，リードタイム（Lead Time）の略です。
出所：藤本教授の分類をもとに筆者作成。

供することができるだけの能力を各従業員および組織が持っていることです。製造業同様に、常に顧客本位で自分たちの仕事を見つめ、いかにサービスの改善を不断に追求するかといった「改善能力」、さらに著しい環境変化に直面しつつも、いかにして創発的に新たなサービス基軸を見出し、それに合わせて自分たちを変革していくかといった「進化能力」も欠かせません。したがって、製造業よりもヒトに依存する部分がより大きく、人材育成が成否を握ることになります。

まず、図３―１の各段階における組織能力が、旅館業に当てはめた場合、どういったものになるかを筆者なりに考えてみたのが、表３―２です。「表の競争力」ではそれほど違いはないものの、「裏の競争力」は業務の効率性、コスト、顧客要望への対応リードタイムなどということになるのではないでしょうか。また、「(ものづくり)組織能力」は、個々の従業員の資質・能力向上、日々の業務の反省に立った継続的改善・問題解決能力の向上を通じて強化していかなければならないのではないでしょうか。

次に、前掲の「ものづくり組織能力」の三つのレベルをサービス産業に当てはめて考えていきましょう。サービス産業においては、当然「サービス現場の組織能力」ということになります。まず、「もの造り能力」は、いかに上質なサービスを安定的に顧客へ提供するかということになるでしょう。次に、「改善能力」は、いかに常に顧客本位で自分たちの仕事を見つめ、サービスの改善を不断に追求して実現していけるか、ということでしょう。そして、「進化能力」は、著しい環境変化に直面しつつも、いかにして創発的に新たなサービス基軸を見出し、それに合わせて自分たち自身をも変革していけるか、ということでしょう。

(2) 旅館業の現場強化のすすめ

東北学院大学経営学部では毎年、宮城県内の温泉旅館などから女将にお越しいただいて、講義をしていただいています。これまでにお越しいただいた女将はいずれも、長年のご経験などから「おもてなし」について独自のしっかりとしたお考えをお持ちであり、ご自身は当然のことながら高い能力をお持ちです。しかし、それがご自分の旅館の組織全体にしっかりと浸透し、全体として満足のいくおもてなしができているかというと、謙遜も多分にあるとは思いますが、まだまだいろいろと課題があるという問題意識を持っておられる女将が多いようです[4]。

満足のいくおもてなしを、旅館という組織全体でできるようにするためには、やはり現場の組織能力を高め、そして一連の経営プロセスをそれが可能な形に改革（すなわち、旅館全体で、それぞれの顧客にとって最高のおもてなしをするのだという目的を共有し、そのために必要な情報・知識の流れを円滑にする）していくしかありません。現場の組織能力を高めていくためには、前述の通り、個々の従業員の資質・能力向上、日々の業務の反省に立った継続的改善・問題解決能力の向上を積み重ねていかなければなりません。これはもちろん一朝一夕にして成るものではなく、日々の絶え間ない地道な努力を通じて行っていかなければなりません。

また、ある女将のお話では、ある職場ではベテランの従業員たちは高い能力を持っているにもかかわらず、それが若手の従業員に円滑に伝承されないという問題があるといいます。これは旅館業に限らず、ものづくり産業など日本のあらゆる産業が共通して抱えている課題ですが、ベテラン従業員の立場からは、かつて自らもそうしたように、昔流に「一緒に仕事をしながら技を盗みなさい」ということなのかもしれません。しかし、日本発の経営理論であるナレッジ・マネジメントの理論に基づいていうと、円滑に伝承をしていくためには、ベテランが暗黙知として持っている能力・ノウハウなどのうち可能なものは形式知化し、よりシステマティックに後進に対して教育・伝承していくということもこれからは必要なのかもしれません（Nonaka and Takeuchi, 1995）。

4　今後の旅館業の経営戦略―近年の環境変化を踏まえつつ

これまでは現場における組織能力強化というミクロの側面に焦点を当ててきましたが、本節では、外部環境の変化とそれに対応した戦略的な事業展開といった、よりマクロの側面に注目していきたいと思います。

(1) 旅館業を取り巻く事業環境の変化

旅館業を取り巻く事業環境は、近年、これまでとは大きく変化してきています。

第一に、従来は比較的均質であった日本人旅客について、顧客層の多様化が進んでいます。すなわち、比較的可処分所得が多く、高めの料金を支払ってでも、より上質な設備・おもてなしを求める層がいる一方で、価格最重視で低廉なサービスを求める層も増えており、二極分化してきています。顧客が求める水準を大きく超えるサービスを提供したのでは採算が合いませんので、それぞれの客層に合ったサービスを提供する必要があります（小規模施設ならば、いずれかの客層にターゲットを絞るべきです）。ただし、サービスのどの部分を「割り切る」のかについては議論の余地があり、なかなか判断の難しいところです。

なお、比較的規模の大きな旅館にとっては従来ドル箱だった、企業などの懇親会を兼ねての団体宿泊は、減少の一途をたどっているといいます。企業の経費節減意識の高まりや若者の就業意識・生活観の変化などがこの背景にはありますから、もはや決して逆戻りはしない変化だといえるでしょう。

第二に、人々の旅行スタイルが従来のパッケージツアー中心から、自分で旅程を組み立てる自由旅行へと急速にシフトしています。情報技術（IT）の進歩・普及もこれを後押ししており、従来よりもはるかに容易に旅先の情報を事前に入手することができ、かつインターネット経由でチケットの手配、宿の予約までのすべてを完了できるようになっています。加えて、人々が旅慣れてきていることもこの背景にはあります。したがって自ずと、旅客に占める旅行会社のパッケージツアー参加者のシェアは急速に減少してきていますし、旅行会社を経由して予約を入れる旅客も激減しています。そのため、これまでのように宣伝・集客を旅行会社に依存するのではなく、各地域そして各施設が、自らの強み、売りをさまざまなチャンネルを通じて積極的に発信していく必要性がますます高まっているといえます。

第三に、経済のボーダーレス化の進行に伴う、国境を越えた観光客の往来の増加です。アジア地域においても、ＬＣＣ（ローコストキャリア、Low Cost Carrier）の急成長によって海外旅行がより手軽に可能になったことと、日本政府による入国査証免除国の拡大をはじめとする積極的な観光客誘致施策が奏功し、急速に来日外国人観光客が増加しています。ただ、筆者のいる東北地方は、外国人観光客の増加のペースは国内他地域と比較して緩やかです。潜在的には決して国内他地域に引けを取らないだけの魅力がありますので、その最大の要因は知名度の相対的な低さであると考えられます。まさに、地域が一体となって、諸外国に向けてより積極的にその持てる魅力を発信し、外国人観光客の取り込みを図る必要があるといえます。こちらでは逆に、誘客のノウハウを持っている旅行会社とタイアップしての新商品開発も求められてきています。加えて、TripAdvisorをはじめとするグローバルに活用されている口コミサイトや、SNS（ソーシャル・ネットワーク・サービス、Social Network Service）など、多岐にわたってきているインターネット関連ツールを活用した誘客策を、戦略的かつ効果的に打ち出していく必要があります。

第四に、これは外国人観光客に限ったことではないのですが、SNSなどによる口コミの影響力が増していますので、従来にも増して、常に高水準のおもてなしをすることが求められています。というのは、ひとたびネガティブな口コミがありますと、瞬く間に拡散して致命傷になりかねませんから。

第五に、人材確保難が一層深刻化し、旅館によってはその事業存続にも関わるほどにまでなってきています。少子高齢化が一層進むのは必至であることから、政府によって外国人労働者に対する門戸が開かれない限り、人手不足が緩和することはあり得ません。したがって、そうした環境下においても持続可能な旅館経営のあり方をしっかりと考えていく必要があります。

第六に、世界的なシェアリング・サービスの拡大に伴い、欧米を中心に急速に存在感を増している民泊の登場[5]。日本でも2018年6月15日に施行された「住宅宿泊事業法」で、これまでは法的にグレーであった民泊を合法的に営めるようになりました。この点については、より詳しく後述したいと思います。

（2）欧米と日本の本質的な違い

では、日本の旅館業は、これからどうすればいいのでしょうか？　当然これまでの強みは活かす必要があるものの、これまでと同じことをしていたのではジリ貧です。同業種や隣接業種における他社の取り組みをベンチマークし、取り入れるべき点は積極的に取り入れるといった姿勢が必要です。そこで以下では、欧米の類似業種の動向を概観しますが、その前に欧米と日本の本質的な違いに触れておきたいと思います。表3―3はそのあらましをまとめたものです。

日本の宿泊施設経営の、欧米の同業と比較しての強みは、まさに「おもてなし」と「Service（サービス）」の違いにあると考えます。これはあくまでも私見ですが、欧米の宿泊施設における"Service"とは、客が「主」、宿側が「従」の関係です。そして、どの客にも標準化されたサービスを提供するために、しっかりとしたマニュアル（形式知）が作られ、それに則って行っています。これは、ひいてはコストダウンにもつながります。一方、日本の宿泊施設における「おもてなし」は、主従の関係というよりも、よその土地からはるばるやってきてくれた客人をもてなすという意味合いが強いと考えます。一人ひとりに合ったきめこまかな心遣いがそこにはあり、数多くのもてなしをこなすうちに従事する者が培っていく暗黙知が、その質の向上に大きく貢献します。日本を好んで繰り返し訪れてくれる外

表３－３　日本と欧米の宿泊施設経営の比較

	日　本		欧米（例：米国）
	旅　館	ホテル	
課金単位	人（1部屋２名以上が原則）	人（ただし，追加料金で２人部屋の１人利用も可）	部屋単位
サービス	手厚い属人的なおもてなし	ビジネスホテル：シンプルサービス主流 シティホテル：属人的なもてなしも重視される傾向	シンプルサービス（必要なサービス＝多くは料金を払って要求するか，自助努力）

出所：筆者作成。

国人観光客らが、日本を好きになってくれた理由の一つに挙げているのもこの日本流「おもてなし」であり、まさにグローバルに通用する強みといえます。こうした強みは、当然のことながら今後とも維持・強化していく必要があると考えます。

一方で、弱みとしては、第一に、製造業同様、戦略性にやや欠ける面があります。第二に、加えて地域としての戦略にも欠けており、せっかくのポテンシャルを十分に活かしきれていません。これは、旅館業に限らず、日本の観光関連産業全般についていえるでしょう。第三に、温泉旅館はほとんどが家族経営や同族経営で個々に独立しており、ほとんどネットワーク化されておらず、したがって規模の経済性を享受できていません。第四に、個々に独立していて事業規模が小さいこともあって資金力に限界があり、またそのために直接金融で資金を調達できず、さまざまな批判を受けながらも担保主義（土地などの担保が無いと融資をしない）が依然として極めて強い日本の間接金融に依存せざるを得ません。それも災いし、資金調達コストが高くついている上にそもそもまとまった資金の調達自体が困難であり、思い切った成長投資にはなかなか踏み切ることができていません。この辺は、クラウド・ファンディングなど新たな資金調達手段も登場・普及してきていますので、その積極的な活用も併せて検討していく必要があります。

(3) 近年の欧米などでのトレンド

① ホテルチェーンの巨大化・多業態化

欧米においては、ホテルチェーンがM&Aを繰り返して巨大化し、高級ホテルから格安モーテルまであらゆる宿泊サービスを揃えるホテルチェーンが登場してきています。そして、利便性の高いオンライン予約システムや、航空会社各社が行っているマイレージ・サービスなどと同様の多頻度顧客向け会員制度(ロイヤリティ・プログラム)を充実させ、顧客の囲い込みを図っています。「直営」ではなく、フランチャイズ展開が多いのも特徴です。すなわち、土地・建物を自己所有せず、ブランド・運営ノウハウ、顧客ベースなどを提供し、フランチャイジーからその対価としてロイヤリティの支払いを受けるといったビジネスモデルであり、バランスシート上では身軽な経営が可能なのです。

ホテル形態のみにとどまらず、タイム・シェア・リゾートという、不動産取引に分類されるビジネスも手掛けるホテルチェーンもあります。日本国内でもハワイの物件などを多様なメディアを通じて盛んに宣伝しているので、みなさんも目にされたことがあるのではないでしょうか。ハワイやカリブ海沿岸、フロリダ、ラスベガスなど、アメリカ人が好んで訪れているリゾート地はもちろんのこと、全世界に展開しています。

高級ホテルから格安モーテルまでフルラインナップを揃えているホテルチェーンには、マリオット・インターナショナル（Marriott International）、インターコンチネンタルホテルズグループ（InterContinental Hotels Groups）、ヒルトン・ホテルズ・アンド・リゾーツ（Hilton Hotels and Resorts）などがあります。さらに、チョイスホテル（Choice Hotels International）やベストウェスタンホテル（Best Western Hotels & Resorts）など、中級以下のホテルに絞ってグローバルに展開しているホテルチェーンもあります。各ホテルチェーンについて詳細は、各ホテルグループのホームページを参照いただきたいと思います。

近年、従来は独立して運営してきたホテルにも、こうした巨大チェーンに取り込まれるところが増えています。例えば、第2章で取り上げられたリッツ・カールトンも、かつては独立して運営していた高級ホテルチェーンでしたが、20世紀末にM&Aによってマリオットの傘下に編入されました。欧米の巨大ホテルグループは、日本でも同様の手法で勢力を急速に拡大してきています。

② シェアリング経済の急拡大と宿泊業⑥

インターネットとそれを活用したソーシャル・ネットワーク・サービス（SNS）の普及に伴い、さまざまな分野において、シェアリング・サービスが全世界規模で急速に拡大・成長しています。著名なものには配車サービスの米国Uber社やシンガポールGrab社などがあり、これだけではなくありとあらゆるもの・サービスに拡がりつつありますが、宿泊サービスについても米国Airbnb社などがあり、急成長を遂げてきています。もっとも、2010年代後半の一時期に急拡大し、その後、急速に行きづまった中国のシェア自転車など、シェアリングサービスのすべてがうまくいっているわけではありませんが、Airbnb社は、2018年秋の改訂版執筆時現在、世界191カ国・地域の8万1000の都市において500万軒近くの物件を常時掲載しているといいます。(7) 2008年の創業から改訂版執筆時までに、延べ4億人の利用があったとのこと。2018年春時点における送客先の上位10カ国は、米国、フランス、イタリア、スペイン、英国、日本、カナダ、豪州、ドイツ、ポルトガル。集客元の上位10カ国は、米国、フランス、英国、ドイツ、豪州、カナダ、中国、スペイン、イタリア、オランダです。なお、送客先の6位にランクされていた日本においては、上記データ集計時は法的にグレーな状態で営業している物件が大半だったとみられますが、2018年6月の住宅宿泊事業法施行以降は、同法に適合した物件以外はすべて排除されました。それに伴って、Airbnb社の日本における取扱い物件数は大幅に減少しましたので、現時点ではAirbnb社の送客先としての日本の順位は大幅に低下していることが見込まれます。

Airbnb社のサービスは、有効活用しておらず貸し出しても構わない部屋あるいは家屋などの不動産を保有している人と、宿泊する場所を探している旅行者とをマッチングさせるサービスです。Uber社のカーシェア・サービスでもそのサービス品質の維持・向上に寄与している一要因となっている、利用者とサービス提供者とが互いに評価し、その評価情報が蓄積されていく仕組みが、Airbnb 社のシステムでもやはり採用されています。例えば、多くのユーザーから高い評価・口コミを受け続けることができれば、その物件についてはシステム上でその旨が表示され、安定的に多くのユーザーを確保できる可能性が高まります。また、Airbnb 社を利用して宿泊予約を行う際には、物件の持ち主と直接交信してその宿泊許可を得るプロセスがあるため、過去の Airbnb 社経由の宿泊利用時に何らかの理由で家主から低い評価を受けたり、何らかの原因で支払いが不履行になったりしたユーザーは、その許可を得にくくなります。

尾田（2016）は、Airbnb 社のサービスが借り手側と貸し手側に与えているメリットを的確に整理しています。以下では、筆者自らの利用経験なども踏まえて加筆・再構成しつつ、尾田基先生による分析を取り上げます。

まず、借り手側のメリットです。ホテルでは提供されないようなサービスを享受できる、あるいは同程度の品質やサービスのホテルと比較して相対的にコストを節減できることを指摘されています。前者の例としては、家主が居住している家屋の一室を間借りして宿泊し、夕食などを共にして交流を深めるという楽しみ方が可能です。また、家屋を1棟借りることができ、家主との面会はチェックイン時のみ（面会も無く、カギは指定場所で受け渡しというケースも）といった物件も少なくありません。この場合、面積当たりの単価は、同水準の設備を備えたホテルなどと比較して格段に安いことがほとんどで、しかもより高いプライバシーを保てると共に「居住経験」ができるという意味で、高い満足を得ることが期待できます。アパートや雑居ビルなどの一室をホテルよりも格段に安く借りられるなど、ホテルでは決して期待できない低価格帯での活用例もあります。

貸し手側の活用法としては、これまでに活用方法が無かった不動産を活用する副業に近い形態から、不動産事業として高利回りを企図する場合まで幅広いことを指摘されています。

なお、Airbnb 社は近年、これまで説明してきた宿泊マッチングサービスのみにとどまらず、同社のプラットフォームを活用して各種体験やレストランの手配も取り扱うようになっています。同社日本法人の説明を引用すると、Airbnb 社は体験を通じて、さまざまな地域コミュニティとの触れ合いや、興味があることへの挑戦を、これまでになく簡単にすることをミッションとしているのだといいます。

※2018年6月の住宅宿泊事業法施行の影響(8)

同法の施行に伴い、これまでは大半の地域において民泊営業は法的にグレーな状態でしたが、届出・登録をすれば合法になりました。ただ、立法の狙いは、民泊を普及させることであったはずなのですが、2018年9月の執筆時点においては真逆の結果をもたらしています。

まず、関係各機関の連携不足のために届出・登録が進みませんでした。加えて、仙台市をはじめとする、周辺住民とのトラブルを警戒して民泊の推進に消極的な自治体による追加的な制

表3－4　民泊の各類型の比較

要　件	住宅宿泊事業法		国家戦略特区での民泊条例	旅館業法簡易宿所
	家主不在型	家主居住型		
自治体への手続き	登録制	届出制	認定制	許可制
宿泊日数	制限なし		2泊3日以上の滞在が条件	制限なし
年間営業可能日数	180日以内		制限なし	制限なし
床面積制限	制限なし（自治体により制限有）		25㎡以上	制限なし
住宅専用地域での営業	可（自治体により制限有）		不　可	可
宿泊管理業者への委託	必　要	不　要	不　要	不　要

出所：日経BP社『NIKKEI TRENDY』2018年8月号，7頁の比較対照表を一部改変。

限措置も、民泊の普及を進める上でブレーキとなりました。仙台市では独自の条例（仙台市住宅宿泊事業法の施行に関する条例）を制定し、住居専用地域での営業を土曜の正午から日曜の正午までしか認めていません。[9]さらに住宅宿泊事業法施行直前の2018年6月1日に、観光庁がAirbnb社など民泊仲介業者に、住宅宿泊事業法に基づく届け出の無い施設での予約を取り消すよう求めた通達を出し、一斉に予約が取り消されたことが混乱に拍車をかけて、一部の外国人観光客による、日本での民泊利用を控える動きにもつながってしまっています。

　こうした結果、日本経済新聞によると、2018年7月の民泊稼働率は56・3%だといい、同時期の全国の旅館の稼働率（39・0%）よりは高いものの、ビジネスホテル（76・7％）よりは低かったといいます。

なお、執筆時点において、民泊を合法的に営業するには3つの方法があります（表3―4を参照）。

第一に、住宅宿泊事業法に基づく届け出または登録。

第二に、大阪市や東京都大田区など、国家戦略特区での認定。

第三に、旅館業法に基づく簡易宿所の許可を得る。

現在は、これらの3類型の民泊が混在しています。

（4）欧米などの各種事例から次の一手を考える

以上見てきた欧米などの事例から、日本の旅館業の生き残り、さらには競争力強化を図る上で参考になることはあるでしょうか？　私は、いくつか導入を検討すべき課題があると思います。

まず、旅館のネットワーク化を実現できないか？　ということです。現在は、各旅館が個別に調度品、アメニティ、食材などを購買しています。もちろん、特に食材については各旅館の個性を出す上で重要な要素かもしれません。しかし、基礎食材や副食材などでは共通化の実現可能性もあるでしょう。このように食材を含む各資材を「ネットワーク化した旅館連合」が共同購買することによって、規模の経済が働いて購買単価の大幅な削減を実現できるでしょう。また、情報システムの共通化も大きな効果を発揮する施策です。また、予約・顧客管理システムの共通化や共通ポイント制の導入による「ネットワーク化した旅館連合」内での顧客の囲い込み、さらには顧客データベースの共有化により、より効果的なマーケティングが可能になるかもしれません。とりわけ、低価格志向の顧客への対応において、こうした諸施策は大きな成果をあげることが期待されます。

リクルートが運営する「じゃらん」や楽天が運営する「楽天トラベル」などといった、いわゆるネット・エージェントによるプラットフォーム・ビジネスが、ITの面ではある程度上記の役割を担っているともいえますが、そのプラットフォームの提供の見返りに多額の手数料を徴収されており、旅館経営を圧迫する一因となっているのも事実です。プラットフォームを掌握している彼らに集客にかかるビッグデータを握られ、もって圧倒的な主導権を握られてしまっています。ですので、ハードルはやや高いですが、「ネットワーク化した旅館連合」が購買および各種情報を共有・共同化し、ネット・エージェントから主導権を取り戻すことが、収益性向上に大いに寄与するのではないでしょうか。

さらに、先述の通り、環境が著しく変化している今日においては、過去の成功体験にとらわれず、新たなビジネスモデルの導入も含めて、検討する必要があります。ただ、そのためには、子供からお年寄りに至るまで、さらに国籍を問わず、幅広い顧客層が楽しめるような環境づくりが必要です。例えば、ハワイの場合、子供はもちろん、常夏の島で思い切り水遊びをしたり、広い芝生を駈けずり回ったりして存分に楽しめる一方で、お年寄りにもゴルフをしたり、浜辺でのんびり横になりながら読書をしたり、すばらしい環境下で散歩を楽しんだりといった楽しみ方があります。温泉地に新業態を導入する場合でも、これまでのように、ただ「各種効能に優れた温泉があります」というだけでは、成功はとても覚束ないでしょう。お年寄りは温泉だけでも十分満足してくださるとしても、子供たちや若者を引き付けてやまない仕掛けやストーリーを何か考えなければならないでしょう（これは、そもそも温泉地の活性化を進めるために、早急に取り組まなければならない課題です）。

急速に台頭するシェアリング・サービス（いわゆる、民泊）への対応も急務です。民泊ではとても提供できない何らかの価値を提供できるようになることが、旅館が今後も選ばれ続けていく上で決して欠かせません。例えば、他では味わえない特色ある料理を提供できることでもいいですし、地域と連携するなどして、宿泊すると何らかの「ストーリー」を、身をもって体験できる仕掛けをもうけるということでもよいでしょう。

5　むすびに代えて

繰り返しになりますが、日本の旅館業には、ものづくり経営分析の考え方を参考にしながら、自らの組織能力を磨き、地力をつけていっていただきたいと考えます。その上で、戦略的な思考を持ち、同業他社とのネットワーク連携や新業態の導入を検討していくことも、今後の事業の維持・発展を図っていく上では避けては通れないと思います。さらに、グローバル化・情報化の進展と共に外国人観光客の増加やシェアリング・サービスの台頭といった環境変化への対応を考え、迅速に対応していかなければなりません。もちろん、その際も日本の旅館業の強みである、「おもてなしの心」はあくまでも保っていく必要があります。

つまり、強みは維持しながら、自らの体力を鍛えることと、従来の考え方にとらわれずに、環境変化への的確な対応と事業拡大とに向けて、よりしたたかに取り組んでいくことがますます重要になってきているのではないでしょうか。これらはもちろん、日本の旅館業のみならず、世界中のあらゆる産業に共通して求められていることではありますが。

【注】

（１）企業によっては、最後のしつけを省いて「４Ｓ」としています。

（２）その後、戦略的な思考を取り入れたＴＱＭ（Total Quality Management）（訳語は変わらず）に移行しているところが多いのが現状です。

（３）以下、藤本（２００７）を参照。

（４）詳しくは、本書の姉妹書である『おもてなしの経営学【実践編】』を参照してください。

（５）シェアサービスの厳密な定義はありませんが、「個人が保有する遊休資産を、インターネットを通じて他者も利用できるサービス」というのが一般的な理解だといいます（日本経済新聞２０１８年3月12日夕刊「シェア経済、なぜ拡大？　所有欲少ない若者増える」参照）。

（６）尾田（２０１６）参照。

（７）Airbnb 社ウェブサイト参照。

（８）日本経済新聞２０１８年9月15日朝刊「新法３か月、民泊促進へ利便性競う」参照。

（９）３連休などの場合は、連休初日の正午から連休最終日の正午までのみ営業が認められます。こうした制限の結果、仙台市での2018年9月末日現在の民泊登録件数は23件にとどまっています。仙台市ホームページ参照（2018年10月2日アクセス）。

参考文献

【文　献】

Nonaka, I. and H. Takeuchi (1995), *The Knowledge-Creating Company*, Oxford University Press, NY.（梅本勝博訳『知識創造企業』東洋経済新報社、1996年）。

尾田　基（2016）「規制変化と2つのローカル・コンテクスト」『東北学院大学経営学論集』第8号、1―18頁、東北学院大学学術研究会。

折橋伸哉（2008）『海外企業の創発的事業展開―トヨタのオーストラリア・タイ・トルコの事例研究』白桃書房。

日経BP社『NIKKEI TRENDY』2018年8月号。

藤本隆宏（2007）「サービス産業に応用されるものづくり経営学」、藤本隆宏・東京大学21世紀COEものづくり経営研究センター編『ものづくり経営学―製造業を超える生産思想』光文社新書、第3部第1章。

藤本隆宏（2003）『能力構築競争』中央公論新社。

【ホームページ】

Airbnb社ウェブサイト https://press.atairbnb.com/（2018年5月4日、2018年9月30日アクセス）

さらなる学習へ

藤本隆宏教授が提唱する、ものづくり経営分析についてより深く学習したい場合は、藤本（2003）や藤本

（２００７）を読んでください（書名については 参考文献 を参照）。

なお、藤本（２００７）が所収されている藤本隆宏・東京大学21世紀ＣＯＥものづくり経営研究センター編『ものづくり経営学』光文社新書は、多様な国・産業について、ものづくり経営分析の手法を用いつつ分析しています。

演習問題

問1．ものづくり経営分析の考え方をふまえ、製造業とサービス業の違いについて説明してください。

問2．あなたが旅館経営者であったとしたら、今後の成長戦略をどう描きますか。

問3．Airbnb 社の戦略について調べた上で、同社にどのように対抗していけばよいのかについて考えてください。

第4章　旅館の競争力構築―宮城の女将に学ぶ

村山貴俊

1　はじめに

本章では、経営戦略論の重要な研究課題の一つ、「競争優位」（competitive advantage）や「競争力」（competitiveness）の構築という問題を検討します。すなわち、個々の旅館ならびに地域観光業の競争力を、どのように構築するかということです。前章では国際競争という環境下での欧米有名ホテルチェーンのダイナミックな戦略経営の展開に関する記述がありましたが、ここでは日本国内の一地域という視点のもと、とくに宮城県の旅館・ホテルならびに東北・宮城の観光業の競争力構築という問題を取り扱うことにします。

ところで、各旅館の競争力はミクロの視点、他方で地域観光業の競争力はややマクロの視点に立つことになり[1]、また競争力を構築する主体についても、個々の旅館・ホテルの場合は女将や経営者が中心となり、地域観光業の場合は地方公共団体、お土産業者、観光施設、農水産業者そして旅館・ホテルといった幅広い主体が関わることになるため、旅館の競争力と地域観光業の競争力というのは本来的に分けて検討すべき問題であると考えられる方も多いのではないかと思われます。しかし、ここでは両者は密接に関連しており、やはり統一的に論じるほうが良いという立場に立ちます。地域観光業を構成する重要な行動主体の一つである旅館、それら個の魅力が高まれば、個を包含する全体集合としての地域観光業の魅力も自ずと高まってくると思われます。次項でやや詳しく述べますが、個としての旅館や温泉場の独自性が高まってくれれば、地域全体に多様性が生み出され、それが同地域に観光客を繰り返し引きつける力になります。よって、宮城の個々の旅館や温泉場の競争力を語ることは、必然的に宮城ないし東北という地域の観光業の競争力を語ることになると考えられます。

さて、本章の分析アプローチですが、演繹的に旅館の競争力の構築法を考えるというのではなく、むしろ帰納的な方法、つまり東北学院大学経営学部での女将の講義や現地調査から得られた情報をもとに、実際に各旅館や各女将がどのようにして魅力ある旅館やサービスを作り上げてきたのかを明らかにし、そこから旅館や地域観光業の競争力の構築法を考えていきます(2)。

本章の構成は以下の通りです。まず、旅館や地域の競争力とはそもそも何か、という問題を取り扱います。そこでは、旅館の「独自性」、地域の「多様性」、旅館と顧客の「適合性」などが重要になると指摘します。次いで、宮城県のベテラン女将が率いた一旅館の事例をもとに、独自性の構築の有り様を具体的に検討していきます。そこでは、同旅館が、自ら有する有形・無形の経営資源の特徴を適切に把握したうえ、それらをうまく組み合わせることで、独自のおもてなしを提供していることを明らかにします。さらに、現地調査や女将の講義から得られた情報をもとに、宮城県内の各旅館やホテルの独自のおもてなしを紹介していきます。そこでは、歴史、食、女将の技などいくつかの項目を立てたうえ、各旅館やホテルの取り組みを具体的に明らかにします。また、各旅館の独自性をより活かすために、ターゲットとする顧客層の明確化と、それによる適合性の確保が肝要になると指摘します。最後に、各旅館やホテルによる独自性の追求が、孤立ではなく、むしろ旅館間や温泉場間での新たな広域連携を生み出し、地域全体での競争力のさらなる強化につながっていくことを指摘します。

2 旅館や地域の競争力とは何か―独自性、多様性、適合性という尺度

結論を先取りして述べますが、地域観光業の競争力や魅力とは、つまるところ独自性や多様性をどのように創り出すか、ということになるのではないでしょうか。というのも、地域内に独自性や多様性が生み出されることで、図4―1として示されているような旅行客や観光客の行動を生み出すことができると考えられるからです。図の最も大きな円が、例えば宮城県を表しているとします。宮城県内のそれぞれの地域が独自性と多様性を持つようになれば、例えば宮城県のある地域で一泊したお客に、宮城県の別の地域で二泊目も泊まってもらい、さらにもう一泊も域内で泊まっていただける、そういった状況を創り出すことができるかもしれません（パターンⅠ）。たとえ連泊は難しいとしても、宮城県内で一泊していただいたお客に、次に旅行する時にもう一度宮城を選んでいただけるかもしれません（パターンⅡ）。もちろん由布院盆地のように一つの温泉場内で各旅館や各観光施設が独自の魅力の創

図4－1　地域観光業の競争力とは

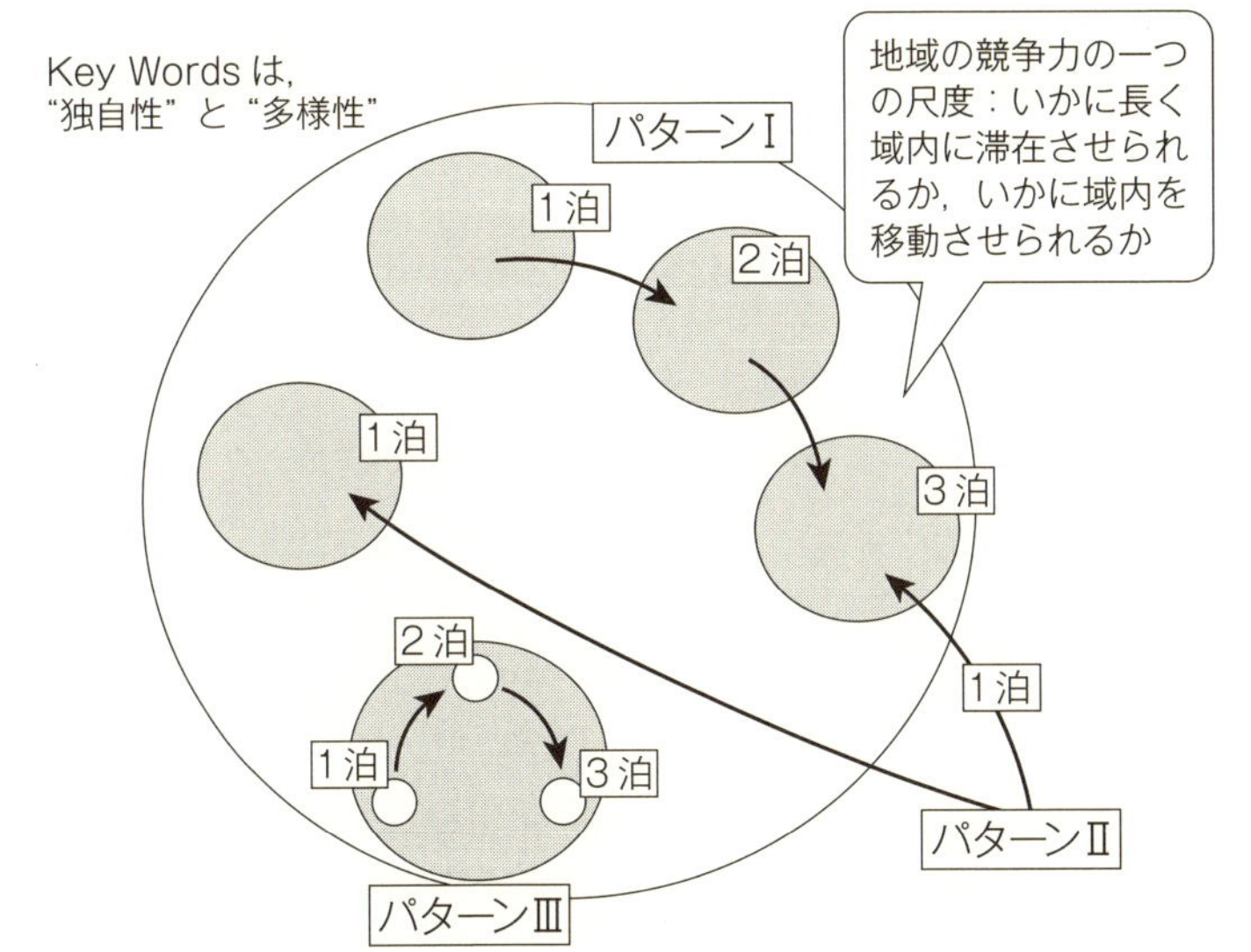

出所：筆者作成。

出と発信に成功すると、[3]その温泉場のなかだけで一泊、二泊、三泊と連泊してもらえる、こういったことも可能になってくるわけです（パターンⅢ）。県内や域内のどこにいってもほぼ同じということでは、当然このようにはなりません。

実は、この考え方の基礎は、2009年度に東北学院大学経営学部の講義にご登壇いただいた（財）仙台観光コンベンション協会常務理事の故・千葉久美氏（肩書きは当時）から学んだものです。[4]すなわち、地域内に観光客をいかに長く滞留させられるか、さらに域内でいかに人を移動させられるか、これらが地域観光業の競争力を測定する一つの物差しになると考えられます。せっかく、デスティネーション・キャンペーンなどで多額の資金を投じて宮城県に観光客を誘客しても、すぐにお客が域外に出ていってしまう（つまり滞在日数が短い）というのは、その地域に真の競争力や魅力がまだ育っていない証左です。人を域内に長く滞留させ、人を域内で長く移動させるためには、やはり域内での独自性や多様性の創出が重要になります。

　では、それら独自性と多様性を、どのように創っていけば良いのでしょうか。各旅館が独自性を持ち始めると、当然のことながら地域全体に多様性が出てきます。つまり個の独自性と全体の多様性というのは表裏一体の関係にあるわけです。では、その出発点でもある個々の旅館の独自性をどのように創り出せば良いのでしょうか。学術的な表現としてはいささか不適切かもしれませんが、あえてわかりやすくいうと、「他人のマネをしない」ことが大切になります。さらにいえば第三者、例えばコンサルタント、銀行、行政、研究者などに考えてもらわない、あるいはそれらの人たちが喧伝していることを鵜呑みにしないことも大事なことではないでしょうか。なぜなら、そうした第三者のアイディアそれ自体は独自性があり優れたものかもしれませんが、そうした方々というのは、自らの生業としてほうぼうで同じような指導や講演を行っている可能性が高いからです。当然、彼／彼女らのいうことに無批判に従えば、同じ指導を受けた競争相手とは同じような建物、同じような設《しつら》え、同じような料理やサービスになってしまいます[5]。

　では、どうすれば良いのでしょうか。やはり女将や経営者が自分の頭を使って必死に考える、これこそが独自性構築に向けた第一歩になるのではないでしょうか。自らの旅館が抱える経営資源、例えば立地、自然環境、施設、歴史、女将の経験、こういったさまざまな経営資源のなかに独自性につながるような要素を見出し、それらを複合的に組み合わせて一つの強みへと仕立て上げていくという姿勢が大切になります(6)。

さらに、もう一つ経営学的に重要な考え方として、その独自性が十分に活かされる客層(すなわち顧客セグメント)を狙うということも大切です。すなわち、独自性に加え、サービス内容と顧客ニーズとの適合性を強く意識する必要があります。いくら独自性があっても、その独自性が活かされる顧客層に売り込まなければ、当然、高い顧客満足にはつながっていきません。せっかくの努力が、最終的な成果に結びつかないのです。ちなみに2章でみたザ・リッツ・カールトン・ホテルは、「トップ5パーセントの顧客層をコアターゲット」(高野、2005、170頁)にすることを明確に示しています。自らの独自性が最も活かされる客層を適切に見極め、そこに対して自社のこだわりをしっかり訴求していくことが必要です。以上でみたように、(とくに地域ベースの)旅館・ホテルの経営戦略ならびに競争力の構築を考える際には、独自性と適合性を強く意識する姿勢が重要になります。

3 独自性構築の実例—旅館 三治郎の取り組み

ここでは、宮城の女将へのヒアリングなどから得られた情報をもとに、実際その独自性がどのように創り出されているかをみていきます。ここでは老舗旅館の一つ、宮城蔵王・遠刈田温泉「かっぱの宿 旅館 三治郎」の事例を用いて、独自性構築のプロセスを明らかにします。

三治郎の特徴の第一は、その歴史にあります。350年も続く老舗旅館であり、お宮参りの旅人の体と心を癒すお茶屋を起源としています。偶然かつ唯一無二の自然の産物といえますが、旅館の裏手から蔵王連峰が育む素晴らしい湧き水が湧き出ています。その湧き水をお茶出しの水として利用できるという自然環境に恵まれた旅館です。客室数は24室と、非常に小さな宿です。

次に、同旅館を切り盛りするベテラン女将の故・大宮富貴呼さん（2010年に逝去）の技という部分になりますが、この湧き水を使って女将が毎朝お客にお茶出しをしています。出張などで不在の時を除き、ほぼ毎日、毎朝、お客にお茶出しをしています。実は、これは単なるお茶出しではなく、季節や気温、またお客の体調を観察しながら、微妙にお湯の温度を調整しながらお茶を出していくというのです。大宮女将の言葉を借りれば、「ほっ」とする温度でお茶を出すことが大切だといいます。この温度調整は、まさに女将の技ですし、お客さまを大事にしたいという心の現れといえます。さらに、そこでは単にお茶を出すだけではなく、お客の悩みに耳を傾け、そしてお客に癒しと希望を与えられる会話を心がけているといいます。残念ながら大宮女将は東北学院大学経営学部の講義にご登壇いただいた翌年にお亡くなりになりましたが、こうした癒しや希望を与えられるお客との対話というのは、経

図４－２　旅館 三治郎の独自性構築

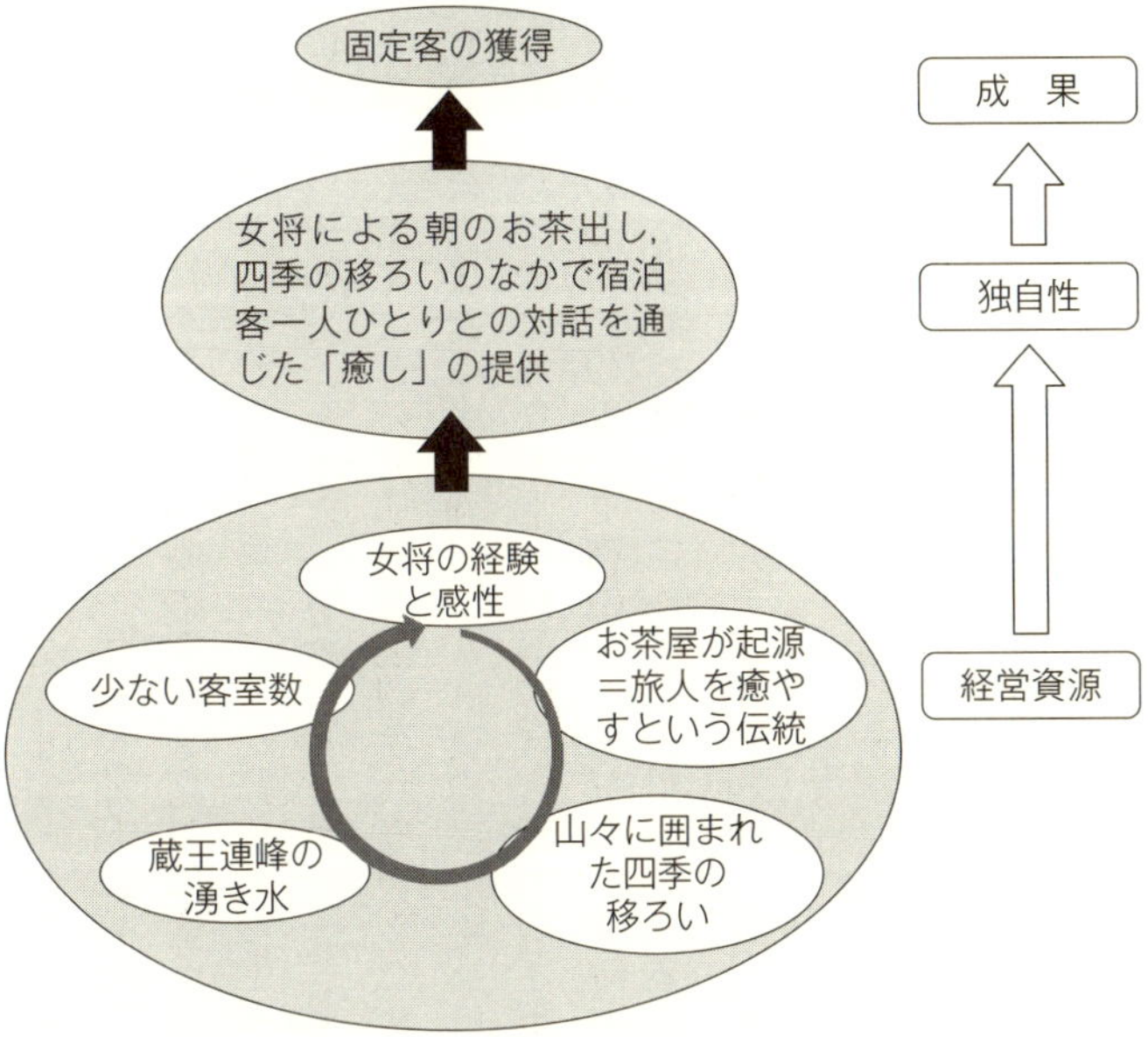

出所：筆者作成。

験を重ねてきた女将ゆえの独自の技といえます。

以上の内容を経営学的に図式化すると、図４―２のようになります。つまり旅館・三治郎には、図の一番下の大きな楕円で示されているようないくつかの経営資源が備わっています。蔵王連峰の湧き水や蔵王の四季の移ろいはもちろん、24室の小規模旅館であるからこそ、先ほど説明したような一人ひとりに心のこもったお茶出しと癒しの対話ができるのです。大規模な旅館では、これは絶対に無理です。つまり、規模が小さいこと、これも非常に貴重な経営資源だといえます。また、お茶屋を起源にするということで、旅人を癒すという伝統や考え方がDNAとして連綿と受け継がれています。ここに女将の経験そして技がプラスされることになります。つまり、お客さんの体調を即座に判断できるとか、気温の上下動をきちんと感じ取って、それに合わせてお茶の温度を巧みに変えられるという技です。これらは、まさに女将の研ぎ澄まされた感性と培ってきた経験から生み出されてくるものです。これは目に見えないものですが（いわゆる無形資産）、極めて貴重な経営資源となります。生前に女将は、日々感性を磨くことの大切さを強調されていました。そのために、ときどき海外に出かけ異文化に触れ、また『家庭画報』など質の高い雑誌にもよく目を通しているとおっしゃっていました。以上のような有形・無形の経営資源がうまくつなぎ合わされることで、蔵王連峰が育む四季の移ろいのなかで宿泊客一人ひとりと対話しながら癒しと希望を与える、という独自のおもてなしが展開されていくのです。この独自のおもてなしがあることで、女将との会話を楽しみに何回も旅館に足を運ぶいわゆる固定客（リピーター）との強いつながりという成果が得られるのです。

自らの旅館が有する経営資源の内容を適切に把握し、それらを巧みに結びつけることで独自のおもてなしを提供し、それを固定客の獲得に結びつけているのです。旅館三治郎・大宮女将の取り組みは、独自性創出の一つの模範といえるのではないでしょうか。

4 宮城県の旅館・ホテルの可能性

東北学院大学経営学部が「おもてなしの経営学」という講義を開講して以来、宮城県の多くの旅館・ホテルから個性豊かな多くの女将さんにお越しいただき、地域観光業ならびに経営内部の諸事情について貴重なお話をいただきました(7)(図4―3)。ここでは、そこで得られた情報をもとに、各旅館ないしは各地域の独自性につながっていきそうな取り組みを紹介していきます(8)。

(1) 歴史と自然

まず「歴史と自然環境」に目を向けます。例えば宮城県南部に位置する鎌先温泉の「時音の宿　湯主一條」は600年の歴史があり、先ほど事例で取り上げた三治郎よりも長い歴史を持っています。なかでも大正時代に建てられた元の湯治宿の本館建物が、個室料亭に改修され、そこで和・洋の洗練されたコース料理が提供されています。また昔は別館であった建物が宿泊施設になっており、部屋の多くが洋風かつモダンな設えの客室に改修されています。さらに個室温泉を備えた一人4万円／一泊の一條スイートという高価格帯の部屋も用意されております。これら物理的な施設に加えて、タイム・トリップという無形のコンセプトを売りの一つにしています。つまり、別館の宿泊施設から本館の個室料亭に料理を食べるた

図４－３　宮城県の主要温泉エリアマップ

出所：みやぎ おかみ会パンフレット「みやぎのおかみ」および宮城県庁ホームページ「みやぎ観光NAVi みやぎエリアマップ」(http://www.pref.miyagi.jp/kankou/tourism/area/index.htm) をもとに筆者作成。

めに仲居さんに先導され渡り廊下を移動していく際、現代（別館）から大正時代（料亭）へとタイム・トリップする、そういった斬新な手法でお客を楽しませている宿です（詳細は、本書5章にも記されています）。これもやはり自らの歴史や施設を非常にうまく活用している事例といえます。

県北の沿岸部に位置する南三陸町の「南三陸ホテル観洋」は、海に面する岸壁の上に立つホテルということで、太平洋からの日の出を見ながら入れる露天温泉があり、これはなかなか他では提供できない独自のサービスになっています。ホームページなどではあまり大々的に訴求されていないようですが、この露天風呂は風水の先生にパワースポットのお墨つきをいただいたということです。最近は風水の人気も高まってきていることから、このパワースポットを訴求することで、さらに独自のサービスにつながっていくのではないかと思われます。

松島にある「ホテル松島大観荘」ですが、日本三景松島を一望できる展望洋食レストラン「潮騒」が売りの一つといえます。松島湾全体を見渡せる唯一無二の高台の立地となっており、実は、マレーシア元首相マハティール氏がぶらりと立ち寄り、ぜひ景色を見させて欲しいといわれたという秘話も残されています。非常に優れた景観であり、レストランの食事の付加価値になっています。また同ホテルにヒアリングで訪問した際にお聞かせいただきましたが、部屋から鉄道が見えるということで、鉄道ファンに部屋を売り込むという新しいアイデアを練っている最中だということでした。これも実現すれば、おもしろいサービスになるかもしれません。

県北の山間部に位置する鳴子温泉郷中山平の「名湯 秘湯 うなぎ湯の宿 琢琇」は、湯質に絶対の自信を持たれています。源泉を9本も有しており、pH8・9〜9・4のアルカリ性でヌルヌルの肌ざわりのうなぎ湯を積極的に売り込んでいる旅館です。

県南の山間部の小原温泉にある「旅館 かつらや」は、渓流に面したすばらしい立地条件にあります。まだ実現できていないのですが、同旅館の女将は、この渓流の流れをうまく取り込んだ隠れ家的な宿を将来的に展開したいという夢を持っています。自らを取り巻く自然環境をより活かせるようなおもてなしやサービスの展開に向け着々と準備しているということです。

(2) 食

次に、「食」に目を向けます。これも独自性に結びつく重要な要素です。「ホテル松島大観荘」では、事業展開の過程で、食事の種類を和から洋そして中華へと多様化していきました。その際に先代（女将の実父）との意見対立もありましたが、女将とご主人である社長の判断で、反対を押し切って多様化を進めていきました。今では館内で和・洋・中すべてに対応できるようになっています。これは大規模なホテルだからこそできる多様なサービスの提供です。さらに女将が松島の地域を巻き込み、地物の食材を使った「松島四季彩食コンテスト」というイベントを立ち上げ、コンテストで賞を受賞した料理が松島の各旅館やホテルのレストランで昼食や夕食時のメニューとして提供されています。最近では、女将が、地域農業者との連携の可能性を模索されています。まさに、食へのこだわりこそが大観荘の特徴の一つといえます。

「ホテル観洋」は、水産業から旅館・ホテル業へと事業を多角化していった旅館です。同ホテルは、立地上の難点をむしろ自らの強みに転化しています。ホテル観洋は、南三陸の海岸沿いの岸壁の高台に、ぽつんと一軒だけ立っています。一軒宿ゆえ地域の商店や食堂との連携が欠かせないということで、女将自らが旗振り役となり、「A級グルメ 南三陸キラキラ丼」という食のイベントを南三陸町に協力を要請しながら立ち上げ、周囲の食堂にも参加を呼びかけ産・官一体の地域イベントとして盛り上げてきました。とくに南三陸はサケの水揚量が多いことから、イクラを中心食材としたキラキラ丼という海鮮丼を、地域の食堂と競い合いながら、観光客に提供しています。しかも、最高の食材を使っているため、B級ではなくA級だというあたりがユニークな発想といえます。実は、仙台市が出資する東北の観光行政の実行組織の一つ（財）仙台観光コンベンション協会の担当者は、宮城・仙台で展開されたデスティネーション・キャンペーンを一番うまく活用したのが南三陸地域でありホテル観洋ではないか、と非常に高く評価していました。

「湯主一條」も、食にかなりこだわりを持っています。個室料亭の夕食にどうしても仙台牛を出したいと考え、女将自らが仙台市内を歩き回って良質な肉を発掘してきたといいます。地物で、しかも良質なものにとことんこだわり抜くことは大切ですし、そうしたこだわりは自ずと独自性構築へと結びついていきます。

宮城蔵王遠刈田の「心づくしの宿 源兵衛」は、食事の量を減らして価格を少し抑えたシルバープランを導入し、特に高齢者の方を中心に喜ばれているということです。食事は豪華に量も多くというのが一般的な考え方ですが、これはまさに逆転の発想です。お年寄りの言葉「もったいない」（旅館の豪華な食事を食べきれない）にしっかりと耳を傾けることで考案されたサービスなわけですが、それが一つの売りとなり、とくに高齢者層のリピーターの獲得に成功しています。

（3）施　設

旅館は施設産業という言葉の通り、「施設」は独自性を生み出す重要な要素です。例えば仙台の奥座敷といわれる秋保温泉の「篝火の湯 緑水亭」は、石材業から旅館業へと事業転換を行った宿です。当然、館内やお風呂の設えに、秋保石という天然石が多用されています。また、その石を用いた大きな日本庭園が敷地内にあります。さらにここが一つ興味深いところなのですが、庭園の維持費を削減する試みとして従業員の園芸技能の開発に取り組まれ、今では、（費用のかかる）庭師を入れずに従業員たちで広大な庭園を管理できるようになっています。

鳴子温泉郷の「名湯の宿 鳴子ホテル」は、足湯つき客室を一つの売りにしていますが、これは女将があえて足湯にこだわったということです。つまり、客室に備え付ける設備として露天風呂か足湯かという二つの選択肢があったわけですが、女将はあえて足湯にこだわりました。そこには、足湯だと長い時間入れるので、部屋からの景色を眺めながら普段はあまり会話がない夫婦や親子でゆっくり足湯につかり会話していただきたいという女将の想いが込められています。通常であれば露天風呂つき客室とした方が見栄えや聞こえは良いかもしれませんが、あえてそこを足湯にすることで、ゆっくり会話を楽しんでもらうということにこだわったのです。こういった女将や経営者のこだわりや想いは、独自性構築の推進力になります。

「源兵衛」は、平屋でバリアフリーの宿です。実は女将の舅と姑が寝たきりで、しかも娘さんが足に障害を持っていたことから、障害者の方が温泉に入れたらいいな、高齢者や子連れの家族が安心して泊まれたらいいなとの想いから、平屋でバリアフリーの宿にしたのです。お客の移動をできるだけ少なくし、お部屋でゆっくりくつろいでいただくために、11室という数少ない部屋数で、すべて部屋食で対応しています（ただし、お客が希望する場合は、別室で食事をとることも可）。

「湯主一條」は、先にも述べましたが、大正時代の湯治宿の本館を個室料亭に改修しました。別館の宿泊施設に露天風呂つき一條スイートという部屋を新設し、これは一人4万円／一泊、二人で泊まるとほぼ10万円という高価な価格帯のお部屋ですが、実は２０１０年８月時点で稼働率１００％という驚異的な数字を記録しているといいます。

「琢琇」は、最近、隣接の植物園を買収しています。植物園の活用については、これから深く検討されていくということなのですが、旅館と植物園が一体となった家族全員で楽しめる体験学習のようなサービスが提供されていくことが期待されます。女将と同旅館の従業員によれば、例えば温泉のお湯を使ったイチゴの通年ハウス栽培が計画されていたり、実際すでに近隣の小学校の体験学習の場として植物園を提供されているといいます。こうしたイチゴの通年栽培や体験学習などを旅館のサービスの新たな柱にすることで、さらなる独自性の構築につながっていくことが期待されます（ただし２０１２年8月現在、震災の影響などで植物園は休園中）。

(4) 女将や経営者の技と経験

女将や経営者の「経験、技、個性」も、独自性を生み出す重要な要素です。例えば「緑水亭」の高橋知子女将ですが、ご夫婦ともに東京の有名音大を卒業されています。高橋女将は、大学卒業後しばらくの間、東京で音楽関係のお仕事をされていました。その女将が館内でピアノコンサートを行ったり、春になると桜が満開の旅館敷地内の日本庭園で女将と旦那（社長）さんが一緒にミニ・コンサートを開いています。まさに女将と社長の特技を活かした独自のおもてなしになっています。

「琢琇」の佐々木久子女将は、生保レディーが前職です。生保時代に会社でたたき込まれた徹底した前向き思考法、これを基礎に旅館経営を行っています。思考したことが現実になる。暗いことを考えているとそれが現実になってしまう。だから常に明るく考えていきましょう、前向きにいきましょうと、非常に積極的で明るい女将です。実際に現地調査のために旅館を訪問した際にも、こうした女将の考え方が、旅館全体の雰囲気として醸し出されていました。やはり女将の前職、経験そして想いなどが独自のおもてなしや雰囲気づくりの重要な要素になると考えられます。

「鳴子ホテル」の髙橋弘美女将ですが、元は放送局のアナウンサーでした。アナウンサー時代に培われた人を喜ばせる対話術、これに非常にたけています。あと心理学やマーケティング理論を一生懸命勉強されており、東北学院大学の講義でも学生に対して独自のサービス理論を展開していただきました。勉強熱心な女将であり、「精神対話士」という資格も取得されています。クレーム処理にもこだわりを持って取り組まれています。クレームはうまく対処すればチャンス、すなわち固定客獲得の好機になるという考えをお持ちです。

「かつらや」の四竈明子女将は、元は小学校の教師でした。先生から女将に転身されました。とくにお客の心を先読みすることに非常にこだわっている女将です。クレームになる前にお客の気持ちを先読みし、怒りが爆発する前に対話を通じて不満を取り除いてしまう。クレームを出させない、そこにこだわっています。

「ホテル観洋」の阿部憲子女将は、従業員を大事にするという考えを強くお持ちになっています。従業員のためにホテル内に託児所を設立し、女子社員のキャリア形成を支援しています。さらに託児所では、従業員の子供だけでなく、（母親が看護師であったり福祉施設に勤務している）地域の子供たちも預かるようになりました。高市早苗・内閣府特命担当大臣働く女性も大切にしたいという想いを強く持っている女将です。
事例として高く評価されたということです。従業員はもとより、従業員の家族そして地域の（当時）も出席した「子育てフォーラム」というイベントで事例発表した際に、全国唯一の

「源兵衛」の佐藤久美子女将は、これは講義を受けた学生も同じような感想を持ったのですが、何ともいえない温かさがあります。講義のなかでも宮城の方言を多用しながら、独特の雰囲気でゆっくりと学生に語りかけていく。温かみだけでなく、東北らしさを感じられました。女将が目指す家庭の雰囲気を大切にする宿には、その語り口がぴったり合っています。もう一つの特徴は、家族経営ゆえの決断の速さです。女将と旦那さん、それと娘さんで経営されていますが、新しい案については、とりあえず半年間だけ試す、家族会議のように素早く判断し行動してしまう、そういう考えをお持ちです。

「湯主一條」の一條千賀子女将ですが、こちらはご夫婦ともに東京の一流ホテルに勤務し、世界のVIPを接客してきた経験をお持ちです。外観は古い旅館ですが、そのなかでは一流ホテルのおもてなしが展開される、このギャップこそが一つの売りになっています。都内のちょっとしたシティー・ホテルよりも、一條の従業員の方がサービス意識そして接客の質も高いという自信をお持ちです。実際に、従業員たちが協力しながら、「リッツ・カールトン・ミスティーク」（詳細は本書2章を参照）さながらのお客に感動や驚きを与えるおもてなしが実践されているといいます（ちなみに、実際にどのようなことが行われたかは姉妹編『おもてなしの経営学【実践編】』９章を参照してください）。

以上のように、女将としての経験、また前職の経験、そこで獲得してきた知識や知恵は、旅館・ホテルの独自のおもてなしに結びついていきます。これまで積み上げてきた経験や知識を駆使して女将や経営者が自らの頭を使って考え抜いたおもてなしこそが、旅館やホテルの魅力そして真の競争力の源泉になっていくのです。

5　適合性を意識する

もう一つの重要な概念が適合性です。独自性が最も活かされる市場や顧客層に自社をしっかりと位置づける、ないし資源を集中していくことが大切になります。すなわち、いくら優れた独自のおもてなしがあっても、それをご理解いただけないお客には、単なる旅館・ホテル側の独りよがりに過ぎず、残念ながらお客から適切な評価を得ることができません。

例えば、図4―4のように、「湯主一條」は、30代、40代で体も元気で、(価格設定の関係上) ある程度の地位にある方をターゲットにしているといいます。というのも、旅館の施設のなかに階段が多く、かなりの高低差があり、また食事のために別館から本館に移動してもらう必要もあることから、足腰の弱い方々には何かと不便や迷惑をお掛けするという想いがあるようです。他方で、「源兵衛」は、高齢者、障害者、子連れの方々も安心して泊まれる宿づくりに骨を折っています。両旅館は、自らの旅館の経営資源とおもてなしが最も活かされる客層をある程度明確にしています。

図４－４　適合性について

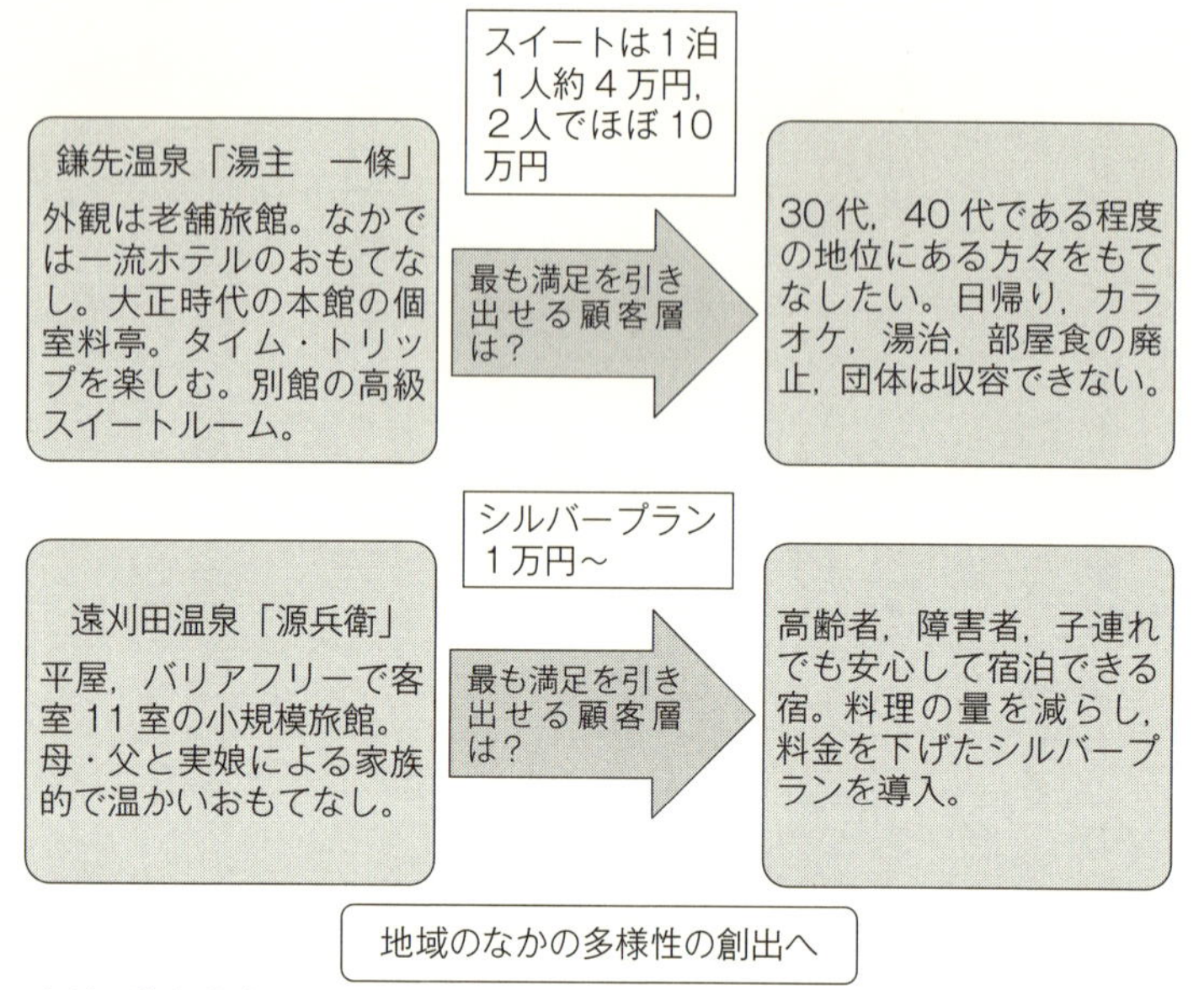
スイートは１泊
１人約４万円，
２人でほぼ１０
万円
鎌先温泉「湯主　一條」
外観は老舗旅館。なかでは一流ホテルのおもてなし。大正時代の本館の個室料亭。タイム・トリップを楽しむ。別館の高級スイートルーム。
最も満足を引き出せる顧客層は？
30代，40代である程度の地位にある方々をもてなしたい。日帰り，カラオケ，湯治，部屋食の廃止，団体は収容できない。
シルバープラン
１万円～
遠刈田温泉「源兵衛」
平屋，バリアフリーで客室11室の小規模旅館。母・父と実娘による家族的で温かいおもてなし。
最も満足を引き出せる顧客層は？
高齢者，障害者，子連れでも安心して宿泊できる宿。料理の量を減らし，料金を下げたシルバープランを導入。
地域のなかの多様性の創出へ

出所：筆者作成。

なかでも「湯主一條」は、非常に大胆に客層の絞り込みを行っています。日帰り、カラオケ、湯治、部屋食は廃止しています。団体客も収容できないので受け入れていません。繰り返しになりますが、足腰の弱い方を受け入れないということでは決してなく、館内には階段がたくさんあって移動も大変なので、そのような方には事前に十分にご理解しておいていただかないと、かえってご迷惑をお掛けする、結果、満足していただけないと考えられているのです。団体客についても然りで、団体客にお越しいただいても、団体のお客が楽しめる大きな宴会場やカラオケ施設がないので、十分に満足いただけないと考えられているのです。ですから、やはり30代、40代の元気な方に、仕事の疲れを癒すためにプライベートでお越しいただきたい、と明確に示されているのです。宿が客を選ぶのかと批判的に捉える方もいるかもしれませんが、適合性という点でみれば、客層の明確化は大切といえます（適合性を意識した客層の明確化というのは、特定のお客の宿泊を拒否するという倫理性を欠いた行動とは次元がまったく異なります。あくまでもお客の満足をより引き出すための方策としての顧客層の絞り込みを意味しています）。旅館業というのは、一日あるいは数日という短い宿泊期間のなかでお客の満足を最大限に引き出すことが目的ですから、旅館に来ていただいてから自分たちのこだわりをじっくりと説明し理解していただく余裕はあまりないと考えた方が良いでしょう。とすれば、自分たちの経営資源やおもてなしで満足させられる人たちを事前にある程度明確にしておき、適切な宣伝・広告を通じてそれらの方に自らのおもてなしの内容をしっかり訴求し、それを理解したうえでお越しいただいたお客にこだわりのおもてなしを提供していく、これも一つ筋の通った考え方といえるのではないでしょうか。

また、それぞれの旅館やホテルが自らの独自性が活かされる領域ないし顧客にある程度集中していくことで、地域全体での多様性が創出されることになります。すなわち、30代や40代の満足を引き出したいと考える宿、かたや高齢者や家族連れの満足を引き出すような施設や料理を考える宿といった具合に、今後ますます多様化していくと思われる顧客ニーズに対して、地域全体の総合力で応えていくことができるようになります。

繰り返しになりますが、自らの旅館が持っている経営資源でどのような独自のおもてなしが提供できるかを女将や経営者が自らの頭で真剣に考えていくことが、まずもって大切です。そして、その独自のおもてなしが最も活かされる客層を正しく見極め、時にその客層を明確に示しつつ、それらの層に対して積極的に訴求していくことが重要になります。自らが得意とする客層から高い満足をうまく引き出せれば、「類は友を呼ぶ」ではありませんが、そこからの口コミや紹介を通じて同じような顧客が徐々に増え、旅館やホテルのブランドイメージの創出や強化にもつながっていくと考えられます。やはり、旅館の競争力構築に向けては、独自性そして適合性を強く意識することが肝要です。

6　むすびに代えて―孤立ではなく連携へ

最後に、本章の問題意識の一つ、個々の旅館の競争力と地域観光業の競争力の関係について改めて私見を述べていきたいと思います。さまざまな考え方があるとは思いますが、地域観光業の競争力の源泉は、旅館・ホテル、温泉郷、お土産業者といった個の力にあるというのが持論です。もちろん、道路、基幹交通、駅、看板といった観光関連インフラ整備は、国や地方政府の大切な仕事であり、その重要性はまったく否定されるものではありません。しかしそうだとしても、やはり旅館や温泉郷など個の強みや魅力がなければ、せっかく整備されたインフラも十分に活用されないままになってしまいます。

以上においては、個々の旅館や温泉郷が独自性を磨いていくことで地域全体の多様性や総合力が生み出される、いうならば独自性を持った個の総和として自然発生的に地域に強みが備わってくるという捉え方をしてきました。しかしこの自然発生という考え方を大前提としながらも、地域の行政組織などが積極的に関わる形で、宮城ないし東北という全体の魅力をより高めていくための方法があると思われます。

例えば宮城県内の鳴子温泉と遠刈田温泉では、それぞれ湯質や街の雰囲気が少しずつ異なっているため、両方の温泉郷で使用できる共通の湯めぐり手形を新たに作ろうという動きがあることが現地調査のなかでわかってきました。(9) こうした湯めぐり手形などを用いた広域連携においては、それぞれの地域が異なれば異なるほど、すなわちそれぞれの地域が独自性を持っていれば持っているほど、お客にとって、より価値があり、より楽しめる内容になると思われます。他方、地域全体の視点に立てば、県北部の鳴子温泉から県南部の遠刈田温泉まで観光客に県を縦断してもらえれば、その間にある県央部・仙台のアウトレットモールや百貨店、あるいは高速道路のサービスエリア、一般道路沿いのコンビニエンス・ストアなどに立ち寄って何かを消費してもらえるかもしれないし、また鉄道・バスなどの公共交通機関を利用してもらえればそこでも売上が発生することになり、県内消費（県内総生産のサービス総額）を着実に上積みしていけることになります。コンビニでの買い物や鉄道・バス運賃など一つ一つの消費額は微々たるものかもしれませんが、まさに「塵も積もれば山となる」というように、そうした小さな消費を決してぞんざいにしないしたたかさが大切になります。

ところで、こうした広域連携の動きのなかで、地域の行政組織はどのような役割を担うことになるのでしょうか。もちろん、どこと、どこが連携するかは、まずもって個々の温泉郷同士ないし旅館同士が自主的に動き始めるべきことですが、仮にそうした連携の動きが出てきた際に、例えば宮城県ないしは大崎市（鳴子温泉の所在地）や蔵王町（遠刈田温泉の所在地）が事務上の手続きを支援したり、ある程度の資金的な援助を通じて、そうした連携を後押しし、頓挫させないようにすることが重要になってくるのではないでしょうか。すなわち、行政組織の姿勢としては、県内・域内で自然発生的に生まれてくる個の連携の胎動を見逃さず、仮にそうした動きに気づけば、言われなくても（先回りして）そこに積極的に関わるということが大切になってくるのではないでしょうか。これはまさに、行政組織による、気づきと先回りを通じた地域産業や企業（納税者）へのおもてなしと表現して良いかもしれません。

また、これまでの議論をふまえれば、旅館や温泉郷が自らの独自性を磨いていくことは、自分たちの世界に没頭する、あるいは孤立への途を歩むということではなく、逆に、そうした独自性こそが地域内でさまざまな連携や協力体制を生み出す起点となり原動力になっていくのではないでしょうか。そして、それぞれが独自性を有する地域間の連携こそが、本章の冒頭で述べた地域観光業の競争力ともいうべき、域内での観光客の「滞在日数の長期化」、そして域内での観光客の「長距離の移動」を生み出す大きな力になっていくのではないでしょうか。

※本章は2012年当時の状況をもとに書かれており、各旅館・ホテルのその後の経営状態は反映されておりません。当時の宮城県の観光産業の状況を伝える資料とするため、あえて修正を加えませんでした。

【注】

(1) 例えば、地域やまちの競争力構築についてマーケティングの視点から論じた良書として Kotler *et al.* (1993) があります。

(2) 本章は、2010年2月の東北学院大学経営学部経営研究所主催のシンポジウムでの筆者の報告をもとに書き下ろしました。同シンポジウムでの報告については、村山(2012)を参照してください。

(3) 由布院盆地の取り組みについては、例えばリクルートワークス編集部(2007)の第1講「旅館」を参照してください。

(4) 同講義の詳細は、本著の初版(2012年公刊)の巻末付録を参照してください。

(5) Aaker (2001) は、こうした多数の同質的企業による競争を「競争上の大混雑」(competitive overcrowding) (p.90) と呼んでいます。そうした同質的競争の環境下で、他社から差別化するための数少ない方法の一つが低価格化です。すなわち同質的競争と競争上の大混雑は、価格競争を不可避とします。

(6) 単一の要素だけでは他社に簡単に模倣されてしまいます。複数要素を複雑に結びつけることで、他社に模倣されにくい持続性のある強みとなります。詳細は、Barney (1991) や Grant (1991) などを参照してください。

(7) これら講義の内容は、姉妹編『おもてなしの経営学【実践編】』に全文掲載されています。

(8) 2~3行目　本書7章に加え、『おもてなしの経営学【震災編】』で詳しく取り上げます。

(9) 2012年4月20日時点で鳴子温泉郷および遠刈田温泉のHPを検索してみましたが、まだ両温泉共通の湯めぐり手形は発行されていないようです。ただし、鳴子温泉については、鳴子温泉郷を構成する鳴子温泉、東鳴子温泉、川渡温泉、中山平温泉、鬼首温泉の五つの温泉地と山形県の最上温泉郷を構成する赤倉温泉、瀬見温泉の計七つの温泉地で使える湯めぐり手形を発行しています。一枚１２００円で６シールがついており、各温泉に入る際に決められた数のシールを渡しますが、現金で払うより３００円程度お得になります。鳴子温泉郷と最上温泉郷の湯めぐり手形の詳細は http://www.naruko.gr.jp/file-tegata/tegata-0-hyoshi.htm を参照してください。

参考文献

【文　献】

Aaker, D.A. (2001), *Developing Business Strategies* (6th. ed.), Wiley, NY.（今枝昌宏訳『戦略立案ハンドブック』東洋経済新報社、２００２年）。

Barney, J. (1991), "Firm Resources and Sustained Competitive Advantage," *Journal of Management*, vol.17, no.1, pp.99-120.

Grant, R.M. (1991), "The Resource-Based Theory of Competitive Advantage: Implications for Strategy Formulation," *California Management Review*, vol.33, pp.114-135.

Kotler, P. *et al.* (1993), *Marketing Places*, Free Press, NY.（井関利明訳『地域のマーケティング』東洋経済新報社、１９９６年）。

高野　登（２００５）『リッツ・カールトンが大切にする サービスを超える瞬間』かんき出版。

東北学院大学経営学部おもてなし研究チーム（２０１３）『おもてなしの経営学【震災編】―東日本大震災下で輝いたおもてなしの心』創成社。

村山貴俊（２０１２）「おもてなしの経営学―その考え方と実践」『東北学院大学 経営・会計研究』第19号、7―18頁。

リクルートワークス編集部（２００７）『おもてなしの源流―日本の伝統にサービスの本質を探る』英治出版。

【ホームページ】

鳴子温泉郷観光協会ホームページ「湯めぐりチケット」、http://www.naruko.gr.jp/file-tegata/tegata-0-hyoshi.htm、２０１２年４月23日アクセス。

宮城県庁ホームページ「みやぎ観光ＮＡＶｉみやぎエリアマップ」、http://www.pref.miyagi.jp/kankou/tourism/area/index.htm、２０１２年５月16日アクセス。

【その他公表資料】

みやぎ おかみ会パンフレット「みやぎのおかみ」（発行年不明）。

さらなる学習へ

経営資源の効果的な組み合わせによって、企業の強みを構築するという経営戦略論の考え方を学ぶための和書として、以下の２冊をお薦めします。

◇ 青島矢一・加藤俊彦（２００３）『競争戦略論』東洋経済新報社の３章「資源アプローチ」。

◇ 伊丹敬之（２００３）『経営戦略の論理 第３版』日本経済新聞社。

また地域観光振興について学術的に論じた入門書として、以下の著書をお薦めします。

◇ 岡本伸之（２００１）『観光学入門―ポストマスツーリズムの観光学』有斐閣。

そこから、さらに学習を深めたい人は、上掲の岡本（２００１）の70頁にある「読書案内」の著作リストを参照してください。

演習問題

問1．自分が泊まってみたい旅館・ホテルをホームページなどで調べ、それら旅館・ホテルの独自性を明らかにしてください。

問2．東北各地での温泉郷間や旅館間での連携の事例を調べ、その連携によって生み出される顧客にとっての新たな利点や魅力などを具体的に説明してください。

第5章 旅館の事業再生と再生ファイナンス
——家業から企業への転換

松村尚彦

1 はじめに

本章では、事業再生マネジメントの視点から、旅館業の事業再生について取り上げます。事業再生マネジメントとは、経営不振が続き独力での事業継続が困難となった企業が、金融機関、再生ファンド、サービスプロバイダーなど外部の力を借りて、事業の継続を可能とし、さらには持続的な成長を実現するまでのプロセスのことです。

この事業再生マネジメントには、二つの側面があります。一つは経営不振となっている事業を根本から見直し事業収益を劇的に向上させる「事業の再構築」、もう一つは資金繰りの改善と過剰債務（あるいは債務超過）を解消し財務の安定性を回復させる「財務の再構築」です。

本章の2節では、まず経営不振に陥った旅館の多くに共通する問題として、マーケティング能力の不足、旅行代理店への依存、原価管理意識の希薄さ、脆弱な財務体質の四つを取り上げて詳しく論じます。さらにその背後には、オーナー経営者の感覚や人的な利害関係に基づいて経営が行われる家業的な経営が当たり前とされていたこと、したがってそこには合理的なマネジメントが欠如していたことを明らかにします。旅館の事業再生を考える時には、この家業の弊害を克服することが、どうしても避けて通れない課題となります。

3節では、おもてなしの経営学でも講義をしていただいた湯主一條と鳴子ホテルの事例を取り上げながら、事業再生マネジメントのうち「事業の再構築」の部分に焦点を当て詳しく見ていきます。湯主一條は、2003年に経営者が交代すると、昔ながらの湯治旅館から、高級旅館へとみごとに変身し、業績もV字回復を遂げました。その一番の成功要因は、東京の高級ホテルで質の高いサービスを身につけた経営者による新しいアイディアと、600年の歴史を持つ湯主一條の独自の経営資源とが結びつき、他の旅館には真似ができない差別化を行ったことです。しかしこの事例は、湯主一條でしかなしえない個別的な成功例にとどまる訳ではありません。事業再生マネジメントの視点から分析すれば、そこにはどの企業の事業再生にも共通して当てはまる普遍的な要素とプロセスが存在することを明らかにしていきたいと思います。

鳴子ホテルは、湯主一條の事例とは異なり、独力での再生が困難となったため、再生ファンドの力を借りながら昨年（2011年）見事に再生を果たした大型旅館です。再生ファンドが事業再生を手がける時には、所有不動産の一部を売却したり、従業員を解雇するなど、事業規模を縮小して、短期的なキャッシュフローの回復を図ることが多いものです。しかし鳴子ホテルの再生を手がけたオリックス不動産は、そうした事業リストラ策を取らずに再生を成し遂げました。その事業再生に関する独自の考え方と、そこで女将がどのような役割を果たしたかを紹介をしながら、外資系の再生ファンドとは異なる日本型の事業再生のあり方を考えたいと思います。

最後の4節では、事業再生マネジメントのもう一つの側面である「財務の再構築」を取り上げます。とくに財務の再構築に用いられる減資増資、デットエクイティースワップという手法を紹介し、それらがどうして事業再生マネジメントで使われるのかを、債権者と株主の利害対立という企業統治の観点から説明をしていきます。

2 旅館経営の現状と問題点

1980年代後半のバブルの時代には、旅館業は右肩上がりの成長を謳歌し、多くの旅館は積極的に設備を拡大することによって、客数を伸ばしていくことができました。ところがバブル崩壊後には、旅館業の経営は一転して悪化の一途をたどることになります。例えば最近10年間の旅館の施設軒数の推移をみると、1999年には66766件あった旅館施設が、2008年には50846件と約24％も数を減らしているのです（日本旅行業協会、2011、72頁）。こうした旅館施設の減少は、後継者不足による廃業も含まれますが、多くの場合には経営不振による廃業と倒産によるものだと言われています。一方でホテルの軒数の推移をみると、この10年間で施設軒数はほとんど変わっていません。では、どうして旅館の経営だけが、このような悪化の一途をたどることになったのでしょうか？　本節ではその原因について、宿泊旅行者のマーケット動向という外部要因と、左のような旅館の経営自体に起因する内部要因とに分けて説明をしていきます。

- マーケティング能力の不足
- 旅行代理店への依存
- 原価管理意識の希薄さ
- 脆弱な財務体質

さらにこうした旅館経営の問題点の背後には、これまでの旅館経営では、オーナー経営者の感覚や人的な利害関係に基づいて経営が行われてきたこと、言い換えると家業として経営が行われることが多く、そこには合理的なマネジメントが欠如しがちであったことを指摘したいと思います。

(1) 外部要因

図5―1は、1980年から2010年までの国内宿泊旅行者数の推移を表したものです(日本旅行業協会、2011、47頁)。このデータによれば、国内宿泊旅行の市場は、大きく三つの期間に分けられることがわかります。一番目の期間は1980年から1991年ごろの市場拡大期であり、この期間に旅行者数は約25%も増えています。ところが1991～2001年の旅行者数は一転して横ばいで推移し、その増加率はわずかに1%に過ぎませ

図５－１　国内宿泊旅行者数（推計）

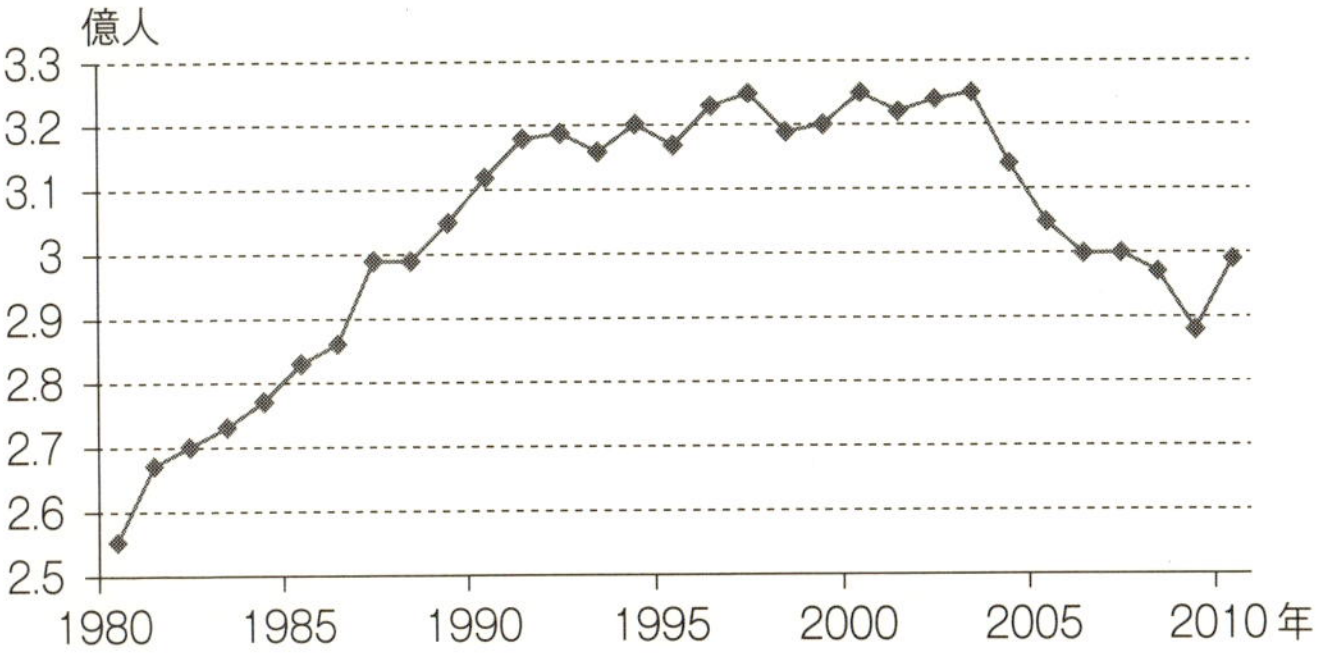

出所：日本旅行業界（2011）に基づき筆者作成。

ん。さらに一番最近の期間になると、旅行者数は減少に転じ、２０１０年には２００２年と比べるとマイナス８％と大幅に減少することとなりました。

宿泊旅行者のマーケットの変化は、こうした規模の変化だけではありません。図５—２には、旅行形態別の旅行者の推移[1]が示されていますが、ここからは１９９０年以降、旅行需要に大きな変化が生じていることがわかります。「個人・グループ」というのは、プライベートな時間を使って行う少人数の旅行者のことですが、このセグメントはバブル崩壊前後の１９９０年には約１０００万人と全体の４割程度を占めているに過ぎませんでした。ところが個人・グループは１９９０年代半ば以降急速に拡大をして、このデータで確認できる最新年である２００２年には１７００万人を超え、市場全体の約７割を占めるセグメントにまで成長しています。一方、企業、地域、学校などの

図５－２　旅行形態別宿泊者数の推移

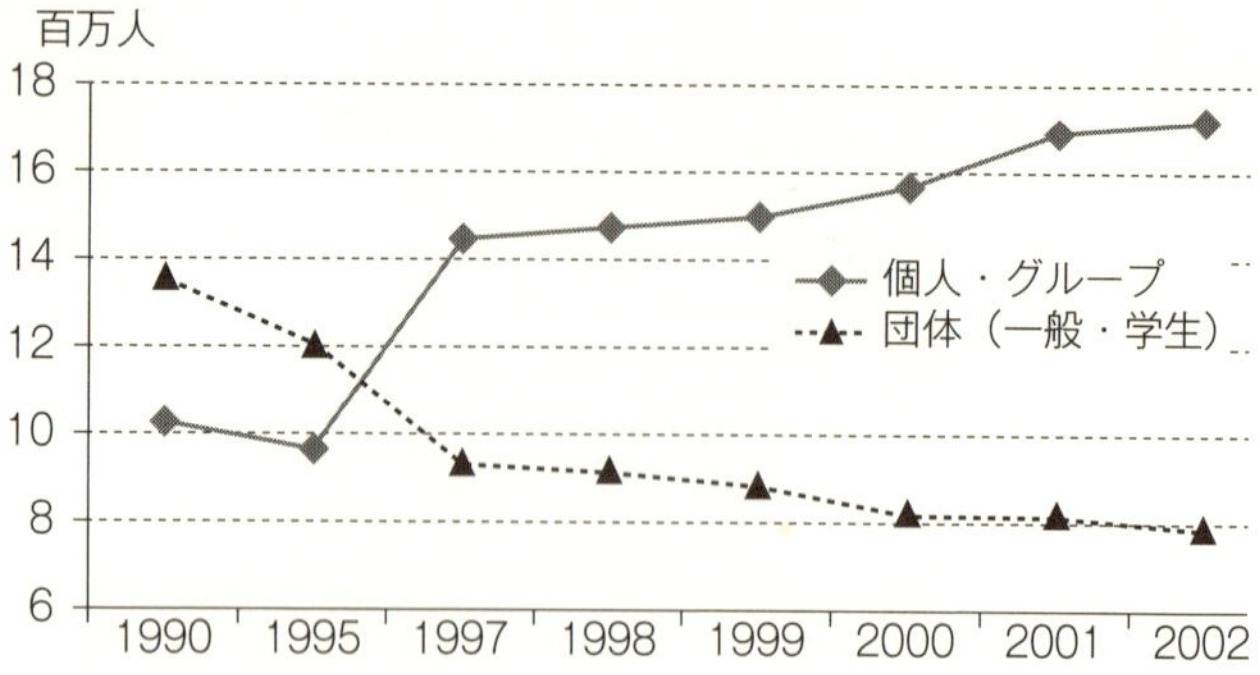

出所：「ホテル・旅館業界レポート」（本間和幸著）に基づき筆者作成。

慰安旅行や修学旅行などの「団体」の旅行者は、バブル崩壊前までは宿泊旅行者マーケットで主要な地位を占めていました。ところがバブル崩壊後の１９９０年から急速に団体の旅行者数は減少し始め、１９９０年代半ばには、ついに個人・グループに総数で逆転されてしまいます。その後も団体の旅行者数の減少は止まることがなく、１９９０年から２００２年の減少率は40％以上となっています。

このように宿泊旅行者のマーケットは大きく変化をしてきました。マーケットの規模だけをみれば、大きく縮小している訳ですから、旅館の経営は全体として非常に厳しい状況にあることが推測されます。しかし市場をセグメント別にみれば、大きく縮小しているセグメントと、反対に急速に拡大しているセグメントがありました。したがってこのようなマーケットのトレンドを上手く利用することができれば、そこにはビジネスチャンスが存在していたということもできるでしょう。ところが実際は多くの旅館がこうしたマーケットの変化に対応することができずに、経営が悪化する旅館が急増していきます。次にそうした経営不振の旅館にみられる経営上の問題（内部要因）について見ていきたいと思います。

（2）経営不振の内部要因

経営不振に陥った旅館にみられる内部要因としては、マーケティング能力の不足、旅行代理店への依存、原価管理意識の希薄さ、脆弱な財務体質が挙げられます。その一つ一つについて見ていくことにしましょう。

①　マーケティング能力の不足

先にもみたように、バブル時代にはマーケットが拡大を続け、その主な市場セグメントが企業や学校などの団体であったため、多くの旅館は競うように部屋数を増やして施設の大型化を進めてきました。団体客を想定した五人定員の部屋が標準となり、大宴会場を設置することが定番となったのもこの頃です。また団体客のニーズは宴会や遊行が中心であることから、宴会場の他にも、スナック、カラオケルームなどの施設が盛んに作られていきました。しかしその後、団体客が大幅に減少するにつれて、団体客向けの施設の稼働率は大きく低下するとともに、それが旅館経営の収益を圧迫していくことになるのです。

図5―3は、旅館の客室稼働率の推移を旅館の規模別にみたものです（国土交通省、

図５－３　主要旅館の定員稼働率

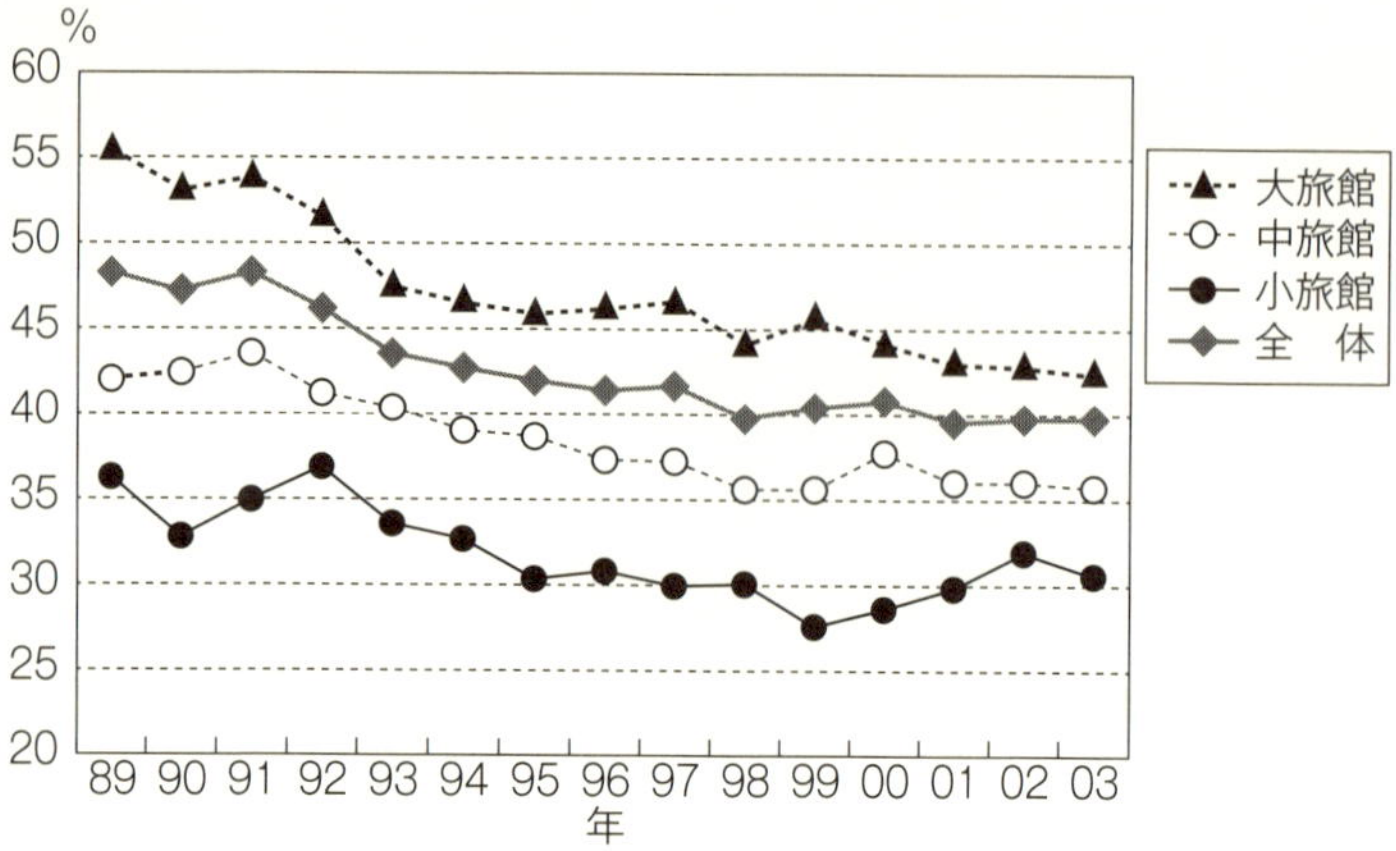

出所：国土交通省（2006），140 頁より転載。

２００６、１４０頁）。このデータからは、バブル崩壊後にすべての旅館規模で客室稼働率が低下していることを確認することができます。さらにその内訳をみていくと、客室数が１００室以上の大型旅館において稼働率の低下が著しいことがわかります。ここからもバブル時代の積極的な設備投資による大型化が、バブル崩壊後に大きな負担となって旅館経営の重荷となっている様子をうかがい知ることができるでしょう。

一方このグラフには示していませんが、ホテル業の稼働率の落ち込みはそれほど大きなものではありません。バブル崩壊直後の１９９０年代前半に落ち込みをみせたあと徐々に回復し、２００４年には全国平均で71・８％まで回復しているのです（国土交通省、２００６、１３８頁）。

このようにみていくと、旅館業において

は、宿泊旅行者のマーケットの変化に対する対応が遅れたこと、そのために現在、過剰設備を抱え込んで厳しい経営状況に陥っている旅館が多いことがわかります。その原因としてまず挙げられるのが、マーケティング能力の不足であり、そこには二つの問題点を指摘することができます。一つはバブル時代の団体客増加がその後も続くだろうという甘い見通しに基づいて経営を行ってきたことです。大型の設備投資をする場合には、一度投資した資金を回収するまでに長期の期間を要します。したがってその間に市場の需要が変化したとしても、事業の方針を変更することができないリスクが存在します。しかしバブル期には、多くの旅館で、十分なマーケティング調査に基づくリスクの評価が行われないまま大型の設備投資がなされてきました。それが稼働率の大幅減少という形で現れてきているのです。もう一つの問題点は、多くの旅館が宴会・遊行を中心の団体客にむけたビジネスモデルを採用したため、各旅館が同じような施設を持ち、似たようなサービスを提供するようになったことです。このため一度マーケットのトレンドが変化すると、旅館業全体が同じように影響を受けるようになってしまいました[2]。各旅館が持つ独自の経営資源を活かして差別化を行い、顧客に独自の価値を提供することができていれば、そうした問題は避けることができたかもしれません。

② 旅行代理店への依存

多くの旅館では、旅行代理店と契約を結び、団体客を中心とした顧客の集客を行ってきました。

国際観光旅館連盟の調査によると、旅館全体では顧客の約6割を旅行代理店からの送客に依存しているという結果が出ています（国際観光旅館連盟、２０１１、31頁）。なかでも経営不振の旅館では、集客という旅館経営に最も大切な部分を、旅行代理店に任せっきりにして、自らマーケティングの努力をしてこなかった旅館が多くみられます（松井、２００８、41頁）。自ら集客する努力をしなければ、顧客ニーズの変化に気づくことも難しくなりますし、各旅館が持つ独自の価値を見極め、その価値に見合った顧客ターゲットを明確にしたり、顧客が求めるサービスを提供できるように旅館の経営を変えていくことが難しくなります。しかも旅行代理店へ支払う送客手数料は、受注金額の15％以上になると言われています（国際観光旅館連盟、２０１１、31頁）。これでは収益が上がらず、財務内容の改善もままなりません。

しかし旅館が旅行代理店に依存してきたのには、それなりの理由もありました。旅館は、主要な顧客が存在する都市部からは離れた地方の観光地に存在しています。また旅館は中小業者の割合が高く、自ら広告費を負担して、営業活動をすることが難しかったという事情もありました。このためインターネットが普及する１９９０年後半ごろまでは、旅館は旅行代理店に集客を依存し、マーケティング不在のまま経営をつづけていくことになったのです。最近では旅館自らが顧客を取り込む努力を行い、顧客のニーズに応えると共に、自らの魅力や価値を発信していく旅館も現れてきたとはいえ、まだまだそうした旅館は多くはないのが現状です（松井、２００８、41頁）。

③　原価管理意識の希薄さ

旅館が経営不振に陥るケースに共通してみられる三つめの要因は、原価管理の意識が薄いことです。例えば食材の原価や歯ブラシ・タオルといった消耗品の原価については、仕入れ業者との長年のしがらみのなかで、きちんとした価格交渉がなされていないことが多いと言われています（同上、41頁）。仕入れ業者に相見積りをとり、価格と品質をチェックした上で、最もリーズナブルな条件を提示した業者と取引をしていくという、通常の企業であれば当然行われている原価管理の基本が実行されていなかった訳です。

また旅館は労働集約型の事業であり、経費のなかでは人件費が非常に大きな割合を占めます。したがって余剰人員の有無をチェックし、必要に応じてパートの導入を検討するなど人件費の削減に努めることが重要となります。ところが多くの旅館では、例えばフロント係はフロントだけを担当し、お部屋係は担当した顧客の対応だけをするといったように、仕事の分担が縦割りとなっているために、従業員の仕事に少なからず空き時間が生じていました（同上、41頁）。従業員が複数業務をこなすことができるように訓練されていれば、この問題は解消できる訳ですが、これまではそうした対応さえ十分になされないことが多かったのです。

このように原価管理や経費節減のための基本的な努力がなされていないケースが多くみられる訳ですが、それは「いかにして収益を高めるのか」という視点を持って、厳しい数値目標を設定し、目標達成の努力をするという通常の企業が持つ経営管理体制が確立していないことの表れだともいえるでしょう。

表5－1　貸借対照表の状況（2001年度）

	大旅館	中旅館	小旅館
流動資産	13.4%	11.8%	12.9%
固定資産	86.5%	87.9%	86.8%
資産合計	100.0%	100.0%	100.0%
流動負債	24.7%	23.2%	18.8%
固定負債	69.5%	80.6%	88.7%
自己資本	5.8%	－3.8%	－7.5%
負債・資本合計	100.0%	100.0%	100.0%

出所：全国地方銀行協会（2009），16頁より転載。

④　脆弱な財務体質

表5―1は、全国の旅館の貸借対照表を集計したものですが（全国地方銀行協会、２００９、16頁）、これを使って旅館の財務の健全性について見ていくことにしましょう。指標としては固定比率、固定長期適合率、自己資本比率を用います。まず旅館施設を中心とした固定資産を購入するための資金を、どの程度自己資本でカバーできているかを測る固定比率を見ていきます。中旅館、小旅館は自己資本がマイナスとなっているので、大旅館のみ計算をしますと、その値は１４９１・３％となりました。固定比率は１００％以内に収まることが望ましいと考えられますので、１４９１・３％というのは財務的には相当不健全な状態にあるといえます。固定資産を購入するための資金を、自己資本だけでなく長期負債も含めた安定的な資金でどの程度カバーできているかをみる固定長期適合率についても、大旅館が１１４・８％、中旅館が１１４・４％、小旅館が１０６・８％となっており、いずれも健全な水準（１００％以内）を満たしてはい

いません。さらに財務の健全性を測る最も一般的な尺度ともいえる自己資本比率をみると、大旅館が5・8%とかろうじてプラスになっているものの、中旅館、小旅館ではマイナスとなっており、実質的には債務超過の状態であることがわかります。

このように旅館の財務体質は極めて脆弱な状態にあることから、銀行から資金を借り入れることが非常に難しくなっていることが推測されます。このため経営不振に陥った旅館が独力で事業を再生することは、ますます困難になっているといえるでしょう。

(3) 家業としての弊害

これまで旅館が経営不振に陥った原因として、マーケティング能力の不足、旅行代理店に依存して直接顧客を獲得する努力をしてこなかったこと、原価管理意識の希薄さ、脆弱な財務体質を取り上げて説明してきましたが、こうした原因の背景には、旅館業に特有の経営体質の問題点が存在します。それは、旅館経営が伝統的に「家業」として行われてきたために、経営の目標を設定して管理するマネジメントの意識が欠如していたということです。例えば経営が悪化した旅館の経営者には次のような行動形態がありがちだと指摘されています(森谷・宇野、2006、51頁および阿部、2007、88頁)。

- 会社の基礎的な数値などを聞いても答えることができない。
- 秘密主義で会社内容の開示に消極的。

●性格はよいが、優柔不断で、意思決定が遅い。
●役員間で争いがある（とくに兄弟間の骨肉の争い）。
●事業の資金と経営者の家計が混同されている。など

こうした指摘からは、これまで多くの旅館では資本と経営が未分化であり、オーナー経営者の感覚や人的な利害関係に基づいて経営が行われてきたこと、このためそこには合理的なマネジメントが欠如しがちであった姿が見えてきます。

旅館が事業再生に成功するためには、こうした家業がもたらす弊害を何らかの形で乗り越える必要があります。しかしそれにはは経営者が独力で行う改革だけでは限界があります。経営目標を定め、それを達成するための方策を決定し、そのプロセスを管理していく合理的なマネジメントの手法は、これまで多くの旅館経営者にとってなじみの薄いものだったからです。したがって旅館経営を家業的な性格から転換していくためには、何らかの形で外部の力を利用した強いリーダーシップが必要になります。

例えば3節で取り上げる湯主一條が経営改革に着手したのは、新しい経営感覚を持った若い社長と女将が経営を引き継いだことがきっかけとなりました。彼らは東京のホテルで長年修行を積んで、合理的なホテル経営の手法を身に付け、それを旅館経営に応用しようとしたのです。まず彼らは「宮城で一番の宿にする」「稼働率90％を達成する」などの経営目標を定め、それを毎日の朝礼で従業員とともに確認するとともに、目標を達成するために事業の

基本コンセプトを再定義することから始めます。そして事業コンセプトに合わせて顧客ターゲットを絞り、施設をリニューアルし、自らの売りを情報発信するなど、綿密な施策を立案し実行してきました。このようにして新しい経営感覚を持った経営者が、既存の枠組みにとらわれないで経営改革を進めた結果、それまでの家業的な経営のあり方を大きく変えることに成功したのです。3節で取り上げるもう一つの事例である鳴子ホテルの場合にも、家業の弊害を取り除くために外部の力を必要としました。その役割を果たしたのが再生ファンドであるオリックス不動産です。オリックス不動産は、その独自のノウハウに基づいて、コンプライアンス、リスク管理、IT利用による効率化、キャッシュフロー経営など、それまで鳴子ホテルでは十分ではなかった合理的なマネジメントの手法を旅館経営に取り入れ、鳴子ホテルを家業から企業へと転換させることに成功したのです(3)。

3 旅館業における事業の再構築

事業再生マネジメントには、経営不振となっている事業を根本から見直し事業収益を劇的に向上させる事業の再構築が欠かせません。旅館業の場合には、2節で述べてきたように、マーケティング能力の不足、旅行代理店への依存体質、原価管理意識の希薄さ、脆弱な財務体質という問題点と、その背後にある「家業」としての弊害を乗り越えていく必要があるでしょう。それらは旅館業に特有の問題点ですが、旅館の事業再生はそれだけでなく、他業種の事業再生と共通の要素とプロセスが存在するはずです。

3節では、おもてなしの経営学で女将に講義をしていただいた湯主一條と鳴子ホテルの事例をもとに、旅館における事業の再構築を考えていくとともに、アメリカにおける事業再生マネジメントのスタンダードな方法（Slatter and Lovett, 1999）と比べた場合、そこにはどのような共通点と相違点があるかを明らかにしていきたいと思います。

（1）湯主一條のケース[4]

湯主一條は、宮城県の鎌先温泉で600年ほど前から温泉旅館を営む老舗の旅館です。しかし現在の経営者が経営を引き継いた2003年には、客室稼働率が30％まで落ち込むなど経営は必ずしも順調ではありませんでした（内藤、2010、144頁）。ところが経営者交代を機に非常に大胆な経営改革が行われることになりました。その結果2009年度の売上高は、2003年度の売上高の2倍となり、2010年8月の月間稼働率は94％、また一條スイーツと呼ばれる最上クラスの部屋の稼働率は100％を達成するなど、業績のV字回復を達成しています。湯主一條の場合、こうした事業の再構築のプロセスで重要になったポイントとして次の五つを挙げることができます。

- 基本コンセプトの再定義
- 顧客ターゲットの絞込み

●施設のリニューアル
●業務プロセスの改革
●従業員の意識変革

このうち最初の三つは、湯主一條が持つ独自の経営資源に着目して差別化するためのプロセスです。このプロセスのなかで湯主一條は、伝統的に営んできた湯治旅館としての役割を終え、まったく新しいコンセプトと顧客ターゲットを設定して生まれ変わることになりました。まずはこの三つの点について見ていくことにしましょう。

① 基本コンセプトの再定義、顧客ターゲットの絞込み、施設のリニューアル

2003年に始まった経営改革のなかで、最も力を入れて取り組まれたことは、湯主一條が持つ独自の資源を見直し、それをもとに他の旅館が模倣することのできない差別化要因を作り出すことでした。

湯主一條には森に囲まれた豊かな自然環境に加えて、約600年という年月に刻まれた歴史があります。例えば湯主一條が立地する鎌先温泉が1428年に開湯した時に使われたという鎌（これは鎌先温泉の名前の由来にもなっています）が代々家宝として大切に保管されてきました。また裏庭にある土蔵には、花瓶、茶碗、掛け軸などの骨董的な価値を持つ美術品も多く保存されていますし、敷地の中央には大正時代に建てられた木造4階建ての非常に

美しい建物があります。この木造の建物は裏山の森から切り出してきた木材を使い、釘を一本も使うことなく宮大工の手によって建築された貴重な建築物でもあります。そうしたモノの面に加えて、湯主一條では代々長男が直系で家を継ぐ習わしとなっており、男子が生まれるとお祝いをしたり、長男には上段でお頭付の食事が振舞われるなど、長い間伝統を継承してきた独自のカルチャーも存在します。

湯主一條には、もともとこうした魅力的な資源やそれにまつわるストーリーが豊富に揃っていました。しかし2003年に新しい社長と女将が就任するまでは、こうした湯主一條の資源はほとんど活用されることもないままに眠っていたといいます。例えば大正時代に建てられた魅力ある木造4階建ての建物には、自炊湯治、食事付き湯治のための施設が整えられており、主に湯治客の宿泊場所として使われていましたが、湯治客の減少によって稼働率が大きく落ち込んでいました。そこで新社長と女将は思い切って湯治施設を全面廃止すると共に、この建物を大正ロマンあふれる「個室料亭」として蘇らせることにしたのです。この個室料亭の各部屋には、女将の素晴らしい見立てによって、裏庭の土蔵に保存されていた花瓶や掛け軸が美しく配置されることとなりました。さらに部屋食を廃止して、別館（2008年にリニューアルオープンした）に宿泊するすべての顧客が、この個室料亭で食事ができるようにしました。そして別館と個室料亭を結ぶ廊下には、現代から大正時代へとタイムスリップする橋であるということから、「時の橋」という名が付けられたのでした。

こうして湯主一條の新しい基本コンセプトである「タイムトリップ（日常を忘れた幸福な

時間へという意味）」が形作られていきます。湯主一條のホームページではこのコンセプトが美しい文章で明記されていますので、一部だけですが紹介したいと思います。

コンセプトはタイムトリップ。テーマは森。………大正時代の東北の素朴で親切な一條の森の人々の優しさに触れ、小さな感動を幾つも体験し、映画を見終わった時の様な、優しい気持ちになって坂を下って、現代へお帰りになる。湯主一條で、東北の旅籠文化を体験して下さい。(5)

こうした基本コンセプトの再定義とともに、これまでの湯治施設としての役割は終了します。そして顧客のターゲットを30～40代の個人客に絞り込み、この顧客ターゲットに合わせた施策を次々と打ち出していきます。例えば日帰り入浴、カラオケ、宴会場として使われてきた大広間などを廃止しました。そして70以上あった部屋を24室に絞り込むと共に、和室のテーストを残しながら、ベッドを取り入れたスイート客室を導入して独自色を打ち出していきます。

湯主一條のもう一つの売りは、外から見ると日本旅館としての魅力を持ちながら、旅館のなかでは高級ホテルのようなサービスが提供されることです。例えばお茶の入れ方、洋食の出し方、立ち居振る舞いなどは、ホテル流のやり方を、新社長と女将が徹底的に従業員に教え込んだそうです。これは2節でも述べたように、新社長と女将が東京の高級ホテルでキャリアを積んでこられた方であったために実現することのできた「売り」だといえるでしょう。

以上のことを、顧客ターゲット、顧客のニーズ、そのニーズを満たすための独自能力とい

図5－4　湯主一條の事業ドメインの変化

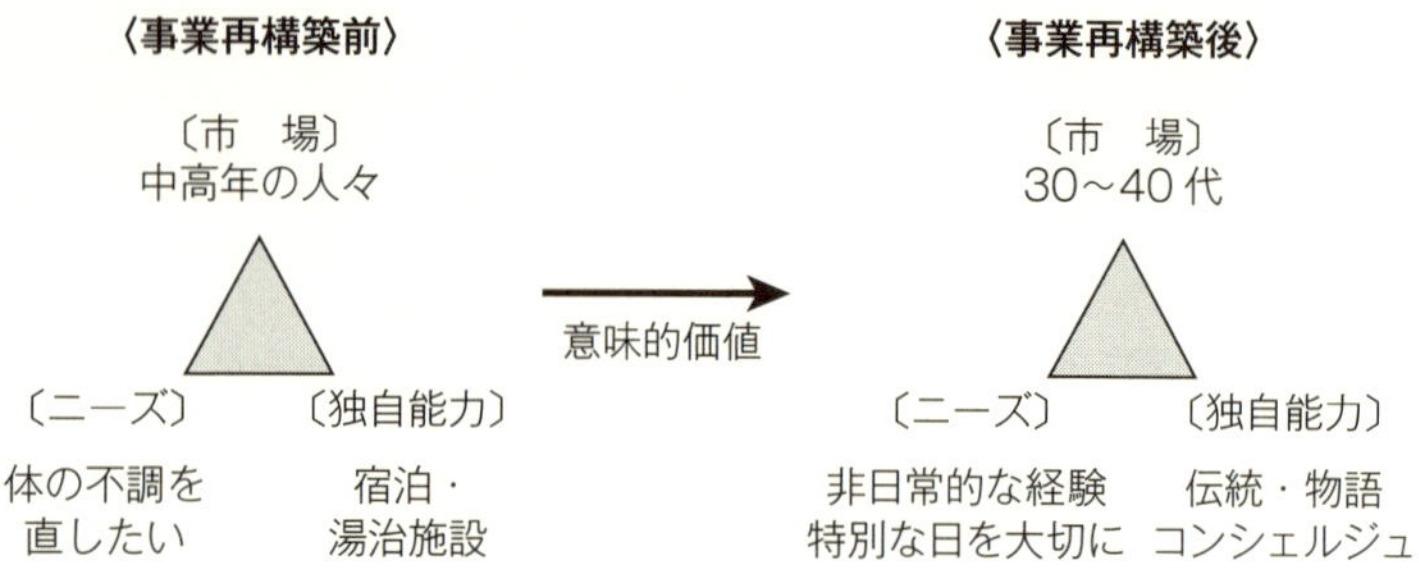

出所：筆者作成。

う事業ドメインの観点からまとめ直してみると図5―4のようになります。ここからは湯主一條が単なる宿泊施設としての機能を果たすものから、独自の資源をもとに顧客に意味的価値を提供することができる旅館に大きく変身したことがわかります。

② 業務プロセスの変革、従業員の意識改革

基本コンセプトの再定義とそれに伴う施策を見てきましたが、それらを旅館経営の運営のなかで活かしていくには従業員の意識改革が必要です。また2節で見たように、旅館には原価管理や経費削減の余地が大きいため、収益を上げていくためには業務プロセスを変革していく必要もあります。湯主一條では、次のような業務プロセスの変革を行いました（内藤、2010、144―145頁）[6]。

- ●従業員に負担の大きかった部屋食の廃止。
- ●利用後に再び清掃が必要な日帰り入浴の廃止。

●半数の客室で布団から事前準備が可能なベッドへ変更。
●縦割りの仕事分担を廃止。複数業務を担当する体制へ変更。
●厨房のホワイトボードやインカム（通信機器）による情報の共有。
●伝統的な作務衣から作業のしやすいスーツへ変更。
●お茶の入れ方から立ち居振る舞いまでホテル並みの作法を導入。

こうした業務の変革を進めていく上で、最も苦労したことが従業員の意識の変革だったと言います。従来のやり方にこだわって、新しいやり方を受け入れられない従業員も多くおり、ベテランの従業員からは「こんなことをやってどうなる！」とか「そんなことをやっている旅館はどこにもない！」ということを言われ、何度も衝突を繰り返してきたと言います。その果てには旅館経営のコンサルタントから、そうした従業員を解雇するように忠告を受けたそうです。しかし新社長と女将はそうはしませんでした。二人は自ら率先して現場に立ち、従業員と粘り強く対話をしながら、徐々に従業員の意識を変えていくという方法を選んだのです。「何十年も湯主一條のために働いてきた従業員は、湯主一條への愛着が深く、強い愛社精神を持っている。この愛社精神が上手く働いたときには、会社が思ってもみなかった盛り上がりをみせるものだ[7]」。そのような確信を持って接していくうちに、次第に従業員も新しい仕事のやり方を受け入れていくようになります。ここには愛社精神とか、従業員を思う経営者の心というような日本的な人のつながりの強さが垣間見られると共に、最後まで諦めずに新しい方針を貫き通した新経営者の強いリーダーシップを見て取ることができると思います。

③　事業の再構築プロセスの検討

湯主一條が事業の再構築に成功した一番の要因は、東京の高級ホテルで質の高いサービスを学んだ経営者が考え出した独創的なアイディアと、６００年の歴史を持つ湯主一條独自の経営資源を結びつけ、他の旅館には模倣困難な差別化を成し遂げたことです。そう考えるとこの事例は、湯主一條でしかなしえない個別的な成功例と思われるかもしれません。しかしその成功要因を事業再生マネジメントの視点からみれば、そこには湯主一條だけでなく事業再生に共通して当てはまる普遍的な要素とプロセスが存在することがわかります。

表5—2は、事業再生に関してアメリカで定番のテキストとなっている『ターンアラウンド・マネジメント』に載っている、事業の再構築に関するプロセスを簡単にまとめ直したものです（Slatter and Lovett, 1999. ただし邦訳書の87頁）。そこからは次のことがわかります。まず共通点についてですが、表5—1の戦略的フォーカスの欄にある「コア事業の再定義」は、湯主一條が行った基本コンセプトの再定義に対応しますし、同じく戦略的フォーカスの欄にある「製品・市場フォーカスの再検討」は、湯主一條の顧客ターゲットの絞込みに対応しています。また組織改革の欄にある「コミュニケーションの改善」「コミットメントと能力の構築」は湯主一條が行った従業員の意識改革に対応し、さらにコア・プロセスの改

表5－2　事業再構築のプロセス

戦略的フォーカス	・コア事業の再定義 ・撤退と資産の圧縮 ・製品・市場フォーカスの再検討 ・ダウンサイジング ・アウトソーシング ・投　資
組織改革	・組織構造の変更 ・主要な人材の配置転換 ・コミュニケーションの改善 ・コミットメントと能力の構築 ・雇用条件の変更
コア・プロセスの改善	・販売とマーケティングの改善 ・コスト削減 ・品質改善 ・組織の対応力の強化 ・情報システムと管理システムの改善

出所：Slatter and Lovett（1999）（ただし，邦訳書の87頁）より転載。

善の欄にある「コスト削減」「組織の対応力の強化」は、業務プロセスの改革に対応していると言うことができるでしょう。

しかし相違点もあります。例えば表5―1では撤退と資産の圧縮、ダウンサイジング、雇用条件の変更など、事業を縮小して短期間でキャッシュフローを生み出すような施策がいくつも並んでいますが、湯主一條の事業再構築のプロセスではそうした施策は取られませんでした。

このような事業再生の「日本的」特徴は、次に取り上げる鳴子ホテルの事例でもみられるものです。

（2）鳴子ホテルのケース[8]

鳴子ホテルは、独力での再生が困難となり、2007年に私的整理をした上で、オリックス不動産という再生ファンドの力を借りながら、昨年（2011年）見事に再生を果たした大型旅館です[9]。

鳴子ホテルは明治時代から130年近くの営業歴があり、皇族も宿泊する名門の旅館でした。また鳴子温泉という観光客の多い地に立地していることから、比較的安定した経営を続けてきましたが、バブル期に事業の多角化[10]に失敗し、多額の負債を抱えてしまいました。このため団体客から個人客へと旅行需要がシフトしたにもかかわらず、必要な投資ができずに業績が次第に悪化していったのです。

こうした事情から、オリックス不動産が事業再生にあたってまず着手したのが、個人客をターゲットとした施設の改修でした。具体的には、団体客用の食堂をバイキングレストランに変え、料理人が顧客の目の前で調理をするオープンライブキッチンを設置するとともに、大浴場を改装してゆったりとくつろげる空間を演出したり、露天足湯付きの客室を新設しました。また個人客を増やすためには、旅行代理店に依存するのではなく、自らの力で営業努力をする必要があります。このため女将は、自らブログやダイレクトメールで情報を発信して独自の顧客を開拓することにしました。その結果、ダイレクトメールの顧客リストが当初の8000人から現在の50000人に増加するだけでなく、以前は2割程度だった個人客の割合が現在では5割を越えるまでになった[11]そうです。

こうした事業の再構築のプロセスは、表5―2にあるアメリカの事業の再構築プロセスと共通している点が多くあります。例えば個人顧客をターゲットにした戦略は、「製品・市場フォーカスの再検討」に相当しますし、ブログやダイレクトメールを使った顧客開拓は、「販売とマーケティングの改善」に相当します。しかしそこには大きな違いも存在します。まず第一に言えることは、表5―2にあるようにアメリカの事業再生においては、撤退、ダウンサイジング、資産の圧縮などにより短期的にキャッシュフローを回復させることが多く、とくに再生ファンドが関わる場合には、早期に投資資金を回収しようとしてそうした行動に出ることが一般的です。ところがオリックス不動産の場合には、それとは正反対の方針で事業再生に臨みました。例えば120人強いた社員全員の雇用と100社以上あった取引業者を切り捨てることはありませんでした[12]し、リストラや無理なコスト削減をすることなく、むしろ顧客を増やし、客単価を引き上げて売上を伸ばすために、5億円の追加投資を行い施設をリニューアルしています。さらにオリックス不動産は、前経営者であり創業家である髙橋宣安氏と髙橋女将をそのまま現場に残して指揮を取らせました。そしてこれまで家業として旅館を経営してきたため、PCもあまり得意ではなかったという二人に対して、オリックス不動産の担当者は、コンプライアンス、リスク管理、IT利用による効率化、キャッシュフロー経営などの合理的なマネジメントの手法を、何度も粘り強く教え続けたと言います。こうしたやり方は短期的な成果を求める「外資系ファンドとは一線を画す[13]」独特の方法であり、日本的な企業再生、とくに地域における複雑な人的関係に大きな影響を受ける旅館経営にとっては、一つの事業再生のモデルとなるのではないかと思われます。

4　財務の再構築と企業統治上の問題

事業再生マネジメントでは、これまで見てきた事業の再構築と並んで財務の再構築が欠かせません。財務の再構築には、①事業再生計画を実施するのに必要な資金の調達、②過小資本（あるいは債務超過）に陥ったバランスシートの改善、③株主責任、経営責任、株主と債権者の利害対立といった企業統治上の問題を解決するなどの役割がありますが、このどれを欠いても事業再生を成功させることはできません。ここでは財務の再構築で使われる減資増資とデットエクイティースワップを取り上げて、それらが③の企業統治上の問題解決にどのような意義を持つかを手短にお話したいと思います。

(1)　減資増資

減資とは、過去の赤字の累積である繰越欠損金を解消するために、繰越欠損金と資本準備金および資本金を相殺させる手続きのことです。このあと通常は、減少した資本金に相当する株式を消却する手続きをとりますので、既存の株主は無償で株主としての権利の一部またははすべてを失うことになります。しかしこのままでは資本金がゼロで株主がいない会社になってしまいますので、第三者割当増資を行い新しい株主から資金調達をすると同時に、自己資本の割合を高くして財務的な安定性を確保します。この一連の流れを減資増資と呼びます。減資増資には、このように事業再生に必要な資金を調達し、資本構成を高めてバランスシートを改善するとともに、既存の株主の割合的地位を低下あるいは消滅させることによって株主責任（旅館の場合には株主＝経営者であることが多いので経営者責任も意味する）を明確化するという役割があるのです。

(2) デットエクイティースワップ

経営が破綻状態にある企業に対しては、銀行などの債権者は競うようにして債権の早期回収を図ろうとするでしょう。そうすると担保物権が処分されてしまい、事業の存続は不可能になります。一方で株主は経営改善によってキャピタルゲインが得られる可能性があれば、少しでも事業を存続させようとします。このように経営が破綻状態にある企業では、債権者と株主の利害が対立することになります。この対立を解消させるとともに、自己資本を高めてバランスシートを改善するために行われるのがデットエクイティースワップです。

デットエクイティースワップとは、債務者企業の負債の一部を同一金額の資本に組み替える手続きのことであり、「債務の株式化」と呼ばれることもあります。この手続きによって債権者は、事業を継続させて再建が成功すれば、株式を売却してキャピタルゲインを獲得し、過去の債権金額を回収することが可能となります。このため株主との利害対立は解消し、事業再生を支援するインセンティブを高めるという効果があります。

5　むすび

本章では、事業再生マネジメントの視点から旅館経営について考えてきました。2節では、経営不振に陥っている旅館に共通する問題点として、マーケティング能力の不足、旅行代理店への依存、原価管理意識の希薄さ、脆弱な財務体質の四つを挙げると共に、その背景には旅館経営が長年の間、家業として営まれてきたことの弊害があることを指摘しました。経営不振に陥った旅館が、事業再生を成し遂げるためには、この「家業」としての弊害(14)を克服して、合理的なマネジメントに基づく「企業」へと転換していく必要があります。

また3節では、湯主一條、鳴子ホテルの事例を取り上げて、事業再構築の具体的なプロセスをみていきました。そこでは「コア事業の再定義」「製品・市場フォーカスの再検討」「販売とマーケティングの改善」「コミュニケーションの改善」「コミットメントと能力の構築」「コスト削減」「組織の対応力の強化」など、アメリカの典型的な事業再生プロセスとの共通点も数多くみられましたが、大きな違いも存在しました。アメリカの場合には、事業の撤退、資産の圧縮、ダウンサイジング、雇用条件の変更など、短期間でキャッシュフローを改善させる策が優先されることが多いものです。しかし湯主一條、鳴子ホテルの場合には、それとは反対に顧客を増やし、客単価を引き上げ、売上を伸ばすことによって、従業員の雇用や取引業者との関係を守ることを優先させました。

このような事業再生のあり方は、地域における人的つながり、経営者と従業員の信頼関係、顧客が旅館に寄せる思いなど、複雑な人と人との関わり合いの上に成り立つ日本の旅館経営にとって、一つのあるべき事業再生のモデルを示しているといえるでしょう。

最後に4節では、事業再生マネジメントのもう一つの柱である、財務の再構築について取り上げました。事業再生時におけるファイナンスには、減資増資やデットエクイティースワップなどの特殊な方法が使われます。それらは単なる資金調達の手段にとどまらず、経営者責任、株主責任、債権者と株主の利害対立など、経営不振に陥った企業が抱える企業統治上の問題を解決するために有効な手段でもあることを理解することが重要です。

【注】

（1）「ホテル・旅館業界レポート」（本間和幸著）、http://www.richi.co.jp/report/articles/2004/hotel.pdf を参照。

（2）その一つの事例として、本章では湯主一條のケースをみます。

（3）日本テレビBS番組「財部ビジネス研究所」（２０１１年12月４日放送）を参照。

（4）以下の湯主一條の事例は、とくに断りのない限りは、東北学院大学経営学部「おもてなしの経営学」での一條千賀子女将の講義内容に基づいています。詳細は『おもてなしの経営学【実践編】』第９章を参照してください。

（5）湯主一條ホームページ、http://www.ichijoh.co.jp/ より引用。

（6）上記の文献に加えて、一條千賀子女将へのヒアリングも参考にしました。

（7）一條千賀子女将へのヒアリングより。

（8）以下の内容は、とくに断りのない限り、鳴子ホテルの高橋弘美女将へのヒアリングおよび日本テレビBS番組「財部ビジネス研究所」（２０１１年12月４日放送）によります。

（9）２０１１年10月に元の経営者が経営権を買い戻し、現在では優良旅館として独立した経営を行っています。
（10）ただし本業の経営には何ら問題はありませんでした。
（11）『朝日新聞』２０１１年11月４日付。
（12）『日本経済新聞 地方経済面』２００７年11月３日付。
（13）日本テレビＢＳ番組「財部ビジネス研究所」（２０１１年12月４日放送）で鳴子ホテルを取材した内田裕子氏の発言。
（14）本稿では、家業が持つ弊害の部分を強調しましたが、弊害を克服し家業の良さを活かすことも旅館業にとって大切なことです。

参考文献

【文　献】

Slatter, S. and D. Lovett (1999), *Corporate Turnaround*, Penguin, London（ターンアラウンド・マネジメント・リミテッド訳『ターンアラウンド・マネジメント―企業再生の理論と実務』ダイヤモンド社、２００３年）。

阿部泰久（２００７）「短期連載ホテル旅館業」『ターンアラウンドマネージャー』２００７年９月号、84―89頁。

国際観光旅館連盟（２０１１）『国際観光旅館営業状況統計調査』国際観光旅館連盟。

国土交通省（２００６）『観光白書』国立印刷局。

全国地方銀行協会（２００９）『業種別コース『旅館・ホテル編』事例研究』全国地方銀行協会　地方銀行研修所。

内藤　耕（２０１０）『サービス産業生産性向上入門』日刊工業新聞社。

日本旅行業協会（２０１１）『数字が語る旅行業２０１１』日本旅行業協会。

松井清隆（２００８）「『旅館・ホテル』再生への着眼点」『ターンアラウンドマネージャー』１月号、40―42頁。

森谷義博・宇野嘉晃（２００６）「旅館の破綻と地域一体化再生」『ターンアラウンドマネージャー』10月号、50―59頁。

【新聞記事およびテレビ番組】

『朝日新聞』２０１１年11月４日付。

『日本経済新聞 地方経済面』２００７年11月３日付。

日本テレビＢＳ番組「財部ビジネス研究所」２０１１年12月４日放送。

【ホームページ】

「ホテル・旅館業界レポート」（本間和幸著）http://www.richi.co.jp/report/articles/2004/hotel.pdf、２０１２年５月８日アクセス。

湯主一條ホームページ、http://www.ichijoh.co.jp/、２０１２年５月８日アクセス。

さらなる学習へ

事業再生マネジメントに関する定評あるテキストとして次の２冊の本をお薦めします。

本章でも参照したSlatter and Lovett（1999）（書名と邦訳書については右記 参考文献 を参照）は、企業再生に関するアメリカのＭＢＡの標準的なテキストになっています。

和書としては、許斐義信編著（２０１０）『ケースブック 企業再生』中央経済社があります。

演習問題

問１．経営不振に陥った旅館は、一般的に、どのような経営上の問題点を抱えているでしょうか。

問２．湯主一條が事業の再構築に成功した理由について考えてください。

問３．財務の再構築で用いられる代表的なスキームを説明してください。

第6章 ホテル・旅館業の社会的責任
――東日本大震災における取り組みとCSR

矢口義教

1　はじめに

今日では、企業は営利性の追求だけでなく、法令を遵守したり、地球環境に配慮したり、社会に貢献するなどのさまざまな取り組みが求められています。つまり、企業には社会性が求められており、社会的責任を果たす必要があるのです。このような「企業の社会的責任」は、グローバリゼーションが進展しているなかでCSR（Corporate Social Responsibility）という名称で表現されるようになっています。

世界的に見て、人類が持続可能な発展を達成するために、乗り越えなければならないさまざまな課題が山積しています。地球温暖化や資源枯渇などの地球環境問題、南北格差や開発途上国における人権問題、先進国においても若年失業者の増大や貧富の格差拡大などの問題を抱えています。このような世界的な課題に対して、政府の果たせる役割が縮小しているなかで、グローバル・ガバナンスの側面において企業の課題解決に果たす役割に注目が集まるようになっています(1)。また、このような地球規模的な側面以外にも、企業それ自体もさまざまな問題（不祥事）を発生させてきました。日本では、三菱自動車のリコール隠し、雪印食品の食肉偽装、カネボウやオリンパスの損失隠し（粉飾決算）、大王製紙前会長による巨額借入など、企業不祥事が近年でも枚挙にいとまがなく発生しています。

このような背景から、企業には「企業市民」（Corporate Citizen）として社会的責任、つまりCSRを実践していくことが強く求められているのです。そして、2011年3月11日に発生した「東日本大震災」では、企業が社会に対して貢献するという「ポジティブ」な側面からCSRの重要性を大きく際立たせることになりました。義援金や支援物資の被災地への送付といった取り組みだけではなく、トヨタ自動車の「ココロハコブプロジェクト」や富士フィルムの「写真救済プロジェクト」などに見られるような地域社会を「元気」にする活動の重要さを広く印象づけました。また、被災地域に本社や事業所を有する企業も、自ら被災しながらも地域社会を支えるための取り組みが見られました。製造業では、供給責任という経済的責任を果たすために中核技術を他社に譲渡するなどの活動が見られたり、スーパーなどの小売店も、食料品や日用品を提供するために店舗営業を継続したりと、それぞれが社会的使命を自覚して地域社会に対する社会的責任を果たしました。そのなかでも、とくに大きな社会的役割を果たした業種の一つとしてホテル・旅館業が挙げられます。大津波の被害を受けて避難してくる被災者や復興支援者の受け入れなど、被災地域の拠点として地域社会を支える大きな役割を果たしました。

本章では、東日本大震災の発生を受けて、ホテル・旅館業、とくにホテル松島大観荘（以下、大観荘）や南三陸ホテル観洋（以下、観洋）の事例に基づきながら、宮城県沿岸部のホテル・旅館業の行動をCSRの側面から検討していきます。以下では、まずCSRの概念を整理して、ホテル・旅館業に求められてきたCSRについて検討します。ついで、東日本大震災時の取り組みとして、帝国ホテルなどの東京有名ホテルと被災地ホテル・旅館のそれぞれの対応について見ていきます。そして、ホテル・旅館業の東日本大震災時とその後の取り組みが、国際的なCSRの枠組み（CSRのグローバル・スタンダード）や地域社会との関係でどのように意味づけられるかを検討していきます。

2 CSRとは

(1) CSRの概念

それでは、具体的には、どのような企業活動をすることがCSRになるのでしょうか。これについて、キャロル＝ブッフホルツ（Carroll, A.B. and Buchholtz, A.K.）は、「CSRピラミッド」（図6―1）という枠組みを提示しています（Carroll and Buchholtz, 2000, p.37）。

これによると、企業が負う社会的責任は、四つの責任事項によって構成されています。まず、最も基礎的な責任となるのが、法律や条令といった規則を遵守して経営を行っていくことであり、近年では、「コンプライアンス」（法令遵守）と呼称されています。三菱自動車のリコール隠しやオリンパスの損失隠しなどは、それぞれ道路運搬車両法や金融商品取引法・

図６－１　CSRピラミッド

出所：Carroll and Buchholtz (2000), p.37 に加筆修正のうえ転載。

会社法といった法律に違反するケースであり、ＣＳＲにおける最低限の責任すら遵守されていないことがわかります。

法律的責任を果たすことを前提に、企業には経済的責任も求められてきます。経済的責任とは、事業活動を通じて利益を上げることであり、それによって従業員や取引先などとの経済関係を健全に保つ責任ともいえるでしょう。例えば、損失を計上し続けている企業では、取引先への代金支払いや従業員への給与支払いなどが滞り、ステークホルダー（後述）に対する分配機能を十分に果たせない可能性があります。さらに多額の負債を抱えて倒産するようなことがあれば、債権者の債権回収を困難にし、従業員の雇用も失われるなど、地域経済や地域社会にも大きな影響を及ぼすことになります。それゆえ、法律を遵守した事業活動を通して利益を上げることも、企業にとっては重要な社会的責任として含まれることになります。なお、東日本大震災では製造業の供給責任について盛んに取り上げられましたが、このように事業を継続する責任も経済的責任に含まれるといって良いでしょう。

そして、このような法律的責任と経済的責任という基礎的な責任事項を果たしたうえで、企業には、倫理的責任や社会貢献的責任というより上位の社会的責任を果たすことも求められます。倫理的責任とは、法律や条令で規制されている事項を超えて、社会通念や価値観といった道徳的な側面を考慮して正しい行動をする責任です。例えば、労働規制の弱い発展途上国での事業活動において、児童を労働に従事させる児童労働は、その国の法律では禁止されていないとしても倫理的な行為とはいうことができません。また、能力が同等でありながらも、男性ばかりが昇進できて、女性が昇進できないような男尊女卑的な人事管理制度を敷く企業も倫理的責任を果たしているとはいえません。法律や条令は、あくまで最低限の規制であり、それらの範疇を超えて正しい行為をすることが倫理的責任であり、企業の「道徳的行為」ともいえるでしょう。

最後に、最も上位の責任事項である社会貢献的責任は、フィランソロピーやメセナ(2)に端的に象徴される企業の活動であり、寄付行為に加えて、工場見学の受け入れ、従業員のボランティア活動促進など、文化や地域社会（コミュニティ）の発展に寄与する企業の取り組みです。つまり、社会のより良い発展を支援する企業の取り組みといえます。東日本大震災後には、多くの企業が義援金や支援物資を被災地に届けたり、孤児のための就学支援基金を設立したり、ボランティア休暇を与えて従業員のボランティア活動を奨励したりするなどの活動

図6－2　企業とステークホルダー

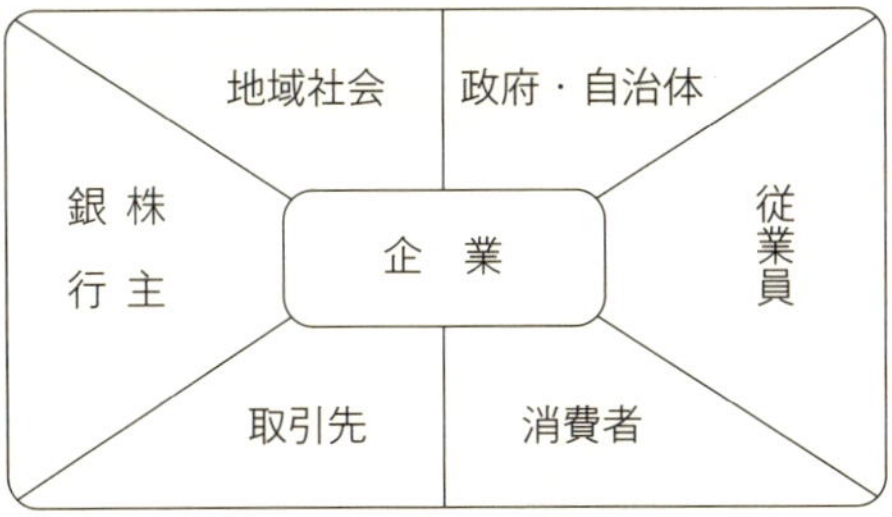

出所：Carroll and Buchholtz（2000）, p.7 に加筆修正のうえ転載。

が見られました。このように、社会に対してポジティブな影響をもたらす行為も企業には求められているのです。

それでは、企業は誰のためにCSRを果たしていく必要があるのでしょうか。企業は、私たち人間と同様に、さまざまな社会関係の下で事業を実施しているため、営利を追求しつつも、社会に「埋め込まれた」存在であり、それゆえ社会性も求められてきます。「社会的」責任という以上、企業は社会に対して果たすべき責任を負っているのです。そして、企業にとっての社会とは、ステークホルダー（利害関係者）という概念で説明することができます。ステークホルダーとは、企業にとっての社会を構成し、企業活動に何らかの影響を及ぼしたり、何らかの影響を受ける主体であると定義することができます。企業とステークホルダーを大まかに整理するとこのようになります（図6－2）。

図6―2からわかるように、企業は、少なくとも、従業員、消費者、取引先、株主・銀行、地域社会、政府・自治体といったステークホルダーとの関係を持たずに事業活動

を行うことができません。それゆえ、企業は、企業にとっての社会を構成するすべてのステークホルダーに対して社会的責任を果たす必要があります。

事業活動を直接的に担う従業員であれば、給与の支払い、福利厚生の充実、安全・衛生的な職場環境の提供、ハラスメントの防止などが社会的責任として企業に求められます。企業が提供する商品やサービスを購入する消費者に対しては、商品・サービスの安全性、適正な価格設定や広告などが求められます。取引先に対しては、納入期日や支払期限の遵守などが求められるし、企業活動を金融の側面から支援する株主や銀行に対しては、配当や金利支払いのほか情報開示なども求められてきています。政府・自治体に対しても、法人（住民）税の支払いや規制を遵守することが求められます。最後に、地域社会は、企業の事業所や工場などが操業しているまさに「地域」であり、企業は地域社会に対しても大きな社会的責任を負うことになります。環境保全活動により地域環境の向上に貢献したり、地域社会での雇用や取引を優先させることで地域経済に貢献したり、また地域の商店街や団体などとイベントをする（あるいは協賛する）ことで地域活性化に貢献したりと、地域社会に対してもさまざまな責任が求められてきます。

このように、企業は各ステークホルダーに対して、社会的責任を果たす必要があり、これこそがＣＳＲなのです。企業が本業の内外を通じて、法律、経済、倫理、社会貢献といった責任を果たしていくことに、現在では、政府、ＮＧＯ、研究者などから世界的に大きな注目が集まっており、企業もＣＳＲ活動に否応なしに取り組まざるを得ない状況となっています。とくにＥＵ（欧州連合）では、ＣＳＲを経済政策のなかに取り込む動きが顕著に見られており、ＣＳＲを企業のみに任せるのではなく、政府も関与して社会全体でＣＳＲの在り様を考えようとする動きさえ見ることができます。

(2) ホテル・旅館業に求められてきたＣＳＲ

それでは、これまでのホテル・旅館業に求められるＣＳＲはどのようなものであったかを検討していきます。以下では、ホテル・旅館業が、社会に対してネガティブな影響とポジティブな影響を及ぼすことになったそれぞれのケースを見ていきます。

ネガティブな側面としては、ホテル・旅館業が、さまざまな不祥事や宿泊客・従業員の安全に関わる事故などを発生させてきました。ホテル・旅館業の不祥事で有名なケースとしては、２００６年1月に発覚した東横インの不正改造問題があります。同社が運営する60％以上のホテルで、身体障害者用設備の無断改造（59件）、駐車場の不正転用や違法改造（19件）が発覚したのです。前者は「ハートビル法」という高齢者や身体障害者などに配慮した建築を促進する法律の違反、後者は建築基準法の容積率の超過という、ともにコンプライアンス違反に該当する行為でした。また、当時の西田憲正社長が「制限速度60㎞のところを66～67㎞で走っている程度のことだ」という発言をしたことから、同社の不正行為に対する自覚の低さについて大きな論議を巻き起こしたことも知られています（松井、２００６、93―95頁）。この時期には、京王プレッソイン（２００５年）、センターワンホテル半田（２００５

年）、アパホテル京都駅前と京都駅堀川通（2007年）、サンホテル奈良（2007年）などで耐震強度偽装も相次いで発覚していました。建築に関するコンプライアンス違反が相次いで発覚したことから、「お客さまの生命と安全」を預かる責任よりも、営利追求に傾斜した体制が、ホテル・旅館業の特徴なのではないかとさえ指摘されてきました（松井、2006、93頁）。

ホテル・旅館業のうち、とくに温泉という面に注目すると、そこでも特徴的な不祥事や事故が相次いで起こりました。温泉の偽装表示がその一つです。2004年7月に、長野県安曇村の白骨温泉において、白濁しなくなった湯に対して、入浴剤を入れて入浴客を確保していたことが発覚してから、全国各地の温泉でも偽装表示問題が続々と発覚していきました。なかには、「水道水を沸かしただけの湯や、温泉成分がほとんどない」にも関わらず温泉であることを偽装表示している詐欺に近いような施設さえあったと言われています（森、2005、22―23頁）。

宿泊客や従業員の安全については、①（温泉入浴に関して）健康被害を含む人的事故、②温泉の採取から排水における事故という二つの側面があります（甘露寺、2009）。硫化水素やレジオネラ属菌などによる感染症や死亡事故などのほか、温泉への転落事故においても管理者としての責任を求められるなど（窪田、1988、247頁）、入浴者または作業者の安全を管理することが温泉や大浴場などを有するホテル・旅館業にとっては重要な社会的責任の一つになっています。また、温泉であれば、採掘や汲み上げの際には天然ガスが発生して爆発を引き起こしてしまうことも知られています。そのような事故のケースは多数報告されてきましたが、近年では、2007年6月に東京都渋谷区のシエスパで天然ガス爆発が起こり、女性従業員3名が亡くなるという痛ましい事故もありました（星、2008、81頁）。宿泊客や作業者の事故は、単に彼らの不注意で済む問題ではなく、このような問題を発生させないようにすることも、ホテル・旅館業ではCSRとして求められているのです。製造業において製造物責任（PL, Product Liability）が求められるのと同様に、とくに宿泊客に対しては、ホテル・旅館業も提供するサービスにおいてサービス責任が求められるといっても良いでしょう。

このように、コンプライアンスや宿泊客・従業員の安全問題などのネガティブな側面から、ホテル・旅館業のCSRが問われることが多くなっていました。実際に、日本を代表する1200軒のホテル・旅館が加盟する国際観光旅館連盟も「旅館経営者の社会的責任」の重さを自覚するようになり、正会員の資格・条件において、直接的にCSRという言葉は用いていないものの、CSRへの取り組みに関する項目が盛り込まれるようになっています（国際観光旅館連盟ホームページ）。

このようなネガティブな側面が、報道などの影響もあり社会的インパクトを大きくしてきました。しかし、ホテル・旅館業が、地域社会との関係で果たすCSRの重要性についても看過することはできません。このような地域社会に貢献する取り組みは、ホテル・旅館業のCSRのポジティブな側面として捉えることができるでしょう。これまで紹介されてきた取り組みとして、ホテル・旅館業が、地域文化を継承する役割を担っていることについて新潟県旅館ホテル組合青年部の取り組み（『広報会議』２０１１年11月）、地産地消の燃料へ転換することで省エネに成功し、発生した国内クレジット[3]を地域に還元し地域貢献をしようとする那須高原山水閣の事例（『環境ビジネス』２０１１年１月）、観光広域連携を推進することで外国人観光客を呼び込み地域活性化に取り組む事例（鈴木、２０１１、39―41頁）などがあります。また、ホテル・旅館業の地域経済における重要性についても指摘されてきました。つまり、ホテル・旅館の破綻や廃業が地域経済へ大きなダメージを及ぼすことから、とくに温泉街などではホテル・旅館と地域社会は、一体再生が必要になることが取り上げられています（森・宇野、２００６）。地域の文化や省エネへの取り組みといった貢献だけでなく、経済的にもホテル・旅館業と地域社会は密接な関係を有していることから、ホテル・旅館業の地域社会に対する社会的責任は大きいと考えられます。

このように、これまでのホテル・旅館業のＣＳＲは、顧客（消費者）や従業員といったステークホルダーに対するコンプライアンスの側面から議論されることが多かったようです。また、ホテル・旅館業と地域社会との関係についても、地域社会の発展にいかに貢献できるかという側面から事例が紹介されてきましたが、どうしても不祥事や事故などのネガティブな側面がクローズ・アップされることが多くなり、ホテル・旅館業の地域社会に対する社会的責任には大きな注目が集まっていなかったように思います。しかし、東日本大震災という未曽有の危機的状況の下で、ホテル・旅館業は地域社会に対して大きな役割を果たすことになり、あらためてホテル・旅館業と地域社会との関係を再考する契機となったのです。以下では、東京有名ホテルと宮城県の被災地ホテルの事例に基づきながら、東日本大震災時とその後のホテル・旅館業のCSRについて検討していきます。

3 東日本大震災下のホテル・旅館業の対応と社会的責任

(1) 東京有名ホテルの対応

東京には、日本資本・外国資本を問わず多くの有名ホテルが存在します。そのなかで、帝国ホテルは宿泊客から最も高い評価を受けるホテルの一つとして知られています[4]。東日本大震災発生時の東京では、公共交通機関が全面停止し携帯電話も不通となるなかで、260万人にのぼる帰宅困難者が発生して大混乱状態となりました(三菱総合研究所ホームページ)。その際に、ホテルには「安全と安心」を求める人々が集まり、ホテル側も最大限のもてなしをもって迎え入れたと言われています(『月刊ホテル旅館』2011年5月、75頁)。以下では、東日本大震災時の帝国ホテルならびに外資系ホテルのザ・ペニンシュラ東京の対応について見ていきます[5]。

帝国ホテルでは、東日本大震災発生後、わずか4分後には現場指揮所が、10分後には災害対策本部が設置されたと言われています。当日は金曜日ということもあり、約1000名が参加する大宴会、85%の客室稼働率という多忙な状況のなかでしたが、16時ごろから、帝国ホテル近くの日比谷や銀座付近の約２０００名におよぶ人々が安全を求めて帝国ホテルに避難してきたそうです。最終的には、約１２００名の避難者が帝国ホテルで夜を明かすことになったそうですが、帝国ホテルは避難者に対して以下のような対応をしました。①ロビーや宴会場などを宿泊スペースとして開放、②最新の交通情報の提供、③避難者へ缶パンと水を数回にわたって提供、④夜を明かした避難者に対しては朝食の提供などです（『月刊ホテル旅館』２０１１年5月、76―77頁）。帝国ホテルの経営理念は、「国際的ベストホテルを目指す企業として、最も優れたサービスと商品を提供することにより、国際社会の発展と人々の豊かでゆとりある生活と文化の向上に貢献する」というものであり（帝国ホテルホームページ）、人々の豊かな生活や文化向上を達成するためには安全と安心が基礎になる必要があります。このような意味から、緊急時における帝国ホテルの避難者への対応は、まさに安心と安全を提供するものであり、経営理念に基づいて、地域の人々の生活を支える行為を実践したということができます。

ザ・ペニンシュラ東京においても、東日本大震災という危機に直面した際に、帝国ホテルと同様に宿泊客や避難者に対する最大限の配慮や対応を見ることができます。同ホテルの東日本大震災直後の対応としては、最優先事項として宿泊客と従業員の安全を確保し、ついでホテルへ非難してくる「パブリック」へと対応の重点が移されたそうです。避難者は最大１０００名におよびましたが、そのような人々に対して「『安全』と『ホスピタリティ』を提供」したと言われています。避難者に対しては、①ボックスルームなどを開放して滞在場所の確保、②水、コーヒー、サンドイッチ、スイーツなどの食糧提供、③震災・交通に関する最新情報の提供など、帝国ホテルとほぼ同様の取り組みが見られました。そのなかでも、ザ・ペニンシュラ東京の対応で特徴的であったことは、従業員の対応と避難者への細かな配慮でした。従業員は不安な表情を一切見せずに笑顔で人々に接して、また、交通が復旧するまで心配せずここに留まって良いこともアナウンスされたようです。妊婦や幼児連れの避難者に対しては、空室のデラックスルームを共同で利用してもらうなどの配慮も見られ、同ホテルに避難してきた人々へ安心感を提供することが心がけられたそうです。ＰＲマネージャーの佐野氏によると、今回の大震災では、「ホスピタリティのプロとして、微笑み、明るく、温かく接することで」、「安心感」を提供するよう心がけたと述べられています。そして、このようなホテル側のおもてなしに対して、「このご恩は一生忘れません」と厚くお礼を述べて帰宅する避難者もいたほどだそうです（『月刊ホテル旅館』２０１１年5月、78－80頁）。

このように、東日本大震災直後における両ホテルの対応は、日頃から持ち合わせているホスピタリティを発揮して、宿泊客だけでなく、避難してくる地域の人々に対して、場所と食糧だけでなく安心感を提供する行為でした。震災という状況下で、両ホテルが行った地域社会に対する行為は、ホテル機能というハード面と各従業員のホスピタリティというソフト面の相乗効果によって発揮された地域社会に対する社会貢献的責任と捉えることができます[6]。

（2）被災地ホテル・旅館の対応

大津波の被害を受けた東北の太平洋側の被災地域においては、電気・水道などのインフラ機能が停止し、ホテル・旅館自体も被災しながらも地域を支える中心的な役割を担ってきました。つまり、ホテル・旅館業自体も事業存続の危機に直面しながらも、社会的使命に基づいて地域社会に対する社会的責任を果たそうとする行動が見られました。

２０１１年10月1日（土）には、東北学院大学経営学部・経営研究所主催により「震災下の企業経営――東北の観光業と自動車産業の危機管理と復興への途」（於 東北学院大学）というテーマでシンポジウムが開催されました。当日は、津波被害を受けた被災地域に拠点を構える宮城県の大観荘の磯田悠子女将ならびに観洋の阿部憲子女将が登壇して、震災直後およびその後の両ホテルの取り組みについて講演が行われました。両ホテルとも宮城県を代表する大規模ホテル・旅館であり、以下では、震災時における両ホテルのすべての取り組みを紹介できるわけではありませんが、ＣＳＲの観点から特徴的な取り組みについて、講演内容に基づいて再構成していきます[7]。

大観荘では、東日本大震災による被害を受けて、一時廃業も視野に入れたそうです。大観荘は、最大収容客数約１２００名の大型旅館であり、東日本大震災やその後の風評被害などを考慮すると、財務的に厳しい状況に迫られることになったと考えられます。第7章でも述べられているように、他の産業に比べて、ホテル・旅館業は固定費の比率が高く、客室をいかに稼働させるかが、財務的に重要になってきます。大観荘だけでなく、被災地のホテル・

旅館業は、このような状況に置かれていたと考えられます。[8]それでも、大観荘は事業継続を決定し、従業員も全員が無事であり、全従業員の雇用を守ることを約束したそうです。もちろん、インフラの復旧も不十分で一般の宿泊客を迎えられないなかで、ホテル・旅館事業の収入が減少してしまう以上、従業員全員で我慢して、トイレ掃除などできる仕事を全員で行ったことで協働体感も高まったといいます。

大震災の直後には、被災した地域の人々を無料で受け入れ、宿泊場所や食事を提供し、正式な避難所としての指定も受けたそうです。復旧・復興支援で他都道府県から来る人々の宿泊先としての要望も高かったそうですが、水道が4月1日に復旧するまでは受け入れることができなかったそうです。それでも、水道の復旧にともない復旧・復興支援者の宿泊受け入れが始まり、多くの支援者が宿泊したことで、しばらく満室状態が続いたそうです。しかし、被災地を助けに来てくれている復旧・復興支援者から、通常の客室料金を受け取れないとの考えもあり、通常料金に比べてかなり低い価格設定で宿泊受け入れを行ったそうです。そのため、たとえ満室状態になっていたとしても例年の売上高には、はるかに及ばない状況だったそうです。数値的な側面から言えば、売上単価の低い宿泊客ということになるわけですが、そのような復旧・復興支援者の人々に対しても、大観荘では、通常の宿泊客と遜色ない対応をするよう心がけられたそうです。その理由には、復旧・復興支援の人々は、それぞれ自身の家族を故郷に置いて来ている、つまり家族との生活を犠牲にしてまでも被災地の支援に来ていただいているので、精一杯のもてなしをもって迎えるべきという意識があったからに他なりません。

ともあれ、大観荘がこのような社会的使命を持って行動した背景には、他の沿岸地域と比較して、松島は相対的に津波の被害が少なく「町」として存続できているため、松島ならびに大観荘には復旧・復興支援の基地になるべきという使命感があったといいます。また、松島が、今後とも日本有数の観光地として持続的に発展していくためには、大観荘と松島地域全体がともに将来へ向けて発展していく必要性を強く認識していたとのことです。ホテル・旅館業は、一般の民間企業と同様に営利企業であり、元来、避難所や復興支援基地になることを想定しているわけではありません。少なくとも、第一義的にそれを目的としているわけではありません。しかし、東日本大震災という危機的状況に直面して、松島という地域だけでなく被災地域を支えるという使命感を持って、大観荘は、事業を継続することにより、その事業特性を活用して地域社会に対する大きな社会的責任を果たしたということができます。一私企業による社会貢献的責任を果たそうとする行動、すなわちCSRが地域社会を支えるほどの大きな意味を持っていたのです。

東日本大震災の下で地域を支える役割を担った宮城県のホテル・旅館業としては、観洋が大きな社会的な役割を果たしていることも重要です。周知のとおり、観洋が位置する南三陸町は、大津波の影響で壊滅的な被害を受けた地域であり、震災後しばらくの間は、まさに陸の孤島状態であったと言われています。観洋では、震災直後には、約60名の宿泊客、従業員、さらには被災した地域住民を迎えることになり、調理場の従業員は、限られた材料で1

週間分の献立をつくり食事の提供を行ったそうです。また、宿泊客に対しては、非常時だが、できることを精一杯させていただくことを伝え、理解を得られたそうです。

大観荘と同様に、宿泊業は食と住を提供する使命を帯びているとの認識から、震災時にも一定の役割があることを自覚し、避難所として指定を受けるなどの取り組みも行われました。このようななかで、水道の復旧は他地域よりも遅れ、水が不足している状況であったため、風呂・トイレ・冷暖房・食事などの面で大きな影響が出ることが懸念されました。とくに、衛生面から食中毒や感染病などを発生させないよう配慮がなされたそうです。この問題を解決するために、淡水化装置製造メーカーの情報を探し出し、難しい交渉を経て装置提供を受けることができ、十分な水を確保できるようになったそうです。ともあれ、物資が不十分ななかで、従業員だけでなく、宿泊客も含めて、皆で協力して難局を乗り越えようと取り組んだわけです。とくに従業員の多くは、それぞれの自宅や家族がどうなっているかわからない状況のなかでも、宿泊客や避難者への対応に精一杯取り組んだと言われています。各従業員が観洋の持つ社会的使命を認識していたからこそ、観洋が地域社会に対する社会的責任を果たすことができたといっても過言ではないでしょう。

なお、被災者を受け入れるにあたって、大規模宿泊施設である観洋といえども、地域のすべての被災者を受け入れることは不可能です。南三陸の中心地（志津川）が壊滅的な被害を受けている状況下にあっては、多くの人々が地元以外の避難所に行くことになり町が空洞化してしまうことは避けられません。そのようななかで、観洋は地域の再建を考えて、次のような優先順位によって被災者を受け入れたそうです。まず南三陸の次世代を担う存在である子供、ついで雇用創出により地域（とくに地域経済）を再生させる役割を担うことができる企業経営者、そして必要な物資を住民に提供し地域住民の生活の支えとなる商店関係者です。観洋では、できれば全員を受け入れたかったはずですが、キャパシティを超えた受け入れは困難であるため、このような優先順位に基づいて被災者を受け入れたそうです。また、2011年6月中旬からは、"TERACO"（テラコ）という被災した小・中・高校生の自習支援を行うNPO GrandLinesに対して、学習スペースを無償提供するなど、地域の就学児童の教育にも積極的に関わっています。このような取り組みも、地域の再生へ向けた取り組みの一つといって良いでしょう(9)。

ともあれ、観洋の東日本大震災時における取り組みから、壊滅的な状態に陥った地域社会を支える役割をホテル・旅館業が担っていることが見て取れます。ここには大観荘のケースと同様に、企業と地域社会がともに復興していくことが再生への道であり、企業と地域社会が相互依存関係にあることを端的に表しています。そして、帝国ホテルやザ・ペニンシュラ東京などのケースと同様に、観洋や大観荘の震災時およびその後のCSR活動は、宿泊施設というハード面、ならびに被災者や地域社会に対する価値観や使命観というソフト面（地域社会に対するもてなし）の両者に基づいて実践されたCSRということができます。ホテル・旅館業の事業特性を如何なく発揮することができたのです。なお、鳴子や秋保といった宮城県の内陸部地域のホテル・旅館も、津波の直接的な被害は受けなかったものの、建物や施設などに大きな被害を受けました。そのような状況にありながらも、宮城県沿岸地域の被災者や復興支援者を受け入れ、さまざまな苦労をしながら、最大限の対応をしたと言われています。津波の被害を受けた地域を支えたことについては、当該地区のホテル・旅館だけでなく、内陸部のホテル・旅館も大きな役割を果たすことになったのです(10)。そのような意味では、すべてではないものの、宮城県のホテル・旅館業が協力して沿岸部の被災地域を支える役割を担ったといっても過言ではないでしょう。

4 東日本大震災下のホテル・旅館業の行為の意味づけ

(1) グローバルなCSRの観点からの意味づけ

これまでは、CSRピラミッドに基づきながら、CSRを構成する法律、経済、倫理、社会貢献といった四つの責任事項について述べ、企業は、そのような責任を各ステークホルダーとの関係で果たしていく必要があることを説明しました。しかし、CSRの定義そのものに関しては触れませんでしたので、ここではまずCSRの定義について見ていきます。CSRの定義については、これまで各研究者や団体などによって、多様な定義づけが行われてきました。以下ではCSRに対して、企業、消費者代表、研究者、NGOなどのさまざまな団体の参加の下にCSRが議論され、CSRについて一定の合意を得ることができた、EUマルチステークホルダー・フォーラム（European Multi-stakeholder Forum on CSR,

EMSF）が発表した定義を紹介します[11]。

ＣＳＲとは「環境や社会における課題事項を自発的に事業活動に取り込み、…中略…（それらの課題が：筆者注）ビジネスの中核に位置づけられ、利益を上げることに加え、ステークホルダーとの対話を通じて環境や社会の課題事項を解決し、企業の長期的な持続可能性に貢献する」取り組み（EMSF, 2004, p.3)。

この定義からわかることとは、ＣＳＲとは、まず、環境・社会における課題を解決することによって、企業それ自体の発展を目指すという、いわば両者間の“win-win”関係を築くための取り組みということです。そして、そのような課題を解決するための取り組みが、しっかりと事業の中核に取り込まれていることが重要であるということです[12]。このような点から、被災地ホテル・旅館業である大観荘や観洋の震災時・震災後の行動をＣＳＲの側面から検討すると以下のようになります。

大観荘や観洋の企業行動は、従業員の雇用を守り事業を継続することで、被災者や復旧・復興支援者を受け入れ、精一杯のもてなしをもって対応したことに特徴があります。両ホテル・旅館とも復旧・復興の拠点になる責任の自覚が強く見出されました。そして、このような行動の背景には、東日本大震災による大規模被災という社会の重要課題を解決しなければ、両ホテルとも持続可能な発展はできないという考えがあったのです。その意味で、両ホテルの行動は、企業と社会が大震災から立ち直り、ともに復興していくための取り組みであり、"win-win"関係を目指すための取り組みであるともいえます。そして、宿泊施設（ハード）ともてなし（ソフト）というホテル・旅館業の事業特性を活かした取り組みであったことから、まさにビジネスの中核に課題事項を解決するための特性が備わっていたのです。このような観点から、大観荘や観洋が地域社会に対して果たした社会的責任は、意図的ではないにせよ、ＥＭＳＦのＣＳＲの定義と極めて整合的であり、ＣＳＲの本質を踏まえた行為であったということができます。被災の大きさという面では宮城県のホテル・旅館と比較することはできませんが、帝国ホテルやザ・ペニンシュラ東京などの東京有名ホテルの行為についてもこのことが当てはまると考えられます。

また、２０１０年11月にＩＳＯ（国際標準化機構）によって発表されたＣＳＲに関する国際的なガイドライン（ＩＳＯ２６０００）の点から、被災地ホテル・旅館業の行為を位置づけてみたいと思います。ＩＳＯ２６０００では、ＳＲ（Social Responsibility）が中心的なテーマとなっており、企業だけでなく「組織の社会的責任」として営利・非営利を問わずあらゆる組織が社会的責任を履行することを求めています。ＩＳＯがこのガイドラインを発表した目的は、さまざまな組織が社会的責任に取り組み、それを実践することで持続可能な発展を遂げることにあります。そして、組織が社会的責任を果たすべき七項目の中核主題を提示しています（表６―１）。

このように七つの中核主題がＩＳＯ２６０００では提示されていますが、[13]東日本大震災下の宮城県の両ホテル・旅館が果たした社会的責任は、とくに「コミュニティ」に大きく関係

表6－1　ISO26000の7つの中核主題と課題

中核主題	課　題
1．組織統治	
2．人　権	・デューディリジェンス　・人権に関する危機的状況 ・加担の回避　・苦情解決　・差別および社会的弱者 ・市民的および政治的権利　・経済的，社会的および文化的権利 ・労働における基本的原則および権利
3．労働慣行	・雇用および雇用関係　・労働条件および社会的保護　・社会対話 ・労働における安全衛生　・職場における人材育成および訓練
4．環　境	・汚染の予防　・持続可能な資源の利用 ・気候変動の緩和および気候変動への適応 ・環境保護，生物多様性，および自然生息地の回復
5．公正な事業慣行	・汚職防止　・責任ある政治的関与　・公正な競争 ・バリューチェーンにおける社会的責任の推進　・財産権の尊重
6．消費者課題	・公正なマーケティング，事実に即した偏りのない情報，および公正な契約慣行 ・消費者の安全衛生の保護・持続可能な消費・教育および意識向上 ・消費者に対するサービス，支援，ならびに苦情および紛争の解決 ・消費者データ保護およびプライバシー・必要不可欠なサービスへのアクセス
7．コミュニティ	・コミュニティへの参画　・教育および文化　・雇用創出および技能開発　・健康　・技術の開発および技術へのアクセス ・富および所得の創出　・社会的投資

出所：ISO/SR国内委員会監修・日本規格協会編（2011）に基づき筆者作成。

してくるといえるでしょう。そして、コミュニティの発展は、社会的に責任ある組織の行動によって推進されることが述べられ、とくに「組織の中核活動を通したコミュニティの発展への貢献」が重視されています（ISO／SR国内委員会監修・日本規格協会編、2011、166－170頁）。もちろん、ISO26000では、天災によりコミュニティが壊滅的打撃を受けた危機的状況下で、組織がどのような社会的責任を果たしていくかまでは言及されていません。しかし、先ほど述べたように、地域社会が持続的に発展していくためには、コミュニティが直面する諸課題が解決されなければなりません。東日本大震災では、住空間の喪失、ライフラインの寸断、避難施設、復興支援やNPO活動拠点が必要であったことを考えれば、大観荘や観洋といった沿岸被災地域ホテル・旅館、宮城県内陸部の各ホテル・旅館業の行為は、コミュニティの瓦解を食い止め、復旧・復興に歩みを進めるためのものだったのです。その目的は、コミュニティが再生して、長期的な発展を遂げることにあり、ISO26000の中核主題の一つのコミュニティにも合致するものでもあるということができます。つまり、大観荘や観洋のCSR活動は、ISO26000で規定される中核主題の一つに対して、EMSFが定義として理念的に掲げたCSRの本質的な行動を見事に実践していったと考えることができるのです。

(2) 地域社会における役割からの若干の検討

本章の冒頭でも述べているとおり、東日本大震災時には、ホテル・旅館のみならず被災地企業は、緊急事態への対応、復旧・復興への対応において、それぞれが大きな役割を果たしており、その意味では、それぞれの企業が地域社会に対して社会的責任を果たしてきたということができます。

例えば、被災地最前線の小売店などでは、店舗自体が大きく被災しながらも、自家発電機で電源を確保しながら、食糧や温かい食事を提供するスーパーマーケットやコンビニエンスストアなどの行動がありました。宮城県に本社を置くウジエスーパーの氏家社長が「小売業はライフラインの1つ」と述べているように（『河北新報朝刊』2011年5月12日）、小売店も地域において果たすべき社会的責任を十分に認識していたのです。また、製造業においても、供給責任を果たすためにさまざまな取り組みが見られました。津波で操業できなくなった部品供給先に対する支援として、自社の工場や機械の一部を使用してもらうといった相互援助が見られたり、日本製紙石巻工場や造船業のヤマニシなどのように、大きく被災しながらも事業を継続して雇用を維持する責任を果たす企業も多数存在しました。とくに、事業継続という企業が果たす経済的責任については、「生活基盤である雇用を守ることの大切さ」の観点から、CSRとして大きな注目が集まりました（『日経産業新聞』2011年7月12日）。また、企業だけでなく組織という側面に焦点を当てるのならば、被災地の大学や病院なども、それぞれが社会的な使命に基づいてできうる限りのことを行い、地域社会の再生や発展に向けて取り組んできました。その意味で、「本業を通じてコミュニティの発展に貢献する」というCSRの本質的な行為は、被災地にあっては多くの企業や組織においても見出すことができるのです。

宮城県沿岸部のホテル・旅館業は、被災地の復旧・復興に向けた拠点として大きな役割を担い、現在も担い続けています。これについては、単に宿泊場所を提供するだけにとどまらず、地域社会の復興のために当該ホテル・旅館が果たしうる最大限の社会貢献的行為ということができます。日頃より有している各ホテル・旅館の地域社会を重視する姿勢やおもてなしの精神が、行為として具現化したと考えることができます。そこには企業対社会という構図ではなく、地域社会のなかの企業という視点を改めて実感することができたのではないでしょうか。本章で検討してきた大観荘や観洋が位置する松島と南三陸は、観光と水産が地域産業の大きな柱になるだけに、それぞれのホテル・旅館が果たす役割は、今後は、経済的側面からも大きくなってくると考えられます。水産業の復興という面に注目しても、大規模ホテル・旅館ゆえに地域の水産業との取引関係も大きくなると考えられ、産業や経済という側面からも地域の再生に向けて大きな役割を果たすことが期待されています。とくに、南三陸は、①商圏壊滅、②人口流出、③後継者不足の観点から今後の地域社会の再生・発展に多くの課題事項を有することになり（『河北新報朝刊』２０１２年３月６日）、観洋の果たす役割はますます大きくならざるを得ないといえるでしょう。

ともあれ、被災地のホテル・旅館業が、社会貢献的責任をベースとする復旧・復興へ向けたＣＳＲ活動だけでなく、今後は、堅固な事業活動に基づいて経済的責任を果たしていくことも重要になると考えられるのです。つまり、事業を継続して雇用を維持すること、ＮＰＯに活動支援の場を提供すること、地域の事業者と取引をして経済的に支援することなどは、被災地域の経済や社会の発展に必要不可欠になってきます。さらに、松島や南三陸といった被災地域が復興・発展していくためには、観光地として多くの観光客が訪れることが重要であり、魅力的な観光地づくりが必要になってきます。当然ながら、魅力的な観光地には、魅力的な宿泊施設が必要になってきます。それゆえ、今後は、被災地ホテル・旅館業が営利企業として本業の魅力を高めて、収益を確保する経済的責任も求められてくることになるでしょう。つまり、今後は、経済的責任を果たすことが地域社会の発展にもつながっていくと考えられるのです。もちろん、東日本大震災という大規模災害に対して、各ホテル・旅館の自助努力だけでなく、政策的な支援が必要になってくることはいうまでもありません。

5 むすび

本章では、まず、CSRの特徴を整理し、ホテル・旅館業の社会的責任について、これまでホテル・旅館業に求められてきたCSRを見たのち、東日本大震災時・大震災後のホテル・旅館業の取り組みについて、それらをCSRの観点から検討してきました。

CSRは、法律、経済、倫理、社会貢献という四つの責任をステークホルダーに対してしっかりと果たしていくというものでした。そして、これまでのホテル・旅館業のCSRでは、東横インに見られる不正改造や温泉偽装表示など、コンプライアンスに関する事項が大きな社会的責任となっていました。しかし、東日本大震災を契機にして、ホテル・旅館業の行動が、CSRとして大きな意味を持つようになってきました。被災者や避難者の受け入れなどで社会的責任をしっかりと果たし、とくに被災地にあっては地域社会を支える支柱として極めて大きな役割さえ担うことになりました。被災地では、当該ホテル・旅館も被災しながらも、地域社会の復興のために事業を継続して、社会的使命を全うするような取り組みが見られたのです。そこには、企業と地域社会が相互依存関係にあり、いずれかを欠いた状態での発展はありえないという認識が、ホテル・旅館業にあったこともわかりました。

そして、このような東日本大震災下のホテル・旅館業の取り組みを、ＣＳＲのグローバル・スタンダードの観点から検討してみました。被災地も含めたホテル・旅館業のＣＳＲは、本業にしっかりと組み込まれたものであり、コミュニティの発展に対する社会的責任であったことから、ＥＵにおけるＣＳＲの定義に合致するだけでなく、ＩＳＯ２６０００で規定される中核主題の一つにも対応するものでした。このことから、東日本大震災時およびその後のホテル・旅館業の地域社会に対する社会的責任の実践は、世界的に議論されるＣＳＲという側面から見ても、極めて整合性が高かったのです。最後に、若干ではありますが、地域社会のなかでの側面について検討しました。東日本大震災では、被災地域の企業はそれぞれができることを実践し、地域社会を支える大きな役割を果たしました。各企業・組織が地域社会に対する社会的責任を果たしたといって良いでしょう。そのようななかで、ホテル・旅館業はそれぞれが本拠を置く地域の観光や水産業の振興を通して、地域社会の復興に対しても今後とも大きな社会的責任を担っていくことになるといえるでしょう。

【注】

（1）グローバル・ガバナンスの側面からCSRを捉えるプロジェクトとして、日本経済新聞は"NIKKEI GSR PROJECT"を2009年に発足させて、GSR（Global Social Responsibility）について議論を進めています。詳細は、日本経済新聞社ホームページを参照してください。

（2）フィランソロピーとは企業による寄付行為などを含む社会貢献活動全般のことであり、メセナは、とくに文化芸術支援活動のことを指しています。

（3）国内クレジットとは、京都議定書の排出削減規制対象外の企業（中小企業）が、自主的にCO_2排出削減を行った場合、認証委員会の認証を経て国内クレジットが付与され、その排出枠組みをCO_2排出規制対象の大企業などに売却できる仕組みのことです（低炭素化支援株式会社ホームページ）。

（4）帝国ホテルの質の高いおもてなしについては、多くの文献で紹介されています。例えば、宇井（2000）や川名（2006）などを参照してください。

（5）なお、ここで紹介している帝国ホテルならびにザ・ペニンシュラ東京の対応は、『月刊ホテル旅館』（2011年5月号）の「緊急特別企画『東日本大震災』と宿泊産業―この危機に、われわれはいかに立ち向かうのか」（75―80頁）で紹介された内容を部分的に要約して引用しています。詳細な内容については、こちらを参照してください。

（6）帝国ホテルやザ・ペニンシュラ東京だけでなく、多くの有名ホテルが震災時に避難者の受け入れを行っており、そのような行為は「美談として評価」されるようになっています。しかし、残念ながら、すべてのホテル・旅館が、被災者や避難者を優先的に考えたわけではないそうです。すでに本章で取り上げている東横インでは、余震などの天災により被害を受けた場合に、宿泊客に対して、ホテルに損害賠償請求をしない旨が記された誓約書の提出を求め、誓約書への「署名や同意を拒んだ場合」には、宿泊を断ったケースさえあったといいます（『実業界』2011年6月、16―17頁）。また、原発事故のため福島県から避難してきた避難者の宿泊を拒否するホテル・旅館も若干ながらあったことは、旅館業法というコンプライアンスや人権・倫理的な側面からも大きな問題を有しています。

（7）なお、両女将の講演内容ならびにシンポジウムでの討論内容の詳細については、本書の続編『おもてなしの経営学【震災編】』に収録されていますので、そちらを参照してください。

（8）『月刊ホテル旅館』は、東日本大震災以後の1カ月間の宿泊キャンセル状況を調査しており、宮城県では、9軒のホテル・旅館から回答が得られていて、そのキャンセル件数だけでも5408件、キャンセル金額は6億4000万円にも及んだとされています（『月刊ホテル旅館』2011年5月、85頁）。

（9）南三陸町の就学児童にとっては、塾なども被災しているなかで、仮設住宅では十分な教育スペースを確保することが難しいそうです。NPO GrandLinesは、このような生徒に対して、自習の場を提供するだけでなく、慶應義塾大学や早稲田大学などの学生ボランティアを募り、彼らが小・中・高校生の学習を補助する取り組みを行っています。被災地域の生徒は、環境の激変により勉学に支障をきたしてしまう恐れが大きく、GrandLinesはそのような社会的な課題事項に取り組み、復興を支援する代表的NPOの一つとなっています。また、そのようなNPOに活動拠点を提供する観洋の役割が極めて大きいことも論を待ちません。なお、現在の観洋内の学習支援は地元のボランティアの人々によって運営されています。

（10）なお、秋保緑水亭、鳴子ホテル、鳴子中山平温泉琢琇といった宮城県内陸部のホテル・旅館業の東日本大震災時におけるさまざまな取り組みについても、『おもてなしの経営学【震災編】』に収録されていますので参照してください。

（11）このように、3者以上のステークホルダーが対等の関係の下で、課題解決に向けて議論して合意形成に至る手法は、マルチステークホルダー・プロセスと呼ばれます。そのようなプロセスによって得られた合意には、社会的正当性や全体最適の追求などのメリットを有することが指摘されています（持続可能な未来のためのマルチステークホルダー・サイトホームページ）。

（12）利益の一部を社会に対して還元したり、従業員のボランティア活動を奨励したり、事業と直接的な関係を持たない社会貢献的な活動もCSRとして否定されるものではありません。しかし、近年では本業を通じた社会貢献への関心が高くなってきています。

（13）コミュニティの定義は、「組織の所在地に物理的に近接する、または組織が影響を及ぼす地域内にある住居集落、その他の社会的集落」と定義されており（ＩＳＯ／ＳＲ国内委員会監修・日本規格協会編、２０１１、１６５頁）、これは端的に表現すれば地域社会を指しています。

参考文献

【文　献】

Carroll, A.B. and A.K. Buchholtz (2000), *Business & Society : Ethics and Stakeholder Management 4th ed*, South-Western College Publishing, Ohio.

European Multi-Stakeholder Forum on CSR（EMSF, 2004）, "Final Results & Recommendations."

ＩＳＯ／ＳＲ国内委員会監修・日本規格協会編（２０１１）『ＩＳＯ２６０００：２０１０　社会的責任に関する手引き』日本規格協会。

宇井　洋（２０００）『帝国ホテル―感動のサービス？　クレームをつけるお客さまを大切にする』ダイヤモンド社。

川名幸雄（２００６）『帝国ホテル―伝統のおもてなし』日本能率協会マネジメントセンター。

甘露寺泰雄（２００９）「温泉利用面の事故例から学ぶ」シンクタンク京都自然史研究所編『自然と環境』２００９年3月号。

窪田充見（１９８８）「温泉転落事故における管理者の責任」有斐閣編『民商法雑誌』第99巻第2号。

鈴木　勝（２０１１）「観光による地域活性化事例（第1回）（東日本大震災で、素早いスタートの観光広域連携策！―九州観光推進機構）」全国地方銀行協会編『地銀協月報』２０１１年9月号。

星　千絵（２００８）「天然ガスによる爆発事故を受けた改正温泉法のポイント」『月刊レジャー産業資料』２００８年2月号。

松井洋治（２００６）「『東横イン・不正改造問題』から学ぶこと」『月刊ホテル旅館』２００６年３月号。

三上磨知（１９９９）「企業の正当性問題とコミュニケーション」大阪市立大学経営学会編『経営研究』第49巻第4号。

森　有正（２００５）「温泉の偽装表示」国民生活センター編『月刊国民生活』２００５年１月号。

森谷義博・宇野嘉晃（２００６）「旅館の破綻と地域一体化再生」『ターンアラウンドマネージャー』２００６年10月号。


【雑誌・新聞記事】


『環境ビジネス』日本ビジネス出版、２０１１年１月号、４—44頁。

『月刊ホテル旅館』柴田書店、２０１１年５月号、69—90頁。

『広報会議』宣伝会議、２０１１年11月号、44—46頁。

『実業界』実業界、２０１１年６月号、16—18頁。

『河北新報朝刊』２０１１年５月12日、２０１２年３月６日。

『日経産業新聞』２０１１年７月12日。


【ホームページ】


NPO GrandLines, http://grandlines.net/index.html、２０１２年４月18日アクセス。

国際観光旅館連盟、http://www.ryokan.or.jp/about.html、２０１２年４月18日アクセス。

持続可能な未来のためのマルチステークホルダー・サイト、
http://sustainability.go.jp/concept/definition.html、２０１２年４月18日アクセス。

帝国ホテル、http://www.imperialhotel.co.jp/j/top/company/393、２０１２年４月18アクセス。

低炭素化支援株式会社、http://www.teitannso.jp/category/1393959.html、２０１２年４月18日アクセス。

日本経済新聞社、http://www.nikkei.co.jp/gsr/2009/index.html、２０１２年4月18日アクセス。

三菱総合研究所、http://www.mri.co.jp/NEWS/press/2011/_icsFiles/afieldfile/2011/06/13/nr20110613_ssu01.pdf、２０１２年4月18日アクセス。

さらなる学習へ

次の著書は、グローバルに議論されているＣＳＲの理解をさらに深めるのに役立ちます。
◇ 藤井敏彦（２００５）『ヨーロッパのＣＳＲと日本のＣＳＲ―何が違い、何を学ぶのか。』日科技連出版社。
次の著書は、現在の日本におけるＣＳＲの取り組みを理解するのに役立ちます。
◇ 足立辰雄・井上千一編著（２００９）『ＣＳＲ経営の理論と実際』中央経済社。

演習問題

問１．ＣＳＲは四つの責任事項によって構成されていることを学びましたが、そのなかであなたが最も重要と考える社会的責任はどれですか。また、そのように考えた理由についても説明してください。

問２．宮城・岩手・福島の被災地以外に本拠を構える企業が、３・11の震災時ならびにその後の復興においてどのような社会的責任を果たしてきたかを各人で調べてください。そこで得られた情報をもとに、被災地域内の企業が果たしてきた社会的責任と相違点や類似点があるかを考えてください。

第7章　ホテル業の経営分析―基本理論と帝国ホテルの事例

松岡孝介

1　はじめに

経営分析は、経営者などの企業内部の利害関係者および銀行や投資家などの企業外部の利害関係者によって実施されます。主な情報源としては財務諸表が利用されるので、財務諸表分析と呼ばれることもあります。財務諸表を分析することを通して、企業の収益性や安全性などに関わる情報を得ることができます。

本章の狙いは、日本を代表するホテル会社の一つである株式会社帝国ホテル（以下、帝国ホテル）を事例に用いることでホテル業の経営分析について理解を深めることです。もちろん、首都圏の上場企業である帝国ホテルと本書が対象とする地域の個人事業主が運営しているホテル・旅館では、直接的には比較しにくい部分があるかもしれません。しかし、宿泊業という点でどちらにも共通した特徴が多くあります。また、帝国ホテルは長年にわたり着実に成果を上げ続けた優良企業であるため、地域のホテル・旅館にとっても一つの模範となります。

本章の構成は次のとおりです。まず、財務諸表の基本的な見方について説明していきます。

図７－１　経済活動と貸借対照表および損益計算書の関係

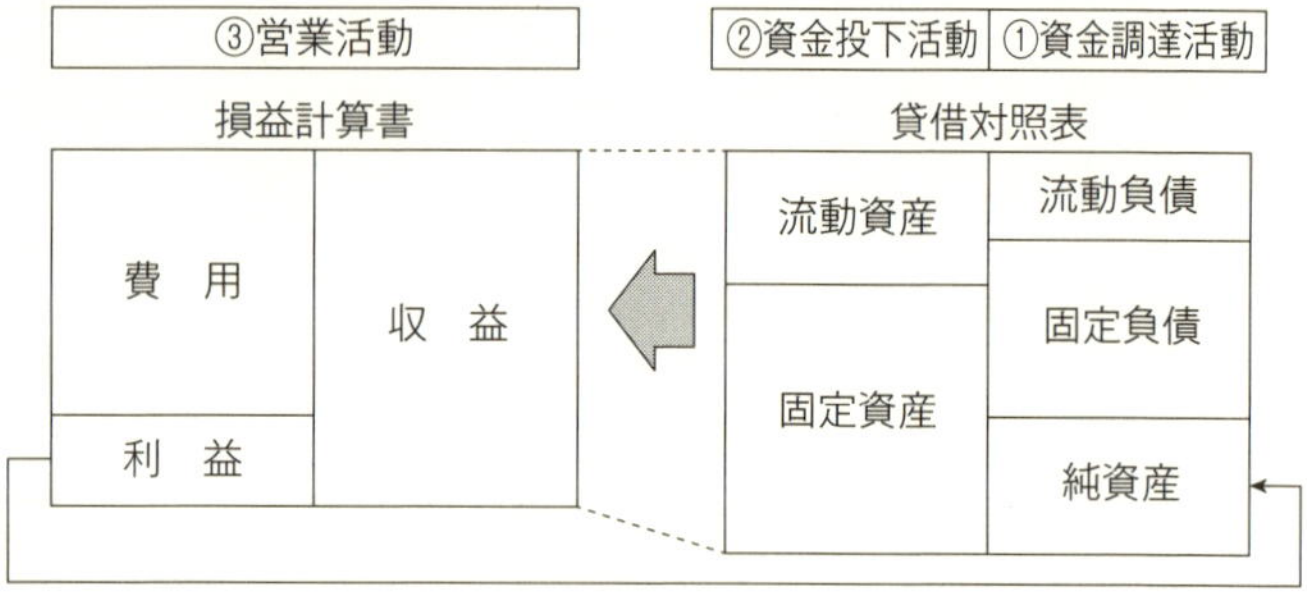

出所：筆者作成。

す。次に、帝国ホテルの財務諸表の実例を見ていきます。また、経営分析の技法を用いて帝国ホテルの財務諸表をさらに詳細に検討し、帝国ホテルの近年の業績の推移や他のホテルとの相違点について述べます。最後に、帝国ホテルの事例から地域のホテル・旅館の経営へどのような示唆が得られるのかを検討します。

2　財務諸表の見方

会計は、企業が行ったさまざまな経済活動の結果を計数的な報告書にまとめるためのシステムです。会計報告書を見ることによって経済活動についての理解を深めることができます。

企業が行う経済活動は、会計では資金調達活動、資金投下活動、営業活動の三つに分類されます。また、会計で利用される最も代表的な報告書は貸借対照表と損益計算書です。資金調達活動と資金投下活動は貸借対照表に、営業活動は損益計算書という報告書にまとめられるという関係があります（図7―1）。

（1）貸借対照表の見方

貸借対照表には資金調達活動の結果（資金の調達源泉）と資金投下活動の結果（資金の運用形態）が表示されます。そのため、貸借対照表を見ることによって企業の財政状態が理解できます。

①　資金調達活動

貸借対照表の右側には、資金調達活動の結果（資金の調達源泉）として流動負債、固定負債、純資産が表示されます。

流動負債は、1年以内に返済しなければならない負債のことです。例えば、買掛金がその代表例です。また、銀行からの借入金のうち、1年以内に返済期日の到来する部分も含まれます。一方で、1年以内に返済しなくてもよい負債は、固定負債に含まれます。

純資産の代表例は資本金です。また、企業自らが稼ぎ出した利益剰余金も含まれます。利益剰余金については「（3）貸借対照表と損益計算書の関係」で詳しく説明します。資本金も利益剰余金も、負債とは違って返済の必要がありません。

貸借対照表の右側が流動負債、固定負債、純資産の順番に並んでいることには意味があります。これらは、返済までの期間が短いものから長いものへと並んでいます。したがって、これらの構成がどのようになっているかを見ることで、その企業が資金の返済までにどの程度余裕があるのかを理解できます。

② 資金投下活動

貸借対照表の左側には、資金投下活動の結果（資金の運用形態）が表示され、「流動資産」と「固定資産」の二つに分けられます。

流動資産は、1年以内に現金化される資産のことです[1]。例えば、現金や売掛金がその代表です。また、ホテル業では通常は少量ですが、お客様に提供されずに保管されている材料の金額も流動資産に含まれます。流動資産のなかでも、現金や売掛金など特に現金化しやすいものは当座資産、材料などの販売された時点で現金化されるものは棚卸資産と呼んで区別することがあります。

固定資産は、1年以内に現金化できない資産のことです。例えば、調達した資金は、ホテルを建てたり備品を整備したりするために投下されますが、備品は5~10年、ホテルの建物は30~50年程度は利用されるものです。これらのホテルや備品の取得のためにかかった金額が固定資産として表示されます。

貸借対照表の右側の流動負債、固定負債、純資産という順番に対応させて、左側も流動資産から固定資産の順番に表示します。こうすることで、資金調達活動と資金投下活動とのバランスを理解しやすくなります。例えば、流動負債が流動資産よりも少なければ、1年以内

図7－2　損益計算書の詳細

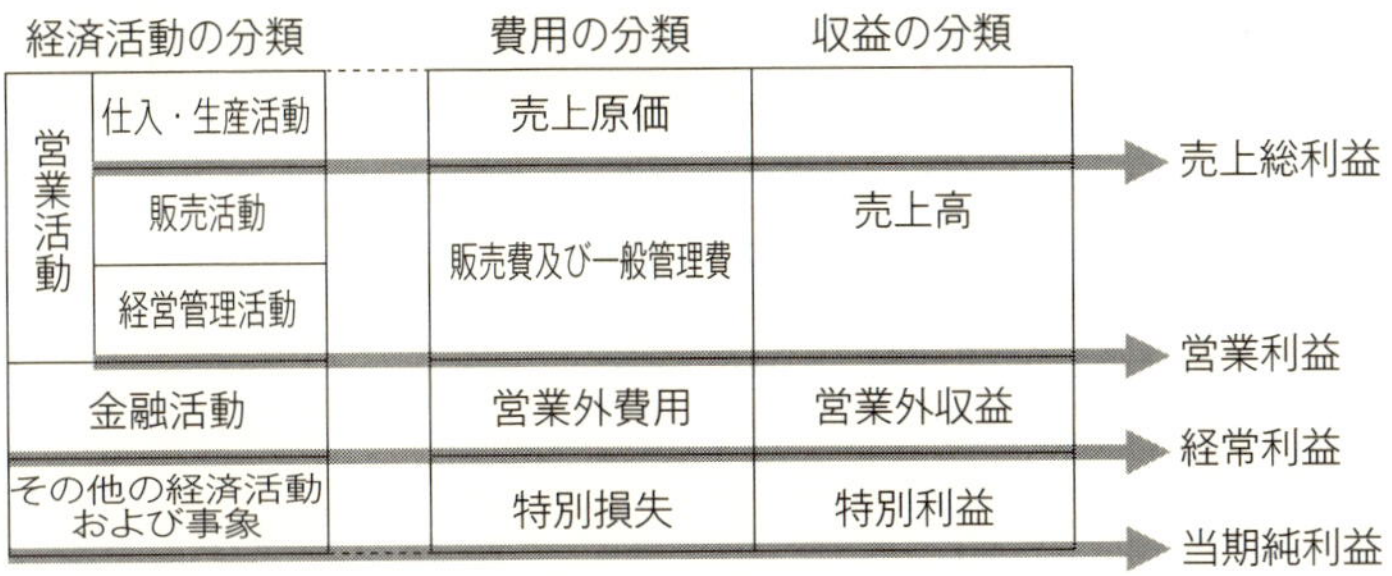

経済活動の分類		費用の分類	収益の分類	
営業活動	仕入・生産活動	売上原価	売上高	→ 売上総利益
	販売活動	販売費及び一般管理費		
	経営管理活動			→ 営業利益
金融活動		営業外費用	営業外収益	→ 経常利益
その他の経済活動および事象		特別損失	特別利益	→ 当期純利益

出所：桜井・須田（2018，211頁）を一部修正。

に返済が滞る心配をそれほどしなくてもすみます。逆に、たとえ固定資産が多いとしても、純資産あるいは固定負債と純資産の合計額の方が多ければ、時間をかけて固定資産に投下した資金を回収していけばよいことがわかります。

(2) 損益計算書の見方

損益計算書の主役は営業活動です。損益計算書は利益（損失）を計算する報告書ですが、営業活動こそ企業が利益を獲得するために行う活動だからです。しかし、利益はそれ以外の活動や事象からも影響を受けます。そこで、損益計算書はそれらも併せて表示します（図7—2）。損益計算書はこれらを総合した企業の経営成績を示します。

① 営業活動

資金投下の結果、ホテル、備品、そして材料の仕入れや給与の支払いのための現金といった各種の資産が準備されます。つまり、ホテルを実際に営業していくための準備ができたことになります。損益計算書には、まずこれらの資産を使用して行われた営業活動の結果が表示されます。

損益計算書の右側には、営業活動の成果である売上高が表示されます。例えば、お客様が宿泊した際に支払った宿泊代金や飲食代金が該当します。

損益計算書の左側には、営業活動を行うために要した営業費用が表示されます。営業活動は三つに分類されます。仕入・生産活動、販売活動、および経営管理活動です。この分類に基づいて営業費用は売上原価、そして販売費及び一般管理費の二つの区分に分けて表示されます。

売上原価の具体例としては、レストランで提供された料理の材料費が挙げられます。また、売店などで販売している商品の仕入額も売上原価に含まれます。売上高から売上原価を差し引いて計算される利益を売上総利益（粗利益）と呼びます。売上総利益を見ることで、お客様に提供された商品からどれだけの利益を上げられたかがわかります。

販売費及び一般管理費としては、シーツやタオルのクリーニングにかかるリネン費、館内の清掃を担当する業者に支払われる業務委託費、スタッフに支払われる人件費、広告費や賃借料などが挙げられます。また、固定資産の減価償却費も損益計算書の左側に表示されます。売上総利益から販売費及び一般管理費を差し引くと営業利益が計算されます。営業利益を見ることで、営業活動の総合的な成否を判断することができます。

② 金融活動

金融活動とは利息の受け取りや支払いのことです。金融活動の結果として受取利息や支払利息が生じます。これらは、損益計算書ではそれぞれ営業外収益、営業外費用という名称で表示されます。

営業利益に営業外収益と営業外費用を加減した金額は経常利益と呼ばれます。営業外収益および営業外費用は毎年経常的に発生するという点では、営業収益および営業費用と共通しています。したがって、経常利益は毎年の経営成績を判断するために利用されます。

③ その他の経済活動および事象

営業活動および金融活動以外にも、損益を左右する経済活動あるいは事象があります。例えば、2011年3月11日に発生した東日本大震災では、多くのホテル・旅館が甚大な被害を受けました。当然ですが、このような大災害は毎年生じるわけではありません。このようなある特定の期間においてのみ発生した特別な経済活動および事象に影響を受けた損益を、特別利益および特別損失と呼びます。経常利益に特別利益・特別損失を加減した金額は税引前当期純利益と呼びます。ここから税金を差し引いて当期純利益が計算できます。当期純利益が、個人企業の場合には経営者、株式会社の場合には株主にとっての取り分になります。

（3）貸借対照表と損益計算書の関係

最後に、貸借対照表と損益計算書の関係について述べておきたいと思います。図7―1を見てください。「利益」から「純資産」へと矢印が伸びています。この矢印は、最終的な利益である当期純利益（損失）が純資産に加算（減算）されることを表しています。このように、貸借対照表と損益計算書はつながっているのです。

先ほども述べたように、最終的に残った当期純利益は資本を出資した資本主のものです。したがって、資本主は当期純利益をどのように使うかを決めることができます。このとき、当期純利益を配当として資本主に支払うのではなく、さらなる資金投下の原資として社内に留保しておくという方法を選択できます。その場合に、当期純利益は貸借対照表の純資産の部に加算されます。純資産に加算された当期純利益を利益剰余金といいます。

利益剰余金は重要な情報です。損益計算書に表示される当期純利益は1期間の金額にしかすぎないのに対して、貸借対照表に表示される利益剰余金は（配当金を差し引いた後の）純利益の累積額を示しているからです。つまり、利益剰余金は過去の経営成績を要約している側面があるため、優良企業を見分けるための有力な情報です。

3　帝国ホテルの事例

貸借対照表と損益計算書を見ることで、財政状態や経営成績についての理解が得られま

表７－１　2018年３月期の売上高構成（金額の単位：百万円）

	金　額	構成比
ホテル事業		
帝国ホテル東京	40,463	71%
帝国ホテル大阪	11,101	19%
その他	1,866	3%
不動産賃貸事業	3,804	7%
合　計	57,236	100%

出所：帝国ホテル第177期有価証券報告書より筆者作成。

す。本節では、帝国ホテルを題材に財政状態と経営成績の検討をしていきます。その前に、まずは帝国ホテルの概要と特徴について簡単に確認しておきます。

(1) 概　要

帝国ホテルは１８９０年に開業し、本書執筆時点の２０１８年には創業１２８年を迎えました。近代的なホテルとしては、日本で最も長い歴史を持ちます。同社は歴史は長いのですが、新規ホテルの開業は抑制的で、拡大路線をとっていません。現在「帝国ホテル」の名を冠しているホテルは、帝国ホテル東京（以下、東京）、帝国ホテル大阪（以下、大阪）、そして上高地帝国ホテル（以下、上高地）の三つだけです[2]。

表７―１は、２０１８年3月期における帝国ホテルの売上高構成です。売上高は、ホテル事業と不動産賃貸事業[3]の二つの事業から生まれています。ホテル事業売上高は全体の93％で、うち東京が71ポイントを占めています。以上より、これから見ていく財務諸表は、

表7－2　宿泊部門のRevPARデータ（2017年3月期）

	RevPAR	ADR	客室稼働率	RevPARの順位	ADRの順位
帝国ホテル東京	27,980円	36,528円	76.6%	12位	13位
帝国ホテル大阪	16,376	19,850	82.5	54	66
帝国ホテル上高地	31,573	38,132	82.8	9	12

出所：臼井（2017）に基づいて筆者作成。

東京のホテル事業の特徴が最も強く反映されると考えてよいでしょう。

（2）ホテルの特徴

帝国ホテルの特徴を知るために、RevPARとサービスの質について確認しておきます。まず、RevPAR（Revenue per available rooms：販売可能客室当り売上高）はホテル業で頻繁に使われる業績指標です。例えば、100室を擁するホテルで100万円の売上を上げたとしたら、RevPARは1万円となります（100万円÷100室）。詳細は第8章で解説しますが、RevPARを向上させるためには、ADR（Average daily rate：平均宿泊価格）と客室稼働率を高めることが必要です。

表7−2は、2017年3月期における帝国ホテルのRevPARの他、ADR（Average daily rate：平均宿泊価格）と客室稼働率を示したものです。帝国ホテルのRevPARの国内における順位は、東京12位、大阪54位、上高地9位と、比較的上位ではありますが、トップクラスというほどでもありません。ADRについても同じ傾向です。

この背景には、ADRの高い海外からの宿泊者数の割合を50％程度に留め、残りの50％はリピーターの多い国内客を取るようにしていることがあります。この方針により、短期的なADR向上を追い求めるのではなく、強固な顧客基盤に裏打ちされた長期安定的なホテル運営を行うことを目指しています。帝国ホテル東京総支配人 金尾幸生氏によれば、帝国ホテルは10万人の会員顧客を擁しており、宿泊客のうち3～4割は会員だということです（柳澤他、２０１７、36頁）。

実際、帝国ホテルのサービスの質は、国内で実施されたどの調査をとっても非常に高い評価を受けています。週刊ダイヤモンド誌が２０１７年に国内1万人を対象に実施した「最も満足したホテル」を尋ねるアンケート調査（柳澤他、２０１７、31頁）、Ｊ．Ｄ．パワー アジア・パシフィックが実施した「２０１７年日本ホテル宿泊客満足度調査」、公益財団法人日本生産性本部 サービス産業生産性協議会が実施している２０１８年度ＪＣＳＩ（日本版顧客満足度指数）調査のいずれにおいても第1位の顧客満足を獲得しています。ＪＣＳＩについては10年連続1位という快挙です。

（3）貸借対照表と財政状態

それでは、上述のような帝国ホテルの特徴が財務諸表にどのように映し出されるのかを見ていきます。図7―3は帝国ホテルの２０１８年3月期（２０１７年4月1日～２０１８年3月31日）の連結貸借対照表および連結損益計算書です。「連結」とは、子会社及び関連会

図7－3　帝国ホテルの貸借対照表および損益計算書（単位：百万円）

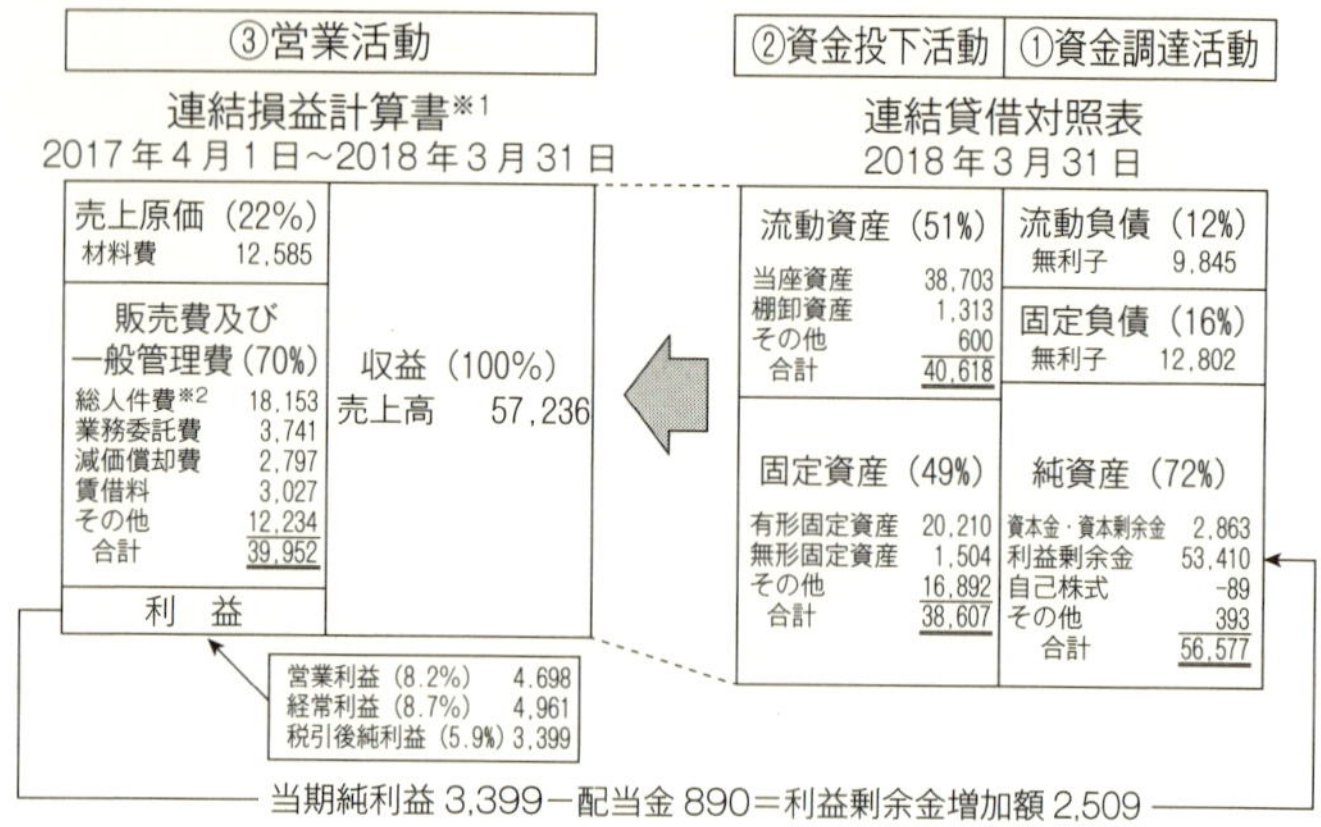

※1　簡略化のため，損益計算書から営業外収益（262），営業外費用（0），特別利益（0），特別損失（1），法人税等（1,560）は省略してある。

※2　総人件費は，人件費（16,119），賞与引当金繰入額（1,196），退職給付費用（838）の合計である。

出所：帝国ホテルの2018年3月期の有価証券報告書より筆者作成。

社も含めているということです。以下、特に注意がない場合には貸借対照表と損益計算書は連結を指すものとします。

まず、貸借対照表の右側、資金調達活動の結果を見ていきます。負債は28%（うち、流動負債12ポイント、固定負債16ポイント）、純資産は72%です。負債のなかには銀行や投資家から借り入れた有利子負債がありません[4]。また、純資産72%のうち利益剰余金が67ポイントと大部分を占めています。これらのことから、帝国ホテルは利益剰余金だけですべての資金調達活動をまかない、無借金経営を実現していることがわかります。

次に、貸借対照表の左側、資金

投下活動の結果を見ていきます。流動資産は51％、固定資産は49％です。また、固定資産49％のうちホテルや備品などの金額を示す有形固定資産は26ポイント（20210÷79225）しかありません。一見、ホテル業にしては有形固定資産への投資が少ない印象を受けますが、これはむしろ流動資産の備蓄が非常に大きいと捉えるべきです。利益剰余金を積み上げてきたことに加えて、新規ホテル開業のような拡大路線をとっていないので大規模投資が少ないのです。

（4）損益計算書と経営成績

次に、経営成績を見ていきます。まず、営業活動からです。帝国ホテルの場合、売上原価はすべてレストランや宴会で使用される材料費で、対売上高比は22％です。ところが、販売費及び一般管理費は70％にものぼります。結果として、営業利益は8・2％まで落ち込みます。先に述べたように、帝国ホテルは正規料金では一泊35000円以上もする高級ホテルですが、仮に35000円の売上を上げても2870円（35000×8・2％）しか残りません。

営業利益がこの程度に留まる理由は、総人件費（人件費、賞与引当金繰入額、および退職給付費用の合計）の負担が大きいからです。販売費及び一般管理費70％のうち総人件費だけで32ポイント（18153÷57236）を占めています。

続いて、金融活動とその他の事象および経済活動の結果を見ていくと、経常利益は売上高比で8・7%であり営業利益とほとんど変わりません。当期純利益は5・9%と営業利益よりも3ポイント近く減っていますが、これは税金を差し引いた影響が大きいためです。

以上、帝国ホテルの貸借対照表と損益計算書を見てきました。これらを丁寧に見ていくだけでも、ある程度まで帝国ホテルの業績について理解を得ることができます。しかし、より多面的な観点から財務業績を評価するためには、経営分析と呼ばれる手法を用いることが効果的です。次節で経営分析を解説します。

4 経営分析

財務諸表に記載された数字をいくつか組み合わせて指標化し、企業の財務業績について検討することを経営分析といいます。これによって収益性、生産性、安全性、不確実性、成長性などの多面的な財務業績がわかるようになります。また、指標化することのもう一つのメリットとして、財務業績について過去の自社との比較や、同業他社との比較が簡単にできるようになることが挙げられます。前者の比較方法を時系列分析、後者の比較方法をクロスセクション分析といいます。

本節では、帝国ホテルの事例に基づいて、経営分析で明らかになる財務業績のうち経営上の肝所となる安全性と収益性だけ(しかも、それらのなかでも最重要な指標だけ)に絞って解説を行います。また、それらの安全性と収益性に関わる時系列分析とクロスセクション分析の例を見ていきます。

(1) 安全性

安全性とは、企業が負債を返済できなくなってしまう、つまり倒産する危険性（デフォルト・リスク）のことです。安全性の高い企業は倒産の危険性が低いということです。安全性を見るためには、負債に関わる情報が記載されている貸借対照表の数字を用いた指標が利用されます。

まず、貸借対照表の右側、つまり資金調達活動の構成を見る安全性指標を紹介します。ここでは、自己資本比率と負債比率を上げておきます。計算式の右側には、あわせて図7—3に基づいて計算した値も示しておきます。

$$自己資本比率 = \frac{純資産}{総資本} = \frac{56,577}{9,845 + 12,802 + 56,577} \times 100 = 72\%$$

自己資本比率は返済の必要のない純資産によって資金調達がどの程度行われているかを示しており、目安としては50％以上あればよいとされています。帝国ホテルは72％と大きな割合を占めています。

次に、貸借対照表の右側と左側の両方、つまり資金調達活動と資金投下活動のバランスを見る安全性指標を紹介します。左右のバランスを見る安全性指標の特徴は、分母に資金調達活動に関わる項目、分子に資金投下活動に関わる項目をおいて、その大きさを比較することです。このような安全性指標の最も代表的なものとして、流動比率があります。

$$流動比率 = \frac{流動資産}{流動負債} = \frac{40{,}618}{9{,}845} \times 100 = 413\%$$

流動比率は1年以内に現金化できる流動資産が、1年以内に返済しなければならない流動負債を賄えるほど十分にあるかを示しています。理想的には200％あればよいとされますが、最低でも100％あれば十分でしょう。帝国ホテルは413％、つまり流動負債の4倍以上もの流動資産を抱えています。1年以内の短期的な負債の返済にはまったく心配がありません。

(2) 収益性

事業の収益性は、資産を用いてどれだけの利益を上げられたかによって測定されます。ここでは、総資産経常利益率（Return on assets: ROA）と呼ばれる指標を説明します。

$$総資産経常利益率 = \frac{経常利益}{総資産} = \frac{4{,}961}{40{,}618 + 38{,}607} \times 100 = 6.3\%$$

総資産経常利益率は、使用した資産からどれだけの経常利益を上げられたかを示しています。経常利益を用いる理由は、それが一時的な突発事項の影響（特別利益や特別損失）を除いた毎年の経営成績を判断するために適切だからです。帝国ホテルは6・3％の収益性を達成しています[5]。

総資産経常利益率は、売上高を用いて次のように分解できます。

$$総資産経常利益率 = \frac{経常利益}{売上高} \times \frac{売上高}{総資産}$$

分解された二つの指標は、それぞれ次のような名称を与えられています。

$$売上高経常利益率 = \frac{経常利益}{売上高} = \frac{4{,}961}{57{,}236} \times 100 = 8.7\%$$

$$総資産回転率 = \frac{売上高}{総資産} = \frac{57{,}236}{40{,}618 + 38{,}607} = 0.72\ 回転$$

このような分解により、総資産経常利益率を改善するためには売上高経常利益率か総資産回転率のどちらかを向上させればよいことが明確になります。

それぞれの指標の意味は次のとおりです。売上高経常利益率は、売上高から費用を差し引いた結果どれだけの割合の経常利益が残ったかを示すので、価格設定あるいは原価管理に影響を受けやすい指標です。帝国ホテルは、売上のうち8・7％が経常利益として残りました。

総資産回転率は資産を使用してどれだけの売上高を上げたか、すなわち資産の利用度を表しています。そのため、この指標は単位が「回転」になっています。帝国ホテルは、ホテルも含めあらゆる資産を使用した結果、その資産の0・72回転分にあたる売上高を上げました。

総資産回転率はあらゆる資産の総合的な回転を見る指標です。そのため、この指標だけを見てもどの資産が有効活用されているかがわかりません。詳細を知るためには、総資産回転率の分母を特定の資産の金額に置き換えて計算するという方法が有効です。ホテル業の場合、最も重要なのは有形固定資産ですので、以下の指標を確認しておくことも大切です。

$$\text{有形固定資産回転率} = \frac{\text{売上高}}{\text{有形固定資産}} = \frac{57{,}236}{20{,}210} = 2.83\ \text{回転}$$

帝国ホテルの有形固定資産回転率は2・83回転となりました。この指標は、ホテルの稼働率に影響を受けやすい指標と理解しておくとよいでしょう。

ところで、安全性とは異なり、収益性の指標には良好かどうかを判断する目安がありません。なぜなら、その時々の経済状況や、その企業の業種業態によって収益性の水準は大きく変わるからです。自社の収益性を評価するためには、時系列分析とクロスセクション分析が必須です。

表７－３　時系列分析とクロスセクション分析

		帝国ホテル					12ホテル合計※
		2014年3月期	2015年3月期	2016年3月期	2017年3月期	2018年3月期	
安全性	自己資本比率	71%	69%	69%	72%	71%	31%
	流動比率	412%	398%	369%	467%	413%	88%
収益性	総資産経常利益率	5.8%	5.9%	5.9%	6.9%	6.3%	3.9%
	売上高経常利益率	7.3%	7.6%	7.7%	9.2%	8.7%	8.4%
	総資産回転率	0.80回転	0.77回転	0.76回転	0.75回転	0.72回転	0.46回転
	有形固定資産回転率	2.71回転	2.83回転	2.85回転	2.79回転	2.83回転	0.75回転

※12ホテル合計は，各社の貸借対照表と損益計算書を合計し，その後に各指標を計算してあります。

出所：帝国ホテルの2014年3月期～2018年3月期は有価証券報告書または決算公告に基づいて筆者作成。12ホテル合計は各社の有価証券報告書から作成。

（3）時系列分析とクロスセクション分析

表7―3は、ここまで説明した帝国ホテルの安全性および収益性の指標について、過去5年間の時系列分析と、貸借対照表と損益計算書が公開されている12ホテルに対して2018年3月期のクロスセクション分析を行った結果を示しています。12ホテルとは、㈱鴨川グランドホテル、カラカミ観光㈱、㈱京都ホテル、㈱熊本ホテルキャッスル、㈱ニューオータニ、㈱パレスホテル、藤田観光㈱、㈱ホテルオークラ、㈱ホテルニューアカオ、㈱ホテルニューグランド、リゾートトラスト㈱、㈱ロイヤルホテルです。

まず、自己資本比率を見ていきます。2014年3月期から2018年3月期にかけて、自己資本比率は69％～72％の間で推移しています。2018年の12ホテルの実績⑹を見ると、自己資本比率は31％です。したがって、帝国ホテルの資金調達活動の構成からみる安全性は、過去5年間横ばいで推移していましたが、ホテル業としては相当に優れた水準を維持していたということができます。

次に、流動比率を検討します。２０１４年３月期から２０１８年３月期にかけて、帝国ホテルの流動比率は３６９％から４６７％の間で推移しています。一方、２０１８年の12ホテルは88％にしか過ぎません。このことから、帝国ホテルの資金調達活動と資金投下活動とのバランスからみる安全性は、過去５年間一貫してホテル業としては非常に高い水準を維持してきたといえます。

帝国ホテルの総資産経常利益率は、２０１４年３月期から２０１８年３月期の間は５・８％から６・９％の間で推移しており大きな変動はありません。12ホテルは３・９％ですので、帝国ホテルは同業他社と比べて収益性が高いことがわかります。

総資産経常利益率を売上高経常利益率と総資産回転率に分解してみていきます。まず、帝国ホテルの売上高経常利益率を時系列に見ていくと、２０１４年３月期から２０１８年３月期まで７・３％から９・２％の間で推移しています。ですが、12ホテルも８・４％と帝国ホテルと同水準になっています。売上高経常利益率は価格設定や原価管理の影響が出やすいと述べましたが、これらに関しては帝国ホテルは12ホテル並みということになります。

次に、総資産回転率を見ると、２０１４年３月期から２０１８年３月期まで、帝国ホテルは０・72回転から０・80回転の間で推移しています。一方、12ホテルはわずか０・46回転しかありません。

有形固定資産回転率で見るとこの差はさらに顕著で、12ホテルの0・75回転に対して、帝国ホテルは2・83回転と大きく引き離しています。このことから、帝国ホテルは特に有形固定資産の活用度が高い（稼働率が高い傾向がある）ということがわかります。[7]

図7－4　サービス，収益性，安全性の好循環

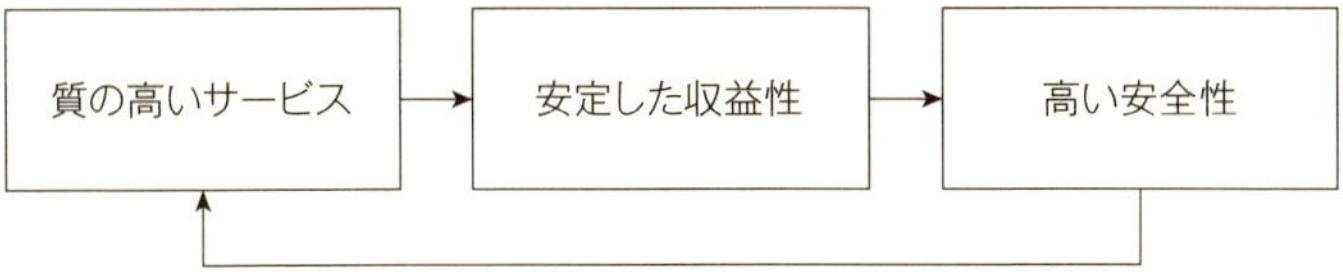

出所：筆者作成。

（4）帝国ホテルの強み

企業の経営者は、時系列分析やクロスセクション分析を通して、自社の強み、弱み、特徴、問題点をよりよく理解できるようになります（岡本他、2008、29頁）。最後にここまでの分析結果を総括し、帝国ホテルが「質の高いサービス」→「安定した収益性」→「高い安全性」→「質の高いサービス」という好循環を作り出していることを示します。

まず、帝国ホテルの特徴は「100－1＝0」という算式で表されるほどの徹底した「質の高いサービス」へのこだわりにあり、高い顧客満足度を達成していることはすでに述べたとおりです。2014年3月期から2018年3月期の間は日本経済が比較的安定していたこともありますが、それでも収益性に関わるあらゆる指標が一定

の水準で推移しているのは、帝国ホテルが確実に顧客を掴んできたからに他なりません。特に、有形固定資産回転率が12ホテルと比べて抜きん出て高い水準を維持していることは、帝国ホテルが顧客の支持を得てリピーター化していることを示唆しています。

この「安定した収益性」が突出して「高い安全性」に結び付いていると考えられます。利益を生み出し続けることで、流動資産や純資産の比率は次第に高まっていきます。本章の分析は過去5年間に限定してありますが、帝国ホテルは128年もの歴史のあるホテルです。長期にわたって一定の収益性を維持し続けたとすれば、そのことが現在の高い安全性に結び付いたはずです。

最後に、「高い安全性」は、「質の高いサービス」に貢献をしている可能性があります。ホテル業において「質の高いサービス」を実現するためには、三つの経営資源への投資が不可欠だとされます。一つ目はハードウェア（ホテルや備品など）で、老朽化しないよう常にメンテナンスが必要です。二つ目はソフトウェア（組織体制やマニュアルなど）で、常に時代に合わせて更新しなければ安定したホテル運営はままなりません。そして最も重要な三つ目は、ヒューマンウェア（人材）です。帝国ホテル会長の小林哲也氏は、従業員はサービスの質の決め手であり、顧客は従業員との接触のなかで感動を覚えるからこそまた来たいと思ってくれるようになると述べています（小林、2016、14頁）。

言うまでもなく、安定して質の高いサービスを提供するためには、これら三つの経営資源への投資を継続的に行える財政的な余裕が必要です。[8]したがって、「高い安全性」が「質の高いサービス」に結び付くといえます。

5　むすびに代えて

本章では、財務諸表の基本的な見方から経営分析の技法まで、帝国ホテルの事例により解説してきました。検討の結果、帝国ホテルが「質の高いサービス」→「安定した収益性」→「高い安全性」→「質の高いサービス」という好循環を作り出していることを明らかにしました。地域のホテル・旅館であっても、それぞれが独自の「質の高いサービス」を追求し、継続的にリピーター獲得を目指すべきであることは変わりありません。それに成功したホテル・旅館はサービス、収益性、安全性の好循環を達成できるようになるはずです。そのような目線を持って、本書に収録されている宮城のホテル・旅館の事例を読んでみるのも面白いでしょう。

【注】

（1）他業種では、流動資産のなかに1年以内に現金化されないものが入ることもあります。例えば、ウイスキーは何年も寝かしてから販売されます。このような資産は1年以内に現金化されなくとも、「仕入→生産→販売→代金回収」という営業循環のなかにあるので流動資産に含めると考えます。

（2）２０１８年11月28日の日本経済新聞（夕刊、第３面）で、２０２０年を目処に京都・祇園に新たな帝国ホテルを開業する予定であることが報じられました。

（3）不動産事業とは、ホテルのなかにある賃貸のオフィスやショップフロアのことを指します。

（4）無利子の流動負債として、買掛金、未払法人税等、未払費用などがあります。無利子の固定負債には、退職給付引当金、資産除去債務、長期預り金などがあります。

（5）本来は、分子の経常利益は事業利益（営業利益に金融収益を加算したもの）を用いることが推奨されます（桜井、2017、169頁）。また、分母の総資産は期首総資産と期末総資産の平均値を利用します。本書は経営分析の専門書ではありませんので、簡便な計算方法を紹介しています。

（6）帝国ホテルや12ホテルの決算月が異なっているため、2017年6月から2018年3月までの間に作成された貸借対照表および損益計算書を対象に各社の指標を計算してあります。

（7）表7―2で示した帝国ホテルのRevPARは、必ずしもトップクラスではありませんでした。この結果は、帝国ホテルの飛び抜けて高い有形固定資産回転率と矛盾しません。なぜなら、RevPARが客室収益だけを計算に含めて宿泊部門の収益性を示すのに対して、有形固定資産回転率はそれ以外の収益（帝国ホテルの場合、レストラン収益、宴会収益、婚礼収益、そして不動産事業収益など）もすべて含めたホテル全体の収益性を表すからです。

（8）帝国ホテルは2015年3月期に過去最高益を達成したことを受けて、賞与の増額やベースアップなどを行いました。また、語学研修や海外研修、また提携ホテルであるハレクラニとの人材交流など、ホテルマンの育成も強化しています。帝国ホテルの社長の定保英弥氏は、このような「利益の従業員への還元」がサービスの質を高め、ひいては財務業績も向上するという良いサイクルを生むと述べています（定保、2015、11頁）。

【資料】12ホテルの詳細

12ホテルの経営分析指標の詳細は、次のとおりです。知っているホテルがどのような実績になっているか、帝国ホテルと比べてみるとよいでしょう。

表７－４　12ホテルの経営分析結果

		㈱鴨川グランドホテル	カラカミ観光㈱	㈱京都ホテル	㈱熊本ホテルキャッスル	㈱ニューオータニ	㈱パレスホテル
		2018年3月期	2018年3月期	2018年3月期	2018年3月期	2018年3月期	2017年12月期
安全性	自己資本比率	18%	21%	13%	21%	37%	16%
	流動比率	35%	49%	88%	53%	41%	61%
収益性	総資産経常利益率	1.5%	3.3%	1.8%	2.9%	5.8%	2.2%
	売上高経常利益率	2.4%	4.6%	2.5%	3.0%	16.9%	6.1%
	総資産回転率	0.64回転	0.72回転	0.70回転	0.98回転	0.34回転	0.36回転
	有形固定資産回転率	0.90回転	0.85回転	0.80回転	1.34回転	0.47回転	0.43回転

		藤田観光㈱	㈱ホテルオークラ	㈱ホテルニューアカオ	㈱ホテルニューグランド	リゾートトラスト㈱	㈱ロイヤルホテル
		2017年12月期	2018年4月期	2018年12月期	2017年11月期	2018年3月期	2018年3月期
安全性	自己資本比率	26%	46%	8%	35%	30%	25%
	流動比率	58%	40%	18%	49%	143%	94%
収益性	総資産経常利益率	1.9%	2.8%	2.7%	－4.5%	4.6%	3.4%
	売上高経常利益率	2.9%	5.2%	5.5%	－7.3%	11.7%	5.4%
	総資産回転率	0.66回転	0.54回転	0.49回転	0.62回転	0.39回転	0.62回転
	有形固定資産回転率	1.10回転	0.72回転	0.56回転	0.74回転	0.97回転	0.92回転

出所：各社の有価証券報告書あるいは決算公告より筆者作成。

参考文献

【文　献】

臼井英裕（２０１７）「特集　客室売上効率から見た日本のベスト３００ホテル」『週刊ホテル・レストラン』第52巻第42号、33—55頁。

岡本　清・廣本敏郎・尾畑　裕・挽　文子（２００８）『管理会計〔第2版〕』中央経済社。

小林哲也（２０１６）「帝国ホテルの歴史とおもてなしの心」『東京経協会報』第87号、13—14頁。

桜井久勝・須田一幸（２０１１）『財務会計・入門〔第８版〕』有斐閣アルマ。

定保英弥（２０１５）「１２５周年を迎え、原点に立ち返って人材育成の強化に注力 Made in JAPAN のホテルという矜持を持ち２０２０年、そしてさらにその先を見据える」『週刊ホテル・レストラン』第50巻第48号、６—11頁。

定保英弥（２０１６）「悩み込むな！次々迫る『ピンチの乗り切り方』」『日経ビジネスアソシエ』第３０４号、54—55頁。

藤居　寛（２００８）「サービスは『１００－１＝０』ブランドは１秒で崩れる」『日経ビジネス』第１４４１号、１頁。

柳澤里佳・大坪稚子・清水量介・田上貴大・大根田康介・森川幹人（２０１７）「特集１０、０００人が選んだベストホテル＆エアライン」『週刊ダイヤモンド』第１０５巻第42号、28—91頁。

【ホームページ】

「２０１７年日本ホテル宿泊客満足度調査」株式会社ジェイ・ディー・パワー　アジア・パシフィックＨＰ、http://www.jdpower.co.jp/、２０１８年８月30日アクセス。

「２０１８年度ＪＣＳＩ（日本版顧客満足度指数）第１回調査結果発表～帝国ホテルが10年連続顧客満足１位」公

益財団法人 日本生産性本部ＨＰ、https://www.jpc-net.jp、２０１８年８月30日アクセス。

【その他公表資料】


「株式会社鴨川グランドホテル　有価証券報告書」第71期（平成29年４月１日─平成30年３月31日）。

「カラカミ観光株式会社　決算公告」第66期（平成29年４月１日─平成30年３月31日）。

「株式会社京都ホテル　有価証券報告書」第99期（平成29年１月１日─平成30年３月31日）。

「株式会社熊本ホテルキャッスル　有価証券報告書」第58期（平成29年４月１日─平成30年３月31日）。

「株式会社帝国ホテル　有価証券報告書」第１７３期（平成25年４月１日─平成26年３月31日）～第１７７期（平成29年４月１日─平成30年３月31日）。

「株式会社ニュー・オータニ　有価証券報告書」第55期（平成29年４月１日─平成30年３月31日）。

「株式会社パレスホテル　有価証券報告書」第73期（平成29年１月１日─平成29年12月31日）。

「藤田観光株式会社　有価証券報告書」第85期（平成29年１月１日─平成29年12月31日）。

「株式会社ホテルオークラ　有価証券報告書」第75期（平成29年４月１日─平成30年３月31日）。

「株式会社ホテルニューアカオ　有価証券報告書」第48期（平成29年１月１日─平成29年12月31日）。

「株式会社ホテル、ニューグランド　有価証券報告書」第１４０期（平成28年12月１日─平成29年11月30日）。

「リゾートトラスト株式会社　有価証券報告書」第45期（平成29年４月１日─平成30年３月31日）。

「株式会社ロイヤルホテル　有価証券報告書」第92期（平成29年４月１日─平成30年３月31日）。

さらなる学習へ

本章では「安全性」および「収益性」という基本的な領域に焦点を絞って説明をしました。経営分析の他の領域としては「生産性」、「成長性」、「不確実性」などがあります。これらについては次の教科書が参考になります。

桜井久勝（２０１７）『財務諸表分析〔第7版〕』中央経済社。

ホテル業では、米国を中心に「ユニフォーム会計」と呼ばれる独特の会計が行われています。その名の通り、ホテル間で統一の（uniform）会計制度を採用することで、きめ細やかな管理をできるようにすることが目的です。翻訳書が出版されています。

大塚宗春監修、山口祐司・金子良太訳（２００９）『米国ホテル会計基準Ⅱ』税務経理協会。（Hotel Association of New York City Ed. (2006) *Uniform System of Accounts for the Lodging Industry, Tenth Revised Edition.* New York, NY: Educational Institute of the American Hotel and Motel Association.）

ホテル業を対象にした管理会計については、以下の教科書が参考になります。

徳江順一郎・長谷川惠一・吉岡　勉（２０１４）『数字でとらえるホスピタリティ 会計&ファイナンス』産業能率大学出版部。
山口祐司・北岡忠輝・青木章通（２００９）『最新ホテル企業会計完全マスター――真にグローバルなホテル・旅館経営のために』柴田書店。

演習問題

問1　企業が行っているさまざまな経済活動が、どのように財務諸表（貸借対照表および損益計算書）に反映されるのかを説明してください。

問2　収益性および安全性を表す各種の指標の計算式を示すとともに、それらの意味を説明してください。

【謝　辞】
本研究はＪＳＰＳ科研費 17K13825、18K11872 の助成を受けたものです。

第8章 ホテル業における価格設定の基本とホテルチェーンA社の事例

松岡孝介

1 はじめに

第８章では、ホテル業の価格設定について検討を加えます。価格は、企業の利益と顧客満足を左右する非常に重要な要因です。多くの顧客をつかもうとした結果、競争が激化して利益を得るには不十分な価格設定しかできなくなることがあります。また、大きな需要の見込めるシーズンに利益を得ようと高い価格を設定したために、顧客からの評価を下げてしまうこともあります。ホテル業において、価格をどのような水準に設定するかは非常に難しい問題です。

本章では、まず、価格設定がホテル経営においていかに重要であるかを確認するために、それがどれほど営業利益に強い影響を与えるかを確認します。次に、３Ｃモデルと呼ばれる概念に基づいて価格設定の方法を概観していきます。そこでは、価格設定においてはコスト（cost）、顧客（customer）、そして競合他社（competitor）の三つの要因が考慮されることが説明されます。さらに、ホテル業に特有の価格設定の手法であるレベニュー・マネジメントについて説明します。この手法は効果的に実施されれば企業の収益性を改善しますが、顧客から不当（unfair）であるとみなされる危険性も伴います。これに対処するためには、価格設定を顧客中心の考え方に基づいて行う必要があります。そこで最後に、この考え方の有効性を国内のホテルチェーンA社の事例を通して検討します。

2 価格設定の重要性

価格は財務業績に最も強い影響を与える要因であるにもかかわらず、その事実は見落とされがちです（Doyle, 2000, 邦訳412―414頁）。ここでは、財務業績として営業利益を取り上げ、いかに価格から強い影響を受けるのかを明らかにしていきます。

そのために、まず、営業利益がどのような構成要素からなるかを確認しておきます。営業利益は次の式で表せます[(1)]。

営業利益＝売上高－営業費用

＝（客室単価×販売客室数）－（変動費＋固定費）

このうち、変動費は販売客室数の増減に伴って一緒に変動する費用で、固定費は販売客室数に関わらず一定額のままの費用です。この式から、営業利益は客室単価（room rate）、販

表8－1　営業利益の構成要素の影響（金額の単位：百万円）

	基本ケース	客室単価を1%増加	販売客室数を1%増加	変動費を1%減少	固定費を1%減少
売　上	100.0	101.0	101.0	100.0	100.0
変動費	50.0	50.0	50.5	49.5	50.0
固定費	40.0	40.0	40.0	40.0	39.6
営業利益	10.0	11.0	10.5	10.5	10.4
営業利益の増加率	−	10%	5%	5%	4%

出所：Doyle（2000，邦訳413頁）を参考に筆者作成。

売客室数、変動費、および固定費の四つの構成要素からなることがわかります。なお、本章では特段の注意がない限り、価格とは客室単価を指すこととします。

表8―1は、四つの構成要素が営業利益に与える影響を示したものです。表8―1の「基本ケース」の列では、年間の平均客室単価10000円、販売客室数10000室、変動費単価5000円、そして固定費40百万円を仮定して営業利益を計算しています。

残りの四つの列は、四つの構成要素（客室単価、販売客室数、変動費、固定費）を基本ケースの値から1%増減させた場合に、営業利益が何%変動するかを示しています。これを見ると、基本ケースから客室単価を1%増加させると、営業利益が10%増加することがわかります。他の構成要素の営業利益への影響は5%か4%ですので、営業利益に最も強い影響を与えるのは販売価格であることがわかります。

これは単なる数値例に過ぎないと思われるかもしれませんが、現実においても同様の傾向があることが確認されています。世界的に有名なコンサルティング会社であるマッキンゼー・アンド・カンパニーは、さまざまな業種を対象に調査をして、平均的な企業では販売数量を1％増加させても営業利益は3・3％しか増えないのに対して、価格を1％増加させた場合にはその3倍以上にもなる11・1％もの営業利益増に結びつくと報告しています（Marn & Rosiello, 1992）。

このことから、営業利益を確保するためには価格設定に細心の注意を払わなければならないことがわかります。仮に客室単価が10000円のホテルであれば、わずか100円の値上げに成功するだけで営業利益は10％以上増える可能性があるのです。また逆に、100円の値下げをしてしまうと営業利益は10％以上減ってしまう危険があります。価格設定はこのように経営を揺さぶるほどの影響を持つため、価格設定担当者に一任するのではなく、経営者が積極的に関与すべき要因であるという意見もあります（小林、2018a、118－119頁）。

3　3Cモデルと価格設定

（1）価格設定に影響する要因

価格は、コスト（cost）、顧客（customer）、そして競争（competitor）の三つの要因を考慮して設定されます。（Datar & Rajan, 2017; Kotler & Kevin, 2016）。これらはそれぞれの頭文字を取って3Cと呼ばれます。

図８－１　価格設定のための3Cモデル

出所：Kotler and Kevin（2016, p. 497）を一部修正。

図８―１は、３Cがいかに価格設定と関係しているかを描いたものです。コストは企業が設定できる最低価格に影響します。売上高が変動費と固定費を上回るような価格を設定しなければ、営業利益は出ないからです。顧客は設定可能な最大価格と関連しています。顧客が客室に対して感じる価値を知覚価値といいますが、顧客は知覚価値に基づいていくらまでなら払ってもよいかを決めるからです。実際に企業が設定する販売価格は最低価格と最大価格の間のどこかで決まることになりますが、それには競争が影響します。例えば、自社と似たような条件のホテルが安い価格を設定していたとすれば、それ以上の価格を設定することは難しくなります。

価格設定では三つの要因が総合的に考慮されます。ですが、これらのうちどれを最も重視するかによって、価格設定方法はコスト基準法、知覚価値基準法、そして競争基準法の三つに分類されます。(2)以下、それぞれについて説明を加えていきます。

(2) コスト基準法

コスト基準法にはいくつかの方法がありますが、ここでは損益分岐点（または目標利益）による価格設定を取り上げます。(3)この手法は、現状の費用構造のもとで、営業利益がゼロまたは目標額になる価格と販売客室数を知るために利用されます。

貢献利益

損益分岐点分析を理解する鍵は、貢献利益と呼ばれる概念です。営業利益の四つの構成要素のうち、変動費は販売客室数に一室あたりの変動費単価をかけたものと説明しました。したがって、営業利益は次のように示すこともできます。

営業利益＝（客室単価×販売客室数）－（変動費単価×販売客室数）－固定費
＝（客室単価－変動費単価）×販売客室数－固定費
＝貢献利益単価×販売客室数－固定費
＝貢献利益－固定費

右辺二行目に現れる「客室単価－変動費単価」は貢献利益単価と呼ばれます。また、それに販売数量を掛けると貢献利益が算出されます。この金額から固定費を差し引くと、営業利益が計算されます。

貢献利益という名称は「固定費を回収し営業利益の獲得に貢献する利益」であることに由来しています。[4] このことは貢献利益グラフと呼ばれる図を作成してみるとよくわかります。図8―2は、あるホテルを想定して作成した貢献利益グラフです。横軸は販売客室数を表していま

図８－２　貢献利益グラフ

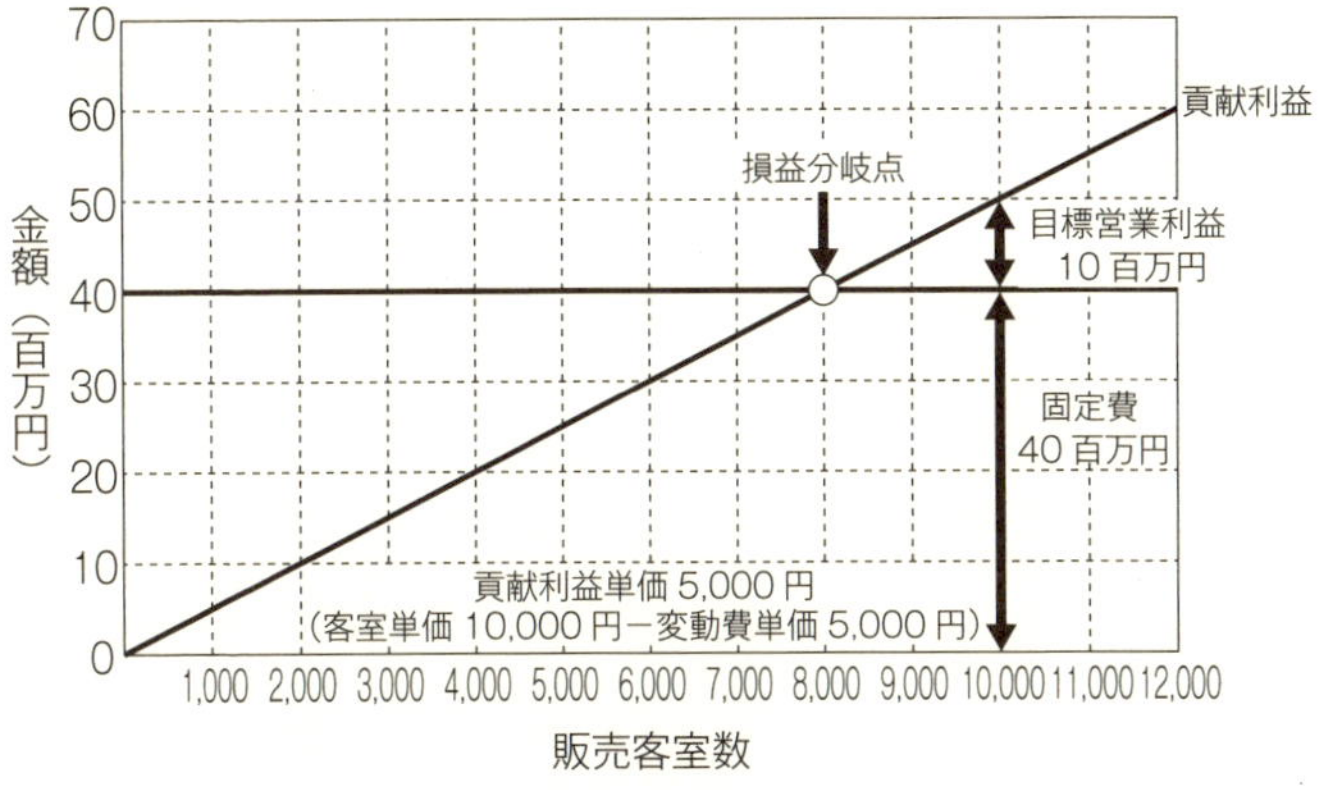

出所：上総（2014, 123頁）を参考に筆者作成。

す。また、斜めの線は貢献利益です。この線の傾きは貢献利益単価を意味しており、このホテルでは販売客室数が増えるたびに５０００円（客室単価１００００円－変動費単価５０００円）ずつ上昇していきます。

　貢献利益単価がわかれば、販売客室数がどの段階で損益分岐点あるいは目標営業利益を達成できるかを導くことができます。図８－２では、このホテルの固定費は年間で40百万円が発生していることが示されています。８０００室を販売した段階で貢献利益は40百万円（５０００円×８０００室）となり、固定費40百万円を回収します。この段階では営業利益はゼロ、すなわち損益分岐点です。

　また、このホテルでは目標営業利益を10百万円と設定したとします。[5] １００００室まで売ると貢献利益は50百万円（５０００円×１００００室）となり、目標営業利益10百万円（50百万円－40

百万円）が達成されます。

損益分岐点分析

貢献利益の概念が理解できれば、損益分岐点または目標営業利益を達成する販売客室数を簡単に分析できるようになります。端的に言えば、損益分岐点や目標営業利益を達成するために、いくらの貢献利益が必要かを考えればよいのです。

損益分岐点を達成するためには、固定費と同じ金額の貢献利益が必要です。そのため、固定費を貢献利益単価で割れば、損益分岐点を達成する販売客室数がわかります。

$$損益分岐販売客室数 = \frac{固定費}{貢献利益単価}$$

また、目標営業利益を達成するために必要な貢献利益の金額は、固定費と目標営業利益の合計です。この合計額を貢献利益単価で割れば、目標営業利益を達成する販売客室数が計算できます。

$$目標利益販売客室数 = \frac{固定費＋目標営業利益}{貢献利益単価}$$

これらは簡単に必要な販売客室数を分析できる式ですので、ぜひ覚えてください。

表８－２　感度分析の結果

	価格20%減	価格10%減	基本ケース	価格10%増	価格20%増
(1) 客室単価	8,000円	9,000円	10,000円	11,000円	12,000円
(2) 損益分岐点に達する販売客室数	13,333室	10,000室	8,000室	6,667室	5,714室
(3) この価格で期待できる販売客室数	13,000室	11,500室	10,000室	8,500室	7,000室
(4) 営業利益	－１百万円	６百万円	10百万円	11百万円	９百万円

※変動費単価5,000円，固定費40百万円と仮定。
出所：コトラー・アームストロング・恩蔵（2014，261頁）を参考に筆者作成。

価格設定

それでは、損益分岐点や目標営業利益を用いて、いかに価格設定するのかを見ていきましょう。表８―２は、客室単価１００００円を基本ケースとして、そこから価格設定を10％または20％増減させた場合に、損益分岐点、販売客室数、および営業利益がどのように影響を受けるかを示しています。このように複数のケースを想定して結果を確かめる方法を「感度分析」と呼びます。

この感度分析からは、客室単価が高くなるにつれて損益分岐点が下がる一方、顧客離れが進むために期待できる販売客室数も下がっていくことがわかります。逆に、客室単価が低くなれば損益分岐点が上がりますが、期待できる販売客室数も増えていきます。この数値例では、価格を20％低く８０００円にしてしまうと、営業利益が－１百万円と赤字になります。一方、営業利益が最大となるのは価格を10％増やして１１０００円に設定した場合で、目標である10百万円を上回る11百万円となります。

仮に、この感度分析を行っても、目標営業利益を達成できる客室単価が見つからなかったときはどうすればよいでしょうか？　その場合はコストの方に着目するしかありません。すなわち、変動費あるいは固定費を削減して損益分岐点を引き下げる方法を模索することになります。

なお、ある客室単価でどの程度の販売客室数が期待できるかを知るためには、別の手段が必要です。例えば、消費者にいくつかの価格を提示して購買意向を尋ねる調査、所有ホテルのうち一部のホテルでのみ販売価格を変更してその影響を確かめる価格実験、あるいは過去の販売価格と販売客室数などを利用する統計分析があります（Kotler & Kevin, 2016, p.493）。これらは本章の範囲を超えますので、マーケティング・リサーチのテキストを参照してください。

（3）知覚価値基準法

知覚価値基準法は、顧客がそのホテルに対して知覚する価値に基づいて価格を設定する方法です。知覚価値は、客室、サービス、レストラン、立地、アクセスといったホテルの持つ特徴に、顧客がどれだけの価値を見出すかによって決まります。そのため、知覚価値を高める上では、ホテルに優れた特徴を付け加えるだけでなく、広告やホームページなどさまざまな媒体を通してその価値を顧客に伝えることも重要になってきます。

顧客が知覚している価値を正しく把握することは、適正な営業利益を確保するために極めて重要です。知覚価値を上回る価格設定をすれば販売客室数は低迷します。また、知覚価値を下回る価格設定をすれば、販売客室数は伸びても、適切な価格設定ができた場合に比べて営業利益は伸び悩むことになります。

知覚価値を知るための方法として、トレードオフ分析があります（Kotler et al., 2010, p. 305）。これは、ある特徴を付け加えたときに知覚価値がどう変化するかを調べる方法です。例えば、露天風呂付きの客室とそうでない客室とで、支払ってもよいと思える金額がどの程度変わるかを顧客に聞くというやり方です。これによって、コストを上回る価値を持つ特徴が何であるのかを把握できます。

知覚価値を左右する特徴を把握することで、既存ホテルを再設計してより質の高いサービスを提供しやすくなります。例えば、ペットと一緒に旅行をしたいと考えている人向けに、ペット同伴可の客室を備えたホテルにするという方法が考えられます。また、同じ客室でもより低い価格で提供することも可能です。例えば、通常は1泊2食のプランを基本としている旅館でも、出張者向けに夜間でもチェックインでき、夕食を省いた低価格のプランを提供していることがあります。

顧客セグメントによる知覚価値の違い

たとえ同じ客室を提供するのであっても、顧客によって何を重視するかは異なります。そのため、顧客セグメントによって異なる価格を設定しなければならないことがあります。例えば、顧客を個人客と団体客に分けることを考えてみます。個人客には普段１２０００円で販売していますが、団体客（企業の慰安旅行や学校の修学旅行など）は団体割引の適用などにより８０００円で販売しているとします。この場合は、販売客室数の比率を個人客と団体客で50％ずつとすると、全体の平均客室単価は１００００円（１２０００円×50％＋８０００円×50％）になります。

販売価格にどの程度敏感に反応するかも顧客によって異なります。例えば、顧客はレジャー客とビジネス客に分けることができます。一般論として、レジャー客はそのホテルに宿泊するかどうかを決めるとき、価格の違いに敏感に反応します。一方、ビジネス客は会社から宿泊費が支給されることもあり、レジャー客ほどには価格に反応しません（Kotler et al., 2010, p.306）。

このように、知覚価値は顧客セグメントによって異なるので、価格設定もその違いに応じてきめ細やかに行った方が効果的です。顧客セグメントの違いに応じた価格戦術は第４節で改めて検討を加えます。

（4）競争基準法

競争基準法は競合他社に合わせて価格設定を行う方法で、コストや知覚価値にはあまり注意は払われません。競合他社の価格は実勢価格（going-rate）と呼ばれます。企業は実勢価格と同じか、あるいはそこから少しずらした価格を設定します。ずらした価格を設定する場合でも、通常そのズレ幅は一定のままです（Kotler et al., 2010, p.306）。例えば、近隣ホテルよりも常に１０００円だけ低い価格に設定するなどです。

実務的には実勢価格は使いやすい価格設定の基準です。その根拠は二つあります（Kotler et al., 2010, p.306）。一つ目に、実勢価格は業界全体の知恵が集約されたものであり、適正な利益をもたらすと考えられることです。二つ目は、企業は、実勢価格に合わせた価格設定をすれば、利益を損なう価格戦争を避けることができると感じていることです。

しかしながら、ホテル業においては単なる実勢価格への追随は、危険を伴う可能性があります。次節で詳しく説明しますが、ホテル業ではレベニュー・マネジメントという価格設定技術が普及しています。この技術は安易に運用されると、需要が供給を上回るときには高価格を、その逆のときには低価格を設定するだけの価格操作になりがちです。そのため、ホテル業で単に実勢価格に追随するという方法を採用すると、好況期には大儲けできるものの、不況期には大きな損失を出すことになります。実際、日本ではホテル業が不況に陥った２０００年代には、客室単価が30％も下落したと言われています（小林，２０１８a，１１９頁）。また、アメリカでも、リーマンショックがあった２００８年から２００９年の需要低迷期には、稼働率と客室単価の両方が８％から10％程度下落するという事態に陥っています（Hayes & Miller, 2011, 邦訳２２３頁）。

4 レベニュー・マネジメント（RM: revenue management）

ホテル業では、レベニュー・マネジメント（以下、ＲＭ）と呼ばれる細やかな価格設定が行われることで有名です(6)。例えば、同じ客室であってもどの日程で利用するかによって価格は大きく異なります。また、同じ日程の同じ客室でも、いつに予約を行うかで価格が違います。例えば、宿泊日の数カ月前に予約をすれば割引価格が適用されるケースです。本節では、この価格設定戦術がどのような考え方のもとに進められているのかを見ていくこととします。

(1) RevPAR

ＲＭを理解する上では、まずRevPAR（revenue per available room：販売可能客室当たり売上高）と呼ばれる指標を押さえることが鍵となります。RevPARは、ホテルが擁する客室数、すなわち販売可能客室数（available room）に見合った収益を上げることができているかを表す指標で、競合他社も含めたさまざまなホテルとの間でＲＭの成功度合いを比較するために利用されます。例えば、ホスピタリティ業界の専門雑誌『週刊ホテル・レストラン』では、日本中のホテルから情報提供を得てRevPARがベスト３００までのホテルを紹介しています（臼井、２０１７）。

それでは計算方法を確認していきます。RevPARの計算式は以下のとおりです。

$$\text{RevPAR} = \frac{\text{客室収益}}{\text{販売可能客室数}}$$

比較を目的としているために、RevPARの計算にはいくつかの注意点があります。まず、分子の客室収益は客室から得られる収益だけのことを指し、レストランや売店などの収益は含まないことに注意してください。客室以外の収益を除く理由は、条件の異なる他のホテルでも比較ができるようにするためです。例えば、あるホテルは豪華な夕食を楽しめるレストランを持っているけれども、別のホテルは朝食用の簡易な食堂しかないということがあります。

また、分母の販売可能客室数（available room）はホテルの擁している客室数のことです。販売客室数（rooms sold）とは異なることに注意してください。例えば、１００室を擁するホテルで80室を販売した場合、販売可能客室数は１００室、販売客室数は80室です。販売可能客室数を利用する理由もやはり比較をしやすくするためです。例えば、二つのホテルがともに80室を販売したとしても、販売可能客室数が片方は１００室で、もう片方は２００室であったとすればまったく意味は異なってきます。

RevPARはＡＤＲ（average daily rate：平均宿泊価格）と稼働率に分解できます。

$$\text{RevPAR} = \frac{\text{客室収益}}{\text{販売客室数}} \times \frac{\text{販売客室数}}{\text{販売可能客室数}} = \text{ADR} \times \text{稼働率}$$

ＡＤＲは客室収益以外の収益を除いて計算した客室単価です。それに稼働率を乗じたものがRevPARとなります。したがって、RevPARを上げるためには、ＡＤＲと稼働率の両方あるいはどちらか一方を高めなければなりません。通常は、ＡＤＲを高く設定すれば稼働率は上がりにくくなります。そのため、これら両方をにらみながらRevPARを高める戦術を考えるのがＲＭ担当者の仕事となります。

(2) 顧客セグメント別のＲＭ戦術

ＲＭを通してRevPARを向上させるためには、精度の高い需要予測が不可欠です。もしある日程の稼働が低くなると予測されたら、そのホテルは低価格帯の予約ができるようにして稼働率を引き上げようとします。また、もしある日程で稼働が高くなると予想されているなら、低価格帯の予約はできないようにして高い価格だけを受け付けるようにします。このような調整の結果、ＡＤＲと稼働率の釣り合いが取られ、RevPARが向上するようになります。ＲＭの実施によって少なくとも５％は収益が増大するとも言われます（Kotler et al., 2010, p.313）。

しかし、単に需要に合わせて価格設定をするのでは不十分です。その結末は、前節の実勢価格への追随に関する説明で見たとおりです。巧みなRM戦術では、顧客セグメントを特定して、セグメント別に需要と知覚価値を推定し、価格を設定します。ここでは、どのような顧客セグメントに対してどのような戦術が採用されるのか、代表的なものをいくつか紹介しておきます。

レジャー客とビジネス客

レジャー客は価格変化に敏感に反応する上に、旅行の計画を早めに立てる傾向があります。一方、ビジネス客は会社経費で宿泊するために価格はあまり気にしません。また、直前にならなければ出張の予定が決まらないことも多くあります。このような違いがある顧客セグメントに対する代表的な戦術としては、金曜と土曜には早期予約（宿泊予定日の30日前までの予約を要求するなど）でしかとれない客室を設定するやり方があります（Kotler et al., 2010, p.312）。早く予約を確定してもらう代わりに、客室は割引価格で提供します。この方法を取れば、価格に敏感なレジャー客を早い段階で週末に誘導することが可能となります。一方、ビジネス客向けに平日の客室が確保され、高い価格を設定しやすくなります。

連泊客と非連泊客

特定の日に限って非常に強い需要が予測できることがあります。例えば、そのホテルが立地している地域で有名なお祭りあるいはコンサートが行われるときや、大学受験が実施され

表8－3　30日後の週末の予約実績

	金	土	日
予約済み客室数	40	85	20
未予約の客室数	60	15	80

※販売可能客数は100室

出所：Hayes and Miller（2011，邦訳232頁）を参考に筆者作成。

るときです。このような特別イベントがあると需要が一時的に急増するので、それに合わせて高額な価格設定がされることがあります。しかし、あまりに高い価格を設定すれば、顧客から不当であるとみなされ強く反発される恐れがあります。

そこで、単に高い価格を設定するのではなく、滞在制限をかけるという方法があります（Hayes & Miller, 2011，邦訳231―233頁）。例えば、販売可能客室数が100室のホテルで、現在から30日後のある日程の予約状況が表8―3のとおりであったとしましょう。

この期間の土曜日はすでに残り15室しかないので、高い価格を設定したくなるところです。しかし、滞在制限という方法では、価格を上げる代わりに土曜日を含めて2連泊以上でしか予約できないようにします。その結果、土曜日はそれほど値上げしなくても、金曜あるいは日曜の客室在庫と合わせて販売できるようになります。すると、土曜日だけの予約を受けるときよりも土曜日のADRは下がるかもしれませんが、金曜および日曜の稼働率が上がります。したがって、最終的なRevPARは維持される（あるいは大きくなる）ということです。ホテルを予約するときに「連泊プラン」という名称の出ているときは、この滞在制限の技術を利用しているケースとみてよいでしょう。

なお、長期滞在客には、同じ時期に宿泊した短期滞在客よりも高い価格が設定されることがあります。これは、長期滞在客の宿泊期間のなかに、稼働率が非常に高い日が含まれる場合に生じます。しかし、顧客のなかには滞在期間が長い分だけ割引を期待する人もいるかもしれません。そのような場合に備えて、ホテルのスタッフは価格の理由を説明できるように準備しておいた方がよいでしょう（Kotler et al., 2010, p.313）。

個人客と団体客

個人客と団体客という分け方によっても、予約の仕方は違いが出てきます。団体客は、個人客よりもかなり早い段階で予約を行います。しかも、予約する客室数は多数に上ります。その結果、団体客の予約がなければ宿泊してくれたであろう個人客を取りこぼすことになります。

団体客はその日の稼働率には貢献してくれるかもしれませんが、二つの点でRevPARに好ましくない影響を与える可能性があります。一つ目は、団体客は割引を期待してくるので、ADRを引き下げる要因になるということです。二つ目に、失われる個人客のなかにはリピーターが含まれている可能性があるということです。例えば、個人客のなかにはレジャー客とビジネス客の両方が含まれます。このうち、レジャー客のなかにはお気に入りのホテルを定期的に訪問している人がいます。また、ビジネス客のなかにも年間に何度も同じホテルに泊まるリピーターが多くいます。しかし、団体客の予約が入っていると、これらのリピーターがはじき出されてしまいます。このような経験をしたリピーターは、同じホテルにはもう戻ってこないかもしれません（Kotler et al., 2010, p.314）。

このような事態を避けるためには、個人客（特にリピーター層）の需要予測を綿密に行い、団体客の予約を受けるのはそれが個人客に与える影響が少ないことを確認してからにすることが必要です。

国内客と訪日外国人客

個人客・団体客の区分と似たことが、国内客・訪日外国人客（インバウンド）の区分でも生じる可能性があります（小林、２０１８ｂ、１２７頁）。訪日外国人客は日本を訪問するかなり前からホテルを予約する傾向がありますが、それに比べれば国内客の予約は遅くなります。そのため予約の早い外国人から順番に客室を販売していくと、国内客が予約をしようと思ったときには客室がないということが生じえます。

これによりホテルは二つのリスクを抱えます。一つ目は、訪日外国人の予約はホテルにとってコントロールできないさまざまな環境変化に左右されやすいということです。例えば、海外の経済状況、為替変動、そして日本国内の災害などです。二つ目は、国内のリピーター喪失です。日本に来るのに大変な時間と費用がかかる訪日外国人と比べれば、国内客の方がリピーターとなる可能性は高くなります。また、会員制度を持っているホテルであれば、会員登録しているのはほとんどが国内客でしょう。しかしながら、国内のリピーター

（あるいは、これからリピーターになる可能性が高い国内客）が予約の早い外国人にはじき出されるようなことがあれば、その顧客は別のホテルに流れてしまうかもしれません。

これらを抑える方法としては、国内客の需要予測に基づいて訪日外国人の予約をコントロールすることがあります。例えば、第7章でも取り上げた帝国ホテルは、国内客と外国人客の宿泊比率が50％ずつになるようコントロールしています（柳澤他、２０１７、36頁）。国内客は会員が多数を占め、割引価格で宿泊します。そのため、外国人のほうが高い客室単価で利用してくれます。訪日外国人が増えている現在の業界環境(7)のもとでは、外国人の比率を50％以上に高めてホテル全体の平均客室単価を引き上げることが可能です。しかし、帝国ホテルではあえてそれをしていません。なぜなら、国内客はリピーターとして安定的に利用してくれる上に、婚礼やレストランなど宿泊以外の収益ももたらしてくれることを理解しているからです（定保、２０１５、９頁）。

帝国ホテル社長の定保英弥氏は、リピーターの存在について次のように述べています（定保、２０１６、55頁）。

「震災で海外からのお客様が激減し、８割台だった客室稼働率が3割台に落ち込みました。でもしばらくすると、徐々に客足が回復したんです。支えてくれたのは、日頃からお越しいただいているリピーターのお客様。普段の地道な努力がホテルを危機から救ってくれました。」

（3）顧客中心のRM

帝国ホテルのRM戦術は、短期的には RevPAR を引き下げる可能性があります。しかし、それは長期的にはリピーターを得ることを通して安定的な RevPAR を維持することを狙ったものです。ホテル業はいつ不況に陥るかわかりません。そのようなときでも、リピーターからもたらされる収益は持続可能性（revenue sustainability）が高いと考えられます（Glover & Ijiri, 2002）。この事例から言えるのは、RMを実施するときには短期と長期のバランスをいかに取るかについて明確な方針を持つことが必要だということです。

しかし、RMを採用している場合、一時的な需要の高まりに応じて非常に高額な価格設定をするということが起こりえます。これは短期的には RevPAR を高めますが、顧客から妥当（fair）な価格設定とみなされるかどうかは別問題です。長期的にはむしろ顧客離れを招く恐れさえあります。

Hayes and Miller（2011, 邦訳11頁）は、顧客中心のRM（customer-centric revenue management）という概念を提唱しています。これは、短期的な収益最大化よりも顧客の利益を優先するRMです。彼らは、顧客中心主義に立脚するならば、一時的に需要が高まったというだけの理由で単に値上げするのではなく、顧客に通常よりも質の高いサービスを提供することで高い価格を正当化すべきであると述べています（231頁）。

RMは、どうしても企業を短期的な RevPAR の最大化に導きがちです。そのため、高価格を質の高いサービスで補うという顧客中心の考えを持つには、RMが顧客にどのような影響を与えるかを理解しておく必要があります。次節では、このことをホテルチェーンA社の事例を通して説明します。

5 ホテルチェーンA社の事例

この事例は、国内でホテルチェーン企業を展開するA社において行われている社内プロジェクトに関わるものです。ここで紹介する事例は、２０１７年8月～２０１８年４月の９カ月間の情報に基づいています。

（1） A社の概要

A社は国内のリゾート地に20軒近くのホテルを運営しています。リゾートホテルを中心に運営しているため、最も多い利用形態は家族利用です。各ホテルの規模は平均で60室程度、調査実施期間におけるADRは３００００円程度です。ただし、同社の顧客はほとんどが食事付きのプランを選択するという理由から、社内の管理目的ではレストランの収益も含めてADRを計算しています。

A社ではRMを利用して価格設定を行っています。そのため、需要の大きい時期とそうでない時期では、最大で２・５倍ほどの価格差が生じています。しかし一方で、A社は非常に顧客志向の強い会社で、顧客との関係性を築き経営を安定化させることを重要課題として認識していました。そこで、同社では2017年8月から宿泊者向けのアンケート調査を傘下の全ホテルで行うことを決定しました。また、このアンケートの結果が、RevPAR の構成要素（ADRと稼働率）とどのように関連しているかを検証することとしました。

（2）顧客アンケート調査

アンケートに記載されている質問項目のうち、RMとの関連が調べられたのは知覚価値、顧客満足度、および顧客ロイヤルティの三つです（図8―3）。知覚価値は「価格とサービス内容のバランス」を、顧客満足度は「宿泊全般に対する評価」を7段階で尋ねました。また、顧客ロイヤルティは「また当ホテルを利用されたいと思いますか？」というリピート意向と、「当ホテルを知人にも紹介したいと思いますか？」という推奨意向の二つの質問項目をどちらも7段階で尋ねて、平均したものです。

なお、本稿では結果の説明は割愛しますが、アンケートにはこれらの他に、客室、夕食、朝食、大浴場、売店、スタッフのサービス、ホームページの印象などに関わる質問項目も含まれています。これらのスコアが改善すれば知覚価値、顧客満足、および顧客ロイヤルティの向上に結びつくという想定です。

アンケートは、質問紙を客室に設置し、チェックアウト時に宿泊者が記入したものをフロントで回収する形式で実施されています。2017年8月～2018年4月の9カ月間で得られた回答は20000件を超えました。回答は施設別に集計されフィードバックされてい

図8－3　A社における調査枠組み

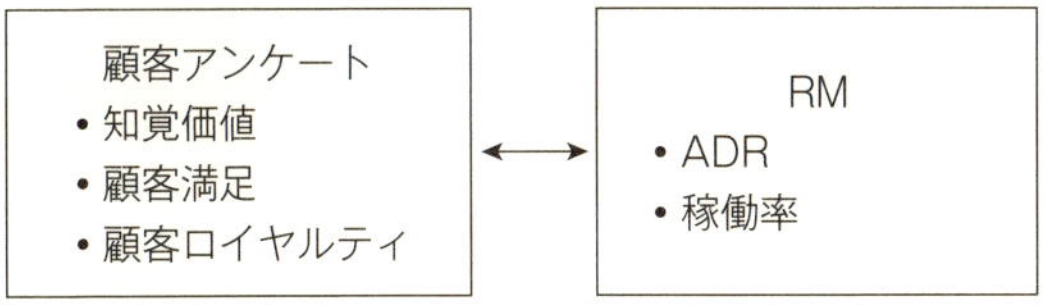

出所：筆者作成。

ます。また、全社的な傾向を確認するためのミーティングを定期的に開催しています。

調査開始以来、A社では成果指標である顧客満足、知覚価値、顧客ロイヤルティのスコアが継続的に改善し続けていることが確認されました。そのため、顧客への日々の取り組みが正しかったという認識を持てるようになりました。また、改善の要因の分析を行い、さらなる改善を図るためのポイントの絞り込みが試みられています。

(3) RMが顧客に与える影響

改善要因の詳細を検討することも興味深いところですが、本章の主題はRMです。以下では、知覚価値、顧客満足、および顧客ロイヤルティがADRおよび稼働率とどのように関わっているのかについて議論を進めていきます。

図8－4は、需要の強い順にシーズンをA、B、C、Dの四つに分けた上で、シーズン別のADRと知覚価値を示したものです。需要が最も強いシーズンAではADRが最大になりますが、知覚価値は最も低くなっています。逆に、需要の最も弱いシーズンDはADR

図８－４　ADRの知覚価値への影響

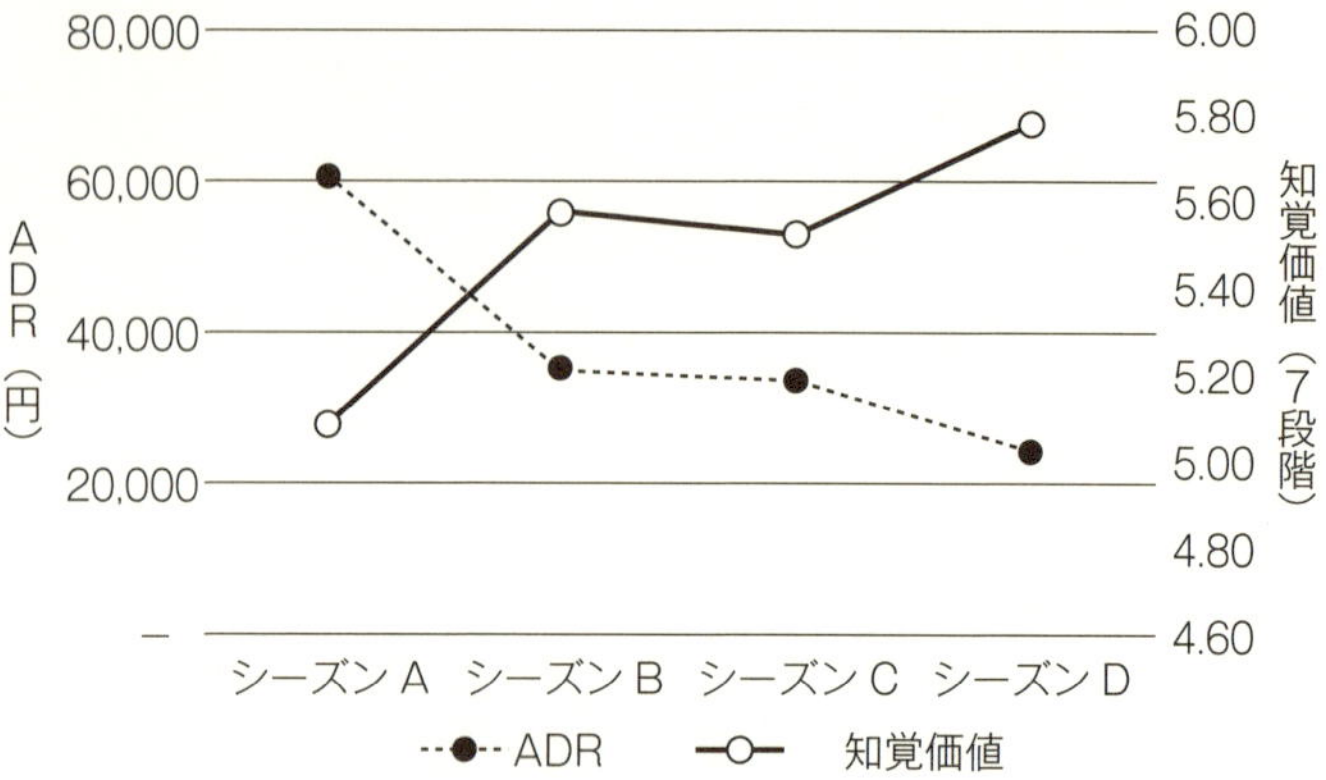

※シーズンは需要の強いものから順にA，B，C，Dに区分してある。
出所：A社提供データに基づき筆者作成。

は最低ですが、知覚価値は最も高くなっています。このことからADRは知覚価値にネガティブな影響を与えていることがわかります。とりわけ需要が非常に強いシーズンに価格を上げるのであれば、何らかの追加的なサービスを提供するなどして補わなければ知覚価値を維持することが難しいと言えそうです。

しかしながら、需要の強いときには人手が足りないため、追加的サービスを提供するのは容易ではありません。図８―５は稼働率が顧客満足に与える影響を示しています。顧客満足は稼働率が最低のときに最も高くなる一方で、稼働率が最高の時には顧客満足は最も低いスコアになっています。ここでは詳細な分析結果は示しませんが、A社の場合、繁閑格差の大きいホテルほどこの傾向が顕著になることが明らかになっ

図８－５　稼働率の顧客満足への影響

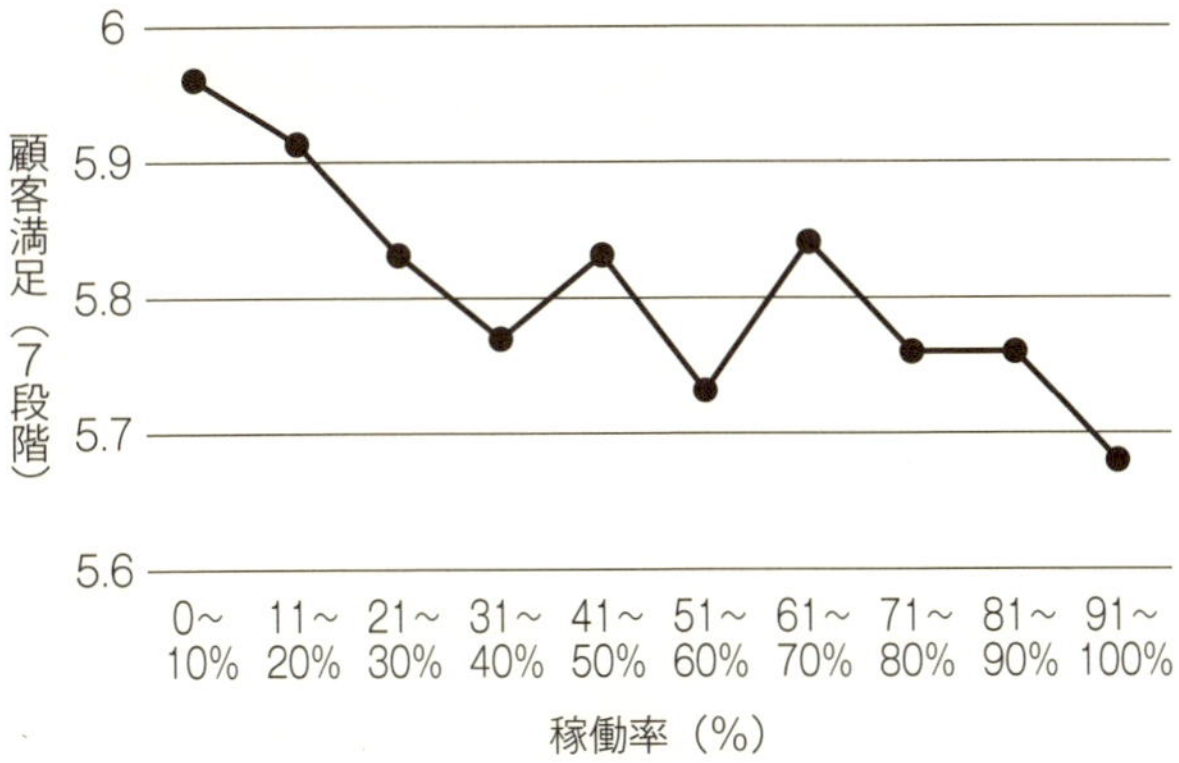

出所：A社提供データに基づき筆者作成。

ています。つまり、繁閑格差の大きい施設では人員の調整が難しいため、稼働率が高い時にはサービスの提供が追いつかなくなってしまうということです。A社では、人員調整の難しいホテルではあえて満室にせず、サービスの充実を図るべきではないかとの議論が行われています。

（4）顧客ロイヤルティの影響

稼働を犠牲にしてでも顧客満足を追求すると、最終的にRevPARはどのような影響を受けるでしょうか？　理論的には、顧客満足が高まれば顧客ロイヤルティも強くなり、それが最終的にはADRを高める可能性があります。なぜなら、高いロイヤルティを抱いている顧客はそのホテルが好きで利用している人たちであるため、そのホテルに対して高い価値を知覚しているからです（Reichheld & Sasser, 1990）。また、ロイヤル顧客はオンラインで好意的な口コ

図８－６　顧客ロイヤルティのADRへの影響

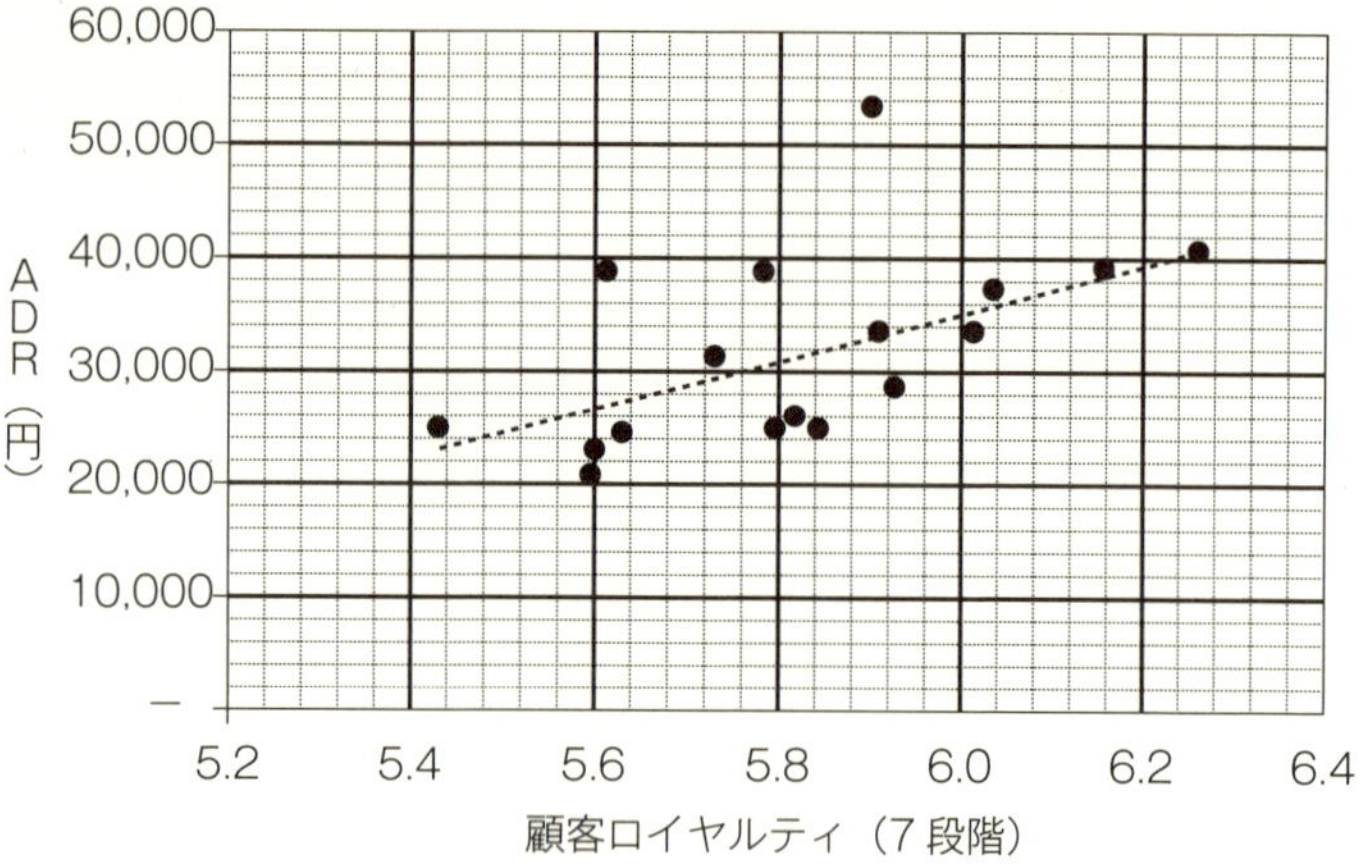

出所：A社提供データに基づき筆者作成。

ミ（eWOM: electric word of mouth）をしてくれると考えられますが、最近の研究ではオンラインの口コミがＡＤＲにプラスの効果をもたらすという結果が示されています（Anderson, 2012）。これは、口コミを見た人々がそのホテルへの期待を高めるためだと思われます。したがって、稼働を犠牲にした顧客満足の追求は、長期的にはＡＤＲへのプラス効果が働いてRevPARを維持する（あるいは向上させる）可能性があります。

このような想定のもと、Ａ社では顧客ロイヤルティとＡＤＲの関係を調べました。図８―６は、Ａ社傘下のホテルごとに顧客ロイヤルティとＡＤＲを計算し、プロットしたものです。想定どおり、顧客ロイヤルティの高いホテルほどＡＤＲも高い傾向があることがわかります。

図８－７　リピート意向とリピーター比率の関係

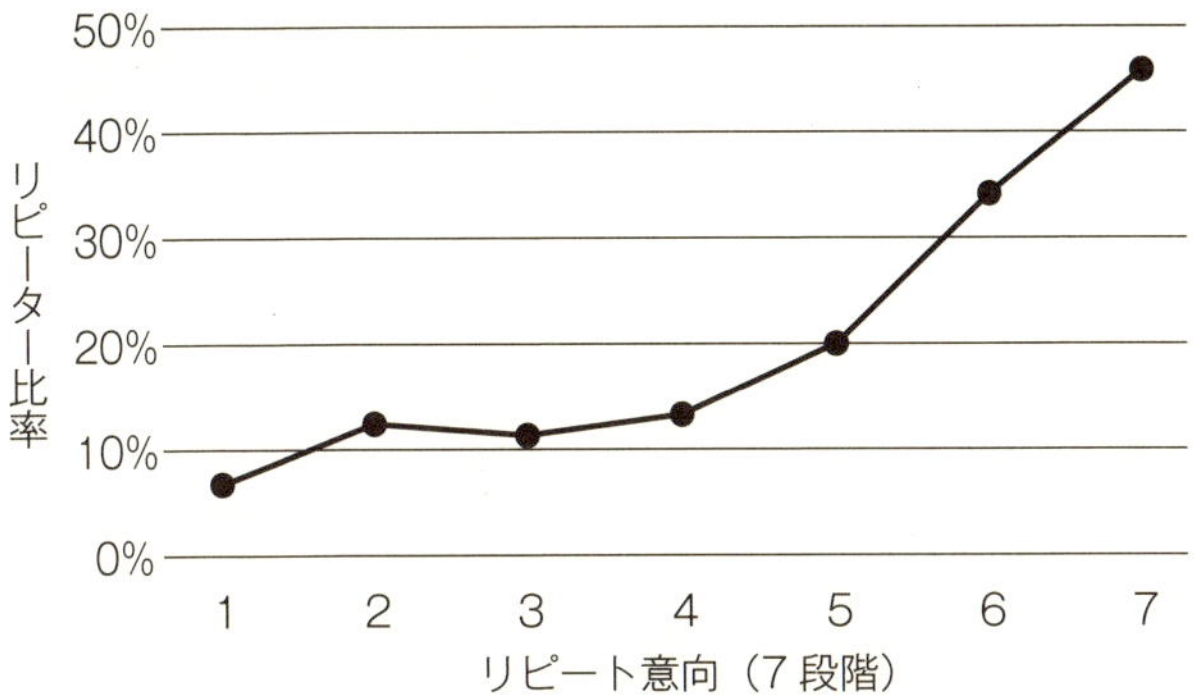

出所：A社提供データに基づき筆者作成。

また、A社のアンケート調査では、強いロイヤルティを持つ顧客はリピーターである確率が高いことも確認されています。先述のとおり、A社では顧客ロイヤルティはリピート意向と推奨意向の二つの質問項目を平均して測定しています。図８－７の横軸は、このうちリピート意向の得点を示しています。縦軸は同じホテルを複数回利用した実績がある人々、すなわち実際にリピーターである人の比率を示しています。リピート意向が1点と回答した人のリピーター比率は6％にしか過ぎませんが、7点と回答した人のリピーター比率は45％程度にも上ります。明らかに、リピート意向はリピーター比率に影響を与えています。このことから、顧客満足を得てリピート意向を高めれば、リピーターが獲得できるようになり、稼働を安定させてくれる効果が期待できます。

以上の分析結果をまとめるとこうなります。まず、目先の稼働率をある程度犠牲にしてでも顧客満足を追求すれば、それは顧客ロイヤルティを高めることを通してＡＤＲに反映され、結果としてRevPARは維持されるか、場合によっては向上するという可能性が見えてきます。また、顧客ロイヤルティ（特にリピート意向）はリピーターを生むので、たとえ不況期に陥ってもRevPARを下支えする効果、すなわち収益の持続可能性を高めることが期待されます。Ａ社の取り組みは、長期的にはさまざまなプラスの効果を生み出すポテンシャルがあると言えます。

6　むすびに代えて

本章では、ホテル業における価格設定の基本理論を概観しました。価格は営業利益への影響が最も強い要因であるために、経営陣が責任を持って細心の注意を払わなければいけません。価格設定の方法は、３Ｃモデルに基づいてコスト基準法、知覚価値基準法、および競争基準法の三つがあります。また、ホテル業で普及している価格設定法としてＲＭを取り上げました。ＲＭはさまざまな価格設定戦術を用いてRevPARを最大化することを狙いとしています。需要が強い時期に大幅な値上げをするようなＲＭでは、顧客から不当とみなされる危険があります。そこで顧客中心のＲＭという考え方を紹介しました。また、Ａ社の事例を通して、ＲＭが知覚価値、顧客満足、顧客ロイヤルティとどのように関わるのかを示しました。

本章で示した事例は一例にしか過ぎません。しかし，このような事例が実際に存在するということを念頭に置きながらホテル業の価格設定を考えてみると，新しい気づきがあるかもしれません。

【注】

（1）第7章で，営業利益は売上高から営業費用を差し引いたものと説明しました。また，営業費用は売上原価（主に材料費）と販売費及び一般管理費（主に人件費や減価償却費）に分類されるとも述べました。ですが，本章で述べているように，営業費用は変動費と固定費に区分することもできます。2種類の区分の関係性と費目の例を表8－4に示しておきます。第8章では変動費と固定費の区分を用いて営業利益を検討していますので，第7章をすでに読んだ読者は混同することのないよう注意してください。

（2）3Cモデルによる価格設定法の説明は，主にKotler, Bowen, and Makens（2010, pp.303-306）を参考にしています。

（3）コスト基準法に分類される価格設定法のうち，最も単純なものとしてコストプラス法があります。これはコストに一定のマークアップを加算して価格を決める方法で，レストランのメニューに対して適用されることがあります（Kotler, Bowen, & Makens, 2010, p.303）。例えば，1500円で仕入れたワインを3倍の4500円で販売するなどです。

（4）貢献利益は限界利益（marginal profits）と呼ばれることもあります。

（5）目標営業利益はホテルへの投資額に基づいて設定されます。例えば，100百

表8－4　営業費用の分類

	変動費	固定費
売上原価	材料費，商品仕入原価など	（ホテル業では基本的に該当なし）
販売費及び一般管理費	水道光熱費，パートタイム人件費など	正社員人件費，減価償却費など

出所：筆者作成。

万円を投資してホテルを開業したとします。毎年この投資額の10％に当たる営業利益がほしいとすれば、目標営業利益は10百万円（１００百万円×10％）と計算されます。

（6）すべてのホテルや旅館がこの手法を利用しているわけではありません。また、採用していたとしても、その運用の程度は企業によってまちまちです。激しく価格差をつける企業もあれば、緩やかな価格調整を行う程度に留める企業もあります。

（7）日本政府観光局（ＪＮＴＯ）は訪日外国人の推移を公表しています。最近の統計10年（２００８年～２０１７年）の推移をみると、２００８年から２０１２年の間は6～8百万人台でしたが、その後は年々増え続け２０１７年には約29百万人まで急増しています。日本政府は２０１６年3月30日に開催した「明日の日本を支える観光ビジョン構想会議」で、訪日外国人を２０２０年には40百万人、２０３０年には60百万人まで増やす目標を掲げることを決定しています。

参考文献

【文　献】

Anderson, C. (2012), The Impact of Social Media on Lodging Performance. *Cornell Hospitality Report, 12* (15), 6-12.

Datar, S. M., & Rajan, M. V. (2017), *Horngren's Cost Accounting: A Managerial Emphasis* (16th ed.).

Doyle, P. (2000), *Value-Based Marketing: Marketing Strategies for Corporate Growth and Shareholder Value.* Chichester, West Sussex: John Wiley & Sons, Ltd.（恩藏直人監訳、須永努・韓文熙・貴志奈央子訳（２００４）『価値ベースのマーケティング戦略論』東洋経済新報社）。

Glover, J. C., & Ijiri, Y. (2002), "Revenue Accounting" in the Age of E-Commerce: A Framework for Conceptual, Analytical, and Exchange Rate Considerations. *Journal of International Financial Management & Accounting,*

13（1）, 32-72.
Hayes, D. K., & Miller, A. A.（2011）, *Revenue Management for the Hospitality Industry*. Hoboken, New Jersey: John Wiley & Sons.（中谷秀樹訳（２０１６）『レベニュー・マネージメント概論』流通経済大学出版会）。
Kotler, P., Bowen, J. E., & Makens, J. C.（2010）, *Marketing for Hospitality and Tourism*（Fifth ed.）. Boston, New York: Pearson.
Kotler, P., & Kevin, K. L.（2016）, Marketing *Management*（15 ed.）. Essex: England: Peason.
Marn, M. V., & Rosiello, R. L.（1992）, Managing Price, Gaining Profit. Harvard Business Review, 70（5）, 84-94.（大洞達夫訳（２００１）「ポケット・プライス：真実の取引価格」『DIAMOND ハーバード・ビジネス・レビュー』第26巻第4号、１２２―１３５頁）。
Reichheld, F. F., & Sasser, W. E.（1990）, Zero Defections: Quality Comes to Services. *Harvard Business Review*, 68（5）, 105-111.
臼井英裕（２０１７）「特集 客室売上効率から見た日本のベスト３００ホテル」『週刊ホテル・レストラン』第52巻第42号、33―55頁。
上総康行（２０１４）『ケースブック 管理会計』新世社。
フィリップ・コトラー、ゲイリー・アームストロング、恩藏直人（２０１４）『コトラー、アームストロング、恩藏のマーケティング原理』丸善出版。
小林武嗣（２０１８a）「現場主導のレベニューマネジメントからの脱却 第1回 単価1％アップが与えるインパクト」『週刊ホテル・レストラン』第53巻第20号、１１８―１１９頁。
小林武嗣（２０１８b）「経営者のためのレベニューマネジメント第3回ＫＰＩマネジメントこそが企業の羅針盤」『週刊ホテル・レストラン』第53巻第24号、１２６―１２７頁。
定保英弥（２０１５）「１２５周年を迎え、原点に立ち返って人材育成の強化に注力 Made in JAPAN のホテルという矜持を持ち ２０２０年、そしてさらにその先を見据える」『週刊ホテル・レストラン』第50巻第48号、6

—11頁。
定保英弥（2016）「悩み込むな！次々迫る『ピンチの乗り切り方』」『日経ビジネスアソシエ』第304号、54—55頁。
柳澤里佳・大坪稚子・清水量介・田上貴大・大根田康介・森川幹人（2017）「特集 10、000人が選んだベストホテル＆エアライン」『週刊ダイヤモンド』第105巻第42号，28—91頁。

【ホームページ】

「国籍／目的別 訪日外客数（2004年～2017年）」日本政府観光局（JNTO）HP、https://www.jnto.go.jp/jpn/statistics/tourists_2017df.pdf、2018年10月27日アクセス。
「明日の日本を支える観光ビジョン—世界が訪れたくなる日本へ—」首相官邸HP、https://www.kantei.go.jp/jp/singi/kanko_vision/pdf/honbun.pdf、2018年10月27日アクセス。

さらなる学習へ

3Cモデルに基づく価格設定については、マーケティングのテキストが参考になります。やや古くなりますが日本語では以下の翻訳書があります。

Kotler, P., Bowen, J. E., & Makens, J. C. (2003). Marketing for Hospitality and Tourism (Third ed.). Boston, New York: Pearson.（白井義男・平林祥訳（2003）『コトラーのホスピタリティ＆ツーリズム・マーケティング』ピアソン・エデュケーション）。

RMのテキストは、以下のものがもっとも本格的です。

Hayes, D. K., & Miller, A. A. (2011). *Revenue Management for the Hospitality Industry*. Hoboken, New Jersey: John Wiley & Sons.（中谷秀樹訳（2016）『レベニュー・マネージメント概論』流通経済大学出版会）。

価格設定に対する販売客室数の反応や、顧客アンケート調査のスコアとＡＤＲや稼働率との関連性を分析するには、マーケティング・リサーチの知識が必要です。統計学の基礎が必要ですが、以下の書籍が参考になります。

照井伸彦・佐藤忠彦（２０１３）『現代マーケティング・リサーチ―市場を読み解くデータ分析』有斐閣。

演習問題

問１　三つの価格設定方法について説明してください。また、身近なホテル業でこの方法がどのように利用されているか例を挙げてください。

問２　RevPARとは何か、どのように分解されるかを説明してください。また、RevPARを大きくするためにどのような戦術があるか、事例を交えて説明してください。

問３　価格設定が知覚価値、顧客満足、顧客ロイヤルティとどのような関係があるのかを説明してください。

【謝　辞】

本研究はＪＳＰＳ科研費 JP17K13825、JP18K11872 の助成を受けたものです。また、本章の執筆にあたってデータ提供のご協力をいただいたＡ社に深くお礼申し上げます。

第9章　観光地の競争力を理解する

村山貴俊

1　はじめに(1)

第4章では、旅館やホテルなど個々の企業がどのように競争力を構築しているかを、経営戦略論の観点から検討しました。しかし、観光学の世界的権威であるRitchie教授とCrouch教授は、『競争力のある観光地――持続可能な観光という視点』（*The Competitiveness Destination: A Sustainable Tourism Perspective*）という著書のなかで次のように述べています。

「この本のタイトルが示すように、我々の研究が注目するのは、観光地それ自体（the tourism destination itself）です。観光学の様々な視点が観光学の著作の基礎になりますが、管理・運営という視点からみると、観光に関連する数多くの複雑な要素の根本的土台になるのは、やはり観光地です。他の研究は、非常に適切な手法でもって、観光の様々な側面、例えば観光の中での体験や人間行動に着目してきました。さらに、多くの研究は、環境保護や持続可能な観光という観点から観光業を分析してきました。かなり多くの研究が、成功を収めたホスピタリティー企業の経営に注目するなど、より『ミクロ』の分析視角を採用することを選びました。また、非常に多くの研究が、観光地のマーケティング活動に注目してきました。こうした観光に関する多様な視点は全て大変に貴重でありますが、仮に観光地それ自体に焦点を絞り込んで理解しようとすれば、観光地の成功を生み出す決定因となる観光地が保有・統合・管理すべき数多くの要素に関する統合的視点を提示できる、と我々は確信しています」(Ritchie and Crouch, 2003, p.X)

すなわち Ritchie 教授と Crouch 教授は、観光産業に関わる企業の経営活動や競争力を見るだけでなく、それら企業が活動する土台となる観光地それ自体を統合的に分析する視点が重要であると指摘します。そして彼らは、観光地全体の競争力を理解するために「観光地競争力」(Tourism Destination Competitiveness) という概念モデル(2)を提唱しました。もちろん、第4章で分析した企業の競争力と、これから本章で検討する観光地の競争力は、相互補完的な関係にあります。強い観光地が強い旅館・ホテル・飲食店・観光施設を育てるだけでなく、強い旅館・ホテル・飲食店・観光施設が強い観光地を生み出します。後ほど詳述するように、観光地競争力というモデルのなかにも、企業や産業の質や効率性を評価する要素が含まれています。ここでは、第4章の個別企業の競争力というミクロの視点に対して、より広い視野から観光地それ自体の競争力を評価する観光地競争力というモデルについて検討していきます。

2 観光地競争力について―what？

観光地競争力は2000年頃に欧米の観光学研究において提唱されましたが、2017年に至っても欧米の学術雑誌には依然としてこのモデルに関する実証研究や学説研究が掲載されており、非常に息の長い研究テーマになっています。この観光地競争力という見方の特徴は、一言でいえば、それまで価格競争力、品質管理、観光地イメージ、観光イベント、観光計画、観光経営システム、観光マーケティング、観光地のポジショニングなど観光地の一側面に焦点を絞って観光地の競争力や魅力を分析してきた先行研究に対して、より包括的かつ統合的な視野から観光地の競争力を理解しようとすることにあります（Crouch, 2011）。

ここでは、初期の代表的な研究、その後に行われた実証研究という順に、観光地競争力モデルの内容を検討していきます。

（1）初期の代表研究

Azzopardi and Nash（2017）は、観光地競争力の研究をレビューする論文のなかで、同分野の先駆的研究として、Ritchie and Crouch（2003）、Dwyer and Kim（2003）、Heath（2003）の三つを挙げています。ここでは、そのなかからRitchie and Crouch（2003）、Dwyer and

Kim（2003）の内容を紹介します。

① Crouch and Ritchie モデル

Crouch 教授と Ritchie 教授が、観光地競争力モデルを論文として公刊したのは1999年です。Crouch and Ritchie モデルは、その後2003年に公刊された著作のなかで完成を見たと考えられています（Azzopardi and Nash, 2017）。1999年の論文では、観光地競争力がなぜ必要なのか、その目的は何か、という部分に関して詳しく論じられます。そのうえで、2003年の著作では観光地競争力を構成する要素がより包括的に捉えられます。具体的には構成要素の数が、1999年＝19から2003年＝36へと大幅に増えています。ここでは、まず Ritchie and Crouch（2003）の観光地競争力の36の構成要素を説明します。1999年の論文で取り上げられた、観光地の競争力がなぜ必要なのか、その目的は何か、という点については、本章の最終節で改めて触れられます。

Ritchie 教授と Crouch 教授によれば、この観光地競争力モデルは、「帰納的」（inductively）かつ「そのために設けられた特別な場」（ad hoc）での情報や経験の蓄積と、その分析を通じて構築されました。両教授は、「1992年に、経験の蓄積と、それら経験を観光地競争力という大きな課題へと体系的に結びつけるための取組を開始」（Ritchie and Crouch, 2003, p.61）したといいます。それ以降、1992年にカナダのカルガリー大学観光地経営エグゼクティブプログラム（Executive Program in Destination Management: EPDM）における観光地競争力に関する参加者との討議、１９９３年の Association Internationale d'Experts Scientifique de Tourism 第43回大会向けの基調論文の共同執筆と大会参加者からの観光地競争力に関する意見の収集、北米の観光地経営組織（Destination Management Organization）の経営陣とのテレビ会議による観光地競争力への聞き取り、ＥＰＤＭでの観光地競争力に関するさらなる意見収集、１９９４〜２０００年に開催された会議への論文の提出とフィードバック、学部・大学院・社会人教育のなかでの同モデルの活用など、さまざまな場と機会を利用して観光地競争力のモデル構築を目指して実務家や研究者と意見交換が進められました。上述の観光地経営組織の経営陣への聞き取りでは、「●あなたの見解として、主要な観光地の成功や競争力の決め手となる要因は何ですか？　それら要因を順位付けできますか？　どのようにそれをしますか？　●成功や競争力を評価するために、あなたは、どのような基準を使っていますか？　●成功や競争力の要因は、国際市場と国内市場で異なりますか？　●あなたの観光地の競争上の最大の強みは何だと思いますか？　●国際市場および・あるいは国内市場で強い競争力を有するとあなたが考える観光地を特定できますか？　なぜ、それらは特に強い競争力を有するのでしょうか？　●観光地の『コスト』に影響を与える主たる要因は何だと思いますか？　生産性は、観光地の観光向けサービスのコスト、さらには観光地の競争力に対してどの程度重大な影響を与えますか？　●観光地の成功に責任を負う人々は、どのように競争上のポジションを改善できますか？　短期的には？　長期的には？」（*Ibid*., p.62）という質問が投げかけられました。

図9－1　観光地競争力の概念モデル

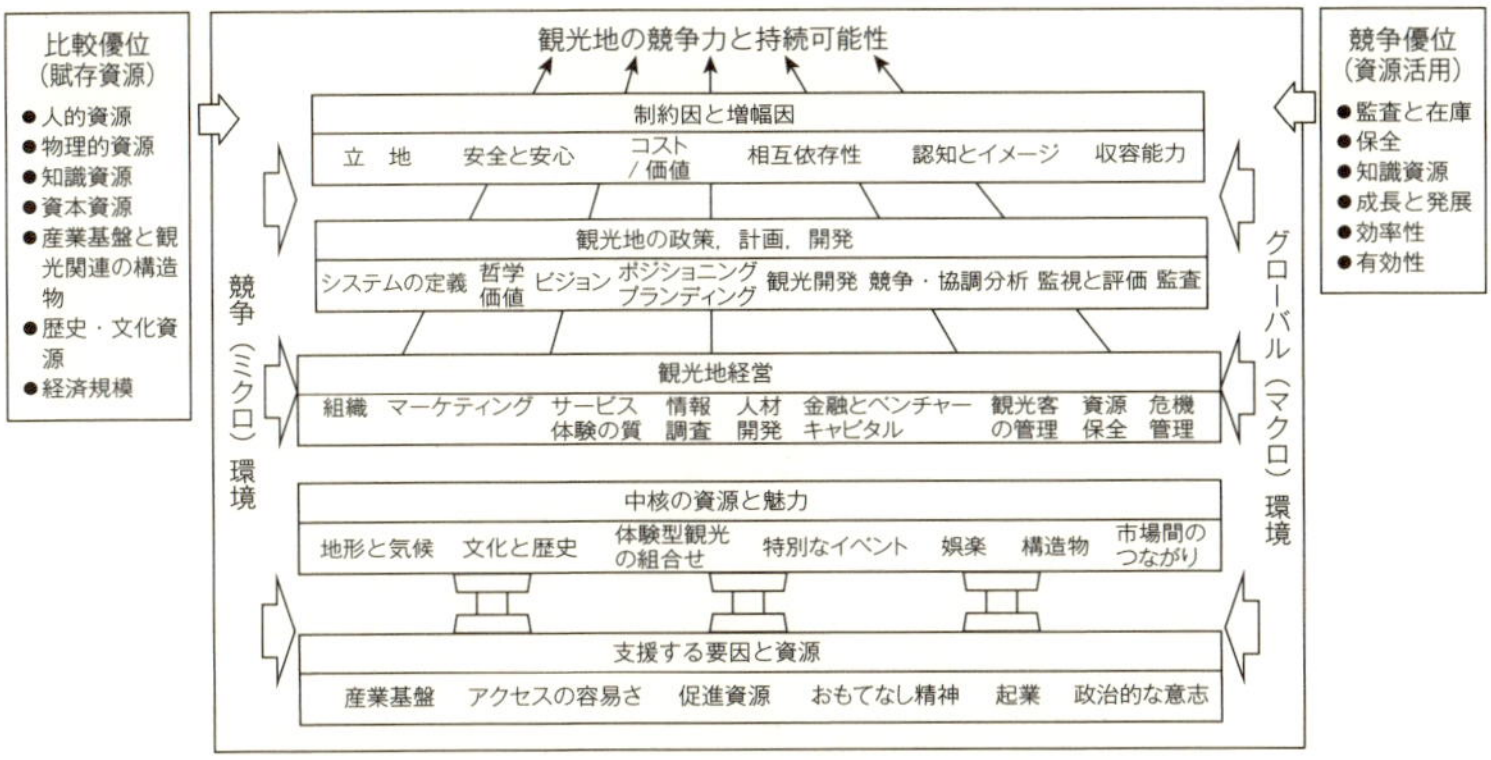

出所：Ritchie and Crouch（2003）, p.63 より筆者が邦訳のうえ引用。

それら長期にわたる地道なデータ、情報、経験の蓄積と分析のうえに提示されたのが、図9―1のモデルです。すでに述べたようにその原型は1999年の論文のなかで提示されましたが、ここではその改良版である2003年の著書の図から引用しています。2003年の著作では、「グローバル（マクロ）環境」（global (macro) environment）と「競争（ミクロ）環境」（competitive (micro) environment）という二つの環境要因と、「中核の資源と魅力」（core resources and attractors）、「支援する要因と資源」（supporting factors and resources）、「観光地の政策・計画・開発」（destination policy, planning and development）、「観光地経営」（destination management）、「制約因と増幅因」（qualifying and amplifying determinants）という五つの内部要因が詳しく説明されており、ここではそれらの内容を紹介します。

実は1999年の論文では、二つの環境要因ではなく、図9—1の両脇に示されている「比較優位」(comparative advantage)と「競争優位」(competitive advantage)について詳しく述べられていました。しかし、2003年の著作(Ritchie and Crouch, 2003)、そして2010年の論文(Ritchie and Crouch, 2010)では二つの環境要因の説明へと変更されています。ゆえに同モデルの最終形として、二つの環境要因と五つの内部要因が、観光地競争力の重要な決定因と捉えられているといえます。

ちなみに、1999年の論文で取り上げられた「比較優位」とは、観光地に「賦存」(endowment)する(自然に与えられたという意味合い)、あるいは観光地で「創造」(created)された資源と理解されています。それらは「観光地が利用できる資源」であり、例えば「人的資源、物理的資源、知識資源、資本資源、産業基盤」(Crouch and Ritchie, 1999, p.142)などを意味します。一方、「競争優位」は、「それら資源を長期的に有効に利用する観光地の能力に関連」(*Ibid*, p.143)していると捉えられます。ちなみに、それら比較・競争優位と環境2要因や内部5要因との関係について、Crouch 教授らが明確に説明していないため、二つの優位をモデルのなかでどのように位置づけ、どのように取り扱ったらよいかがわかりません。しかし、図9—1では二つの優位が大きな四角の枠の外側に置かれていることから、観光地の環境要因と内部要因を形成する前提条件や土台(すなわち Porter (1990)がいうプラットフォーム)、あるいは当該観光地を含むより広い地理的範囲や国が保有する資源や能力と捉えるのが良いのかもしれません。あるいは、それら観光地への投入物

（インプット）となる二つの優位を五つの内部要因に則して整理することが、観光地競争力というモデルの特徴といえるのかもしれません。

以下、二つの環境要因と五つの内部要因の具体的な内容に目を向けます。

■グローバル（マクロ）環境

観光システムはオープンシステムであり、よって外部環境の影響を受けます。とりわけ近時に至り、世界のある地域で起こった出来事が他の地域に影響を及ぼすグローバル化という現象が進んでいることから、外部環境はグローバルに捉えた方が良いと考えられます。グローバル環境は、「経済」「技術」「生態系」「政治・法律」「社会文化問題」「人口動態」という六つに分けて捉えられます。

例えば「経済」は、経済的な豊かさが旅行者数の増加を生み出すために観光地に大きな影響を及ぼします。「技術」については、移動技術の進展が移動の時間とコストの低下を生み出すと共に、情報通信技術の進展がホテルや移動手段の予約など観光業の有り様を変容させます。「生態系」では、例えば地球温暖化が海岸リゾートやスキーリゾートに深刻な影響を与えると予測される一方、観光を通じて景色や野生動物の保護に経済的価値が付与されることで生態系が保護されるという良い効果もあります。

「政治・法律」については、市場経済や自由貿易に向けた政治的動向が観光を促進したり、ならず者国家との通商を禁止する法律なども観光に大きな影響を及ぼしたりします。観光に影響を及ぼす「社会文化」の動きとしては、「自然回帰運動」「文化帝国主義への対抗」「先住民文化の価値への気づき」「多様な文化がグローバル社会にもたらす豊かな質への敬い」「通信がもたらす第3諸国の人々へのデモンストレーション効果」などが注目されます。最後の「人口動態」の影響を正しく読み取ることは、すべてのビジネスの成功要件であり、もちろん観光業も例外ではありません。

こうした環境の動きは当然、観光地の競争力に影響を及ぼすことになります。

■競争（ミクロ）環境

競争環境とは、観光地が競争を生き残るために適応を強いられる直接的な環境であり、具体的には「供給業者」「仲介・促進業者」「顧客」「競争相手」「内部環境」「公的組織」などからなる「観光システム」（tourism system）（*Ibid*, p.66）として形成されます。

「供給業者」とは観光客に体験を提供する主体であり、宿泊業者、実際のサービス提供者、飲食業者、ガソリンスタンドやガス会社、お土産屋、テーマパーク、交通機関などが含まれます。「仲介者」は供給業者と旅行者とをつなぐ役割を担う、ツアーパッケージの企画・販売業者、旅行代理店、社内旅行やコンベンションなどの専門業者であり、「促進者」は観光システム内での情報、資金、知識、サービス、人材の効率的な流れを作り出す機能を担い、具体的には金融機関、広告代理店、市場調査会社、情報技術系企業などとなります。「顧客」は、さまざまなニーズや欲求を持った旅行者や訪問者です。

「競争相手」は、同じような製品を同じような顧客に提供する他の観光地、組織、企業などです。もちろん、それらは競争相手である一方、協力者や補完的パートナーになることもあります。「内部環境」とは、競争環境となる観光システムそれ自体が実効力を有する組織となる必要があり、その組織を成立させる統治構造や目標共有などを指します。こうした統治構造や目標など内部的な事情を環境と捉えることに違和感を覚えるかもしれませんが、経営組織論や経営戦略論でも企業内部の技術などを（内部）環境とみることがあります。「公的組織」とは、メディア、政府部門、地域住民、金融機関、市民運動グループ、労働者グループなどを指し、こうした関係主体は観光地の目標達成の促進・阻害要因となるため、観光地はこれらの組織と良好な関係を維持する必要があります。

■中核の資源と魅力（7要素）

観光地をアピールする最も重要な要因であり、「見込み観光客が観光地を選択する根本的な理由」（Ritchie and Crouch, 2003, p.68）になるのが中核の資源と魅力です。中核の資源と魅力は、「自然地形と気候」「文化と歴史」「市場間のつながり」「体験型観光の組合せ」「特別なイベント」「娯楽」「観光関連の構造物」の七つの要素で構成されます。

「自然地形と気候」は非常に重要な要素で、競争力の他の要素にも大きな影響を与えます。地形や気候は人間がコントロールできないものですが、それらは観光客が観光地を訪問し楽しむ際の環境面の基礎となり、観光地の美観や視覚上の魅力さらに他の競争力要因を生み出す土台にもなります。「文化と歴史」は、地形や気候と同じく観光客を呼び込む基本的な魅力です。地形や気候に比べると可変性があると思われるかもしれませんが、それらは観光と関係なくその地に存在するものであり、観光振興のために土着の文化や歴史を侵すことは許されません。「市場間のつながり」とは、観光客の出発地と到着地のつながりを意味します。このつながりをコントロールすることは難しいですが、上述の二つの要因よりは可変性があります。具体的には、ある地域とある観光地とが、移民を介した人種や民族の紐帯で結び付くことなどを意味します。その他にも、宗教、スポーツ、貿易や文化などで結び付くことがありますが、こうしたつながりは一定規模の観光客の訪問を生み出すので、観光地競争力の重要な構成要素になります。

「体験型観光の組合せ」は、観光地の重要なアピールになると共に、観光地の経営者・管理者たちがコントロールできる要素です。近時、受け身の観光ではなく、体験や経験に重きをおく観光客が増えており、体験型観光はますます重要な要素になっています。また体験や経験の種類は、それぞれの観光地の自然や文化の強みを活かす、あるいはそうしたイメージを強化する内容が良いとされます。「特別なイベント」とは、体験型観光の一つの形態ともいえますが、地元の小さなお祭りからオリンピックやスポーツの世界大会に至るまで幅があります。小さなお祭りであれば地元住民や近隣からの観光客、オリンピックなどのメガイベントでは世界中から観光客を引き寄せます。「娯楽」とは、例えばラスベガスのカジノやニューヨークやロンドンのライブショーなど観光地の魅力を作り出す重要な要素であり、それら娯楽産業は観光産業への最大の供給業者の一つにもなります。最後の要素は「観光関連の構造物」であり、例えば宿泊施設、飲食サービス、交通機関、主要観光施設などを意味します。食べたり、寝たりするためだけに観光地を選ばないという理由から、中核でなく、むしろ後述する支援要因に分類した方が良いと主張する研究者もいるといいますが、Ritchie教授とCrouch教授は、食と宿泊は観光地を訴求する中核的な資源になると捉えます。

■支援する要因と資源（6要素）

支援要因や支援資源は「成功する観光産業が創出される基盤」と位置づけられます。Ritchie教授とCrouch教授は「観光地がいくら豊かな中核の資源や魅力を持っていたとしても、これらを支援する要因と資源を欠くと観光産業の発展は非常に難しい」(*Ibid*, p.70)といいます。この要因と資源は、「産業基盤」「促進資源と促進サービス」「起業と起業家精神」「アクセスの容易さ」「おもてなし精神」「政治的な意志」の6要素からなります。

「産業基盤」の代表例は、高速道路、鉄道、空港、バスなどの移動サービスであり、これら移動サービスの信頼性は観光地の魅力になります。また、衛生、通信、公共機関、法律、飲料水の信頼性も大切な要素です。「促進資源と促進サービス」は、地域人材、知識や資本、教育・研究機関、金融サービス、公共サービスの質や利用可能性です。なかでも、能力と倫理性を有する人材の存在は重要だといいます。「起業と起業家精神」は、新たな企業を生み出し、例えば競争、協調、差別化、革新、促進、投資拡大、富の分配と平等性、リスクテイク、生産性、ギャップ克服、製品多角化、季節性の克服などを可能にし、観光地競争力の向上に貢献します。
「アクセスの容易さ」とは、単なる物理的な位置だけでなく、航空産業の規制緩和、入国ビザの許可、ルート間の連結、空港のハブ化や発着枠、空港の能力や利用時間、空港会社の競争など複合的要因によって決まります。観光客は観光地で温かく受け入れられることを望んでおり、観光客に観光地が歓迎していると思わせる「おもてなし精神」が不可欠になります。最後は「政治的な意志」であり、Ritchie 教授と Crouch 教授が対話した各観光地の経営者たちが、観光地を開発する努力は、政治的な意志の存在により促進され、逆にその欠如により沈滞すると語っていたといいます。

■観光地の政策、計画、開発（8要素）

観光地の開発や計画では、「戦略的あるいは政策主導の枠組み」（strategic or policy-driven framework）（*Ibid*, p.71）が重要になります。この要因は、「システムの定義」「哲学」「ビジョン」「監査」「競争・協調分析」「ポジショニング」「観光開発」「監視と評価」の8要素からなります。

「システムの定義」は、「戦略的な枠組みを策定するには、まず枠組みに関わる活動主体を決定し同意する必要があります。厳密にいえば、その枠組みのもとで統治しようとするものは何か」という点に目を向ける必要があります。すなわち「どのようなステークホルダーが計画や開発の過程に関わるのか…（中略）…やるべきことのコンセンサスを得る前に、まずは誰のために戦略を作るのかという点に同意する必要がある」（*Ibid.*, p.71）と説明されます。要するに戦略や政策の立案と実行に誰が参加するかで、観光地競争力に影響が及ぶと理解されているわけです。「哲学」とは、観光開発を通じて観光地共同体が目指す経済的・社会的・政治的な目的を明らかにすることを意味します。哲学が環境に適合していること、ステークホルダー間で哲学を創発的に作り上げることが重要になります。「ビジョン」とは、その哲学が観光地にとってどのような意味があるのかを、論理的かつわかりやすく説明するものです。同じような哲学を掲げていても、異なる環境下では異なるビジョンが創出されることがあります。「監査」とは、観光地の特性や強みと弱み、そして過去と現在の戦略を分析することを意味します。観光地の開発計画を実現可能な内容にするために、こうした分析は不可欠です。データに基づく分析を行わないと、観光開発政策は非常に曖昧な内容になってしまうといいます。

「競争・協調分析」は、他の観光地や国際的な観光システムとの関係や比較のもとで当該観光地を評価することを意味します。競争は相対的概念で、もって他の観光地の競争力や成果との比較によって自らの観光地の競争力を把握することが重要です。それとよく似た概念として「ポジショニング」があり、それは物理的な位置ではなく、人々の認知上の位置づけを意味し、さまざまな層の顧客が観光地をどのように知覚しているかを知り、どのように独自性を打ち出すかを考える必要があります。「観光開発」とは、競争力や持続可能性という目的を達成するために観光地全体を統合システムとして機能させるための政策であり、「観光地の競争力に影響する、需要・供給どちらの側にも関わる重要な問題のすべてに目を向ける必要がある」(*Ibid*, p.72)といいます。「監視と評価」については、「政策の形成、計画、展開という過程の中に、政策がうまく機能しているか、実行時の改善が必要か、環境変化によって政策が無関連かつ無効になっていないか、を精査する作業が組み込まれ続けなければならない」(*Ibid*, p.72)と説明されます。こうした監視と評価の有無やその内容によって観光地競争力に影響が及ぶことになります。

■観光地経営(9要素)

観光地経営という要因は、「政策や計画の枠組みを実行するための活動に着目するものであり、中核の資源や魅力への関心を増し、支援する要因や資源の質と効力を強化し、制約因や増幅因が阻害したり促進したりする制約や機会に対して最善の策を講じる」(*Ibid*, p.73)ことができるようにするものです。この要因は、「マーケティング」「サービス体験」「情報・調査」「組織」「金融とベンチャーキャピタル」「人材開発」「観光客の管理」「危機管理」「資源保全への責任」の九つの要素からなります。

観光地経営の最も伝統的な活動の一つが「マーケティング」であり、実務では観光地の単なる宣伝や売り込みに目が向けられますが、「顧客ニーズの変化に合わせた製品の開発・組合せ・革新、適切な価格づけ、観光地と潜在顧客を結び付ける効果的なチャネルの開発、観光地に関心を持つ市場ターゲットの戦略的選択」などを含める必要があります。加えて、売り込むだけでなく、観光地の持続可能性への配慮も必要とされます。「サービス体験」に関しては、観光客は観光地のなかで五感で感じる体験を購入しているため、観光客満足を生み出すために「体験の質へのトータル・アプローチ」(total quality-of-experience approach)が必要になります。「情報・調査」は、管理者が観光客ニーズを理解するため、また管理者が効果的な製品を開発するための情報を提供できる情報システムの構築とその効果的活用の必要性を意味します。

「組織」とは、Destination Management Organization（観光地経営組織）の「M」がMarketingではなくManagementであること、すなわち観光地全体の管理の重要性を指します。すなわち、「観光地の組織構造の中により広い視野を持ち込むことが、持続的優位への真の源泉の1つになる」といいます。それは同時に、観光地の管理者が「観光地の全ての面が健全であることに責任を負っている」(*Ibid*, pp.73-74)ことを意味しています。「金融とベンチャーキャピタル」は、「通常は金融機関や金融市場が多くの民間部門による観光開発に融資を行っているが、公的部門の支援や計画が、民間部門による観光開発向けの金融やベンチャーキャピタルの利用を促進できる」(*Ibid*, p.74)と説明されます。例えば「政府やDMOが、観光開発向けの民間投資を刺激するために、投資家に対して育成ファンド、補助金、債務保証、減価償却の優遇策、キャピタルゲイン免税、優遇税制などの誘因を用意できる」といいます。「人材開発」は、観光地振興における最も重要な役割の一つであり、「観光や宿泊産業に特有のニーズに合わせて設計された教育・訓練プログラム」(*Ibid*, p.74)などが観光地競争力の創出に結び付きます。

「観光客の管理」は、あまりに多くの観光客が観光地を訪問するようになると、観光客が観光地に与える影響をうまく調整するための方針やシステムが必要になることを意味します。「危機管理」とは、例えばテロ、感染症、自然災害、政治・社会問題、労働組合のストライキなどから発生する危機に観光地がうまく対応する必要性を指します。これは、「危機が発生した際の直接的な影響だけに止まらず、その結果による観光地のイメージ悪化への対応も含まれます」(*Ibid*, p.74)。「資源保全への責任」は、「これは新しい要素であるが、極めて重要なもの」であり、「観光が引き起こす負の影響に対して脆弱な資源を効果的に維持したり、注意深く育成したり」する必要があります。すなわち観光地の管理者たちは「観光地を作り上げている資源の保全に細心の注意を払う姿勢」(*Ibid*, p.75)を持たなくてはなりません。

■制約因と増幅因(6要素)

これら制約因や増幅因は、「他の3つの要因のグループ〔すなわち「中核の資源と魅力」「観光地の政策、計画、開発」「観光地経営」〕の影響へのフィルターのような役割を果たし、観光地競争力を下げたり、上げたりする」(*Ibid*, p.75)(引用文中〔〕は筆者の加筆。以下、同様)ことになります。この要因は、「立地」「相互依存性」「安全と安心」「観光地の認知とイメージ」「コストと価値」「収容能力」という六つの要素からなります。

「立地」とは、世界の主要市場から遠く離れた観光地は明らかに不利になり、逆にそこに近い観光地は有利になることを意味します。立地条件は短期間で変化しませんが、経済発展などによって観光客を送り出す主要市場の位置が変化するため、立地条件が変化することがあります。例えば、アジア諸国の経済発展により観光を楽しめる消費者層が拡大したことで、アジア圏の観光市場が拡大しつつあります。「相互依存性」は、観光地同士の関係性が観光地競争力に影響を及ぼすことを意味します。例えば、長距離旅行の中継地と位置づけられることで観光地に好影響が及ぶ一方、近隣地域でのテロや紛争の勃発により観光地に悪影響が及ぶことがあります。「安全と安心」については、「旅行者の目的地選択にこれほど大きく、はっきりとした影響を及ぼす要素は、安全と安心以外にない」(*Ibid*, p.76) と説明されます。

「観光地の認知とイメージ」が、観光地の競争力を制約したり増幅したりします。観光地の認知度は、潜在的な観光客が、その観光地を訪問先候補のリストに入れて訪れてみようと思うか、という点に影響を与えます。また観光地イメージは、「マイナスイメージは観光地の改善への制約要因になり、プラスイメージは犯罪や高い生活コストといった負の影響を緩和できる」といいます。すなわち「認知やイメージは、観光地の特性やその他の要素をうまく感知するための眼鏡のレンズ」(*Ibid*, p.76) のように機能します。「コストと価値」については、特に金銭的コストとしては「(i) 観光地までの、あるいは観光地からの移動コスト、

(ii)為替レート(国際観光の場合)、(iii)観光中の物品やサービスの各地のコスト」があり、それらコストは、国際貿易収支、相対的な利子率やインフレ率、税率などのグローバルなマクロ環境、さらに競争、生産性、資材コスト、労働賃率、労働協約などのミクロの競争環境から影響を受けます。「収容能力」については、「観光需要量が、持続可能性の限界に近づいたり、超過したりすることで、観光地の成長や競争力構築への足枷になるだろう」といいます。それらは「観光地の状況や外観上の魅力を破壊する」(*Ibid*, p.76)ことにもなり、一例として同じ時期に大量の観光客が押し寄せるベニスなどは、この問題に頭を悩ませているといいます。

以上がCrouch and Ritchieモデルであり、非常に多くの要素から構成されていることがわかります。そして、観光地というのは複合システムであり、複数の要因や要素に目を向けて競争力を捉える必要があることが理解できます。

② Dwyer and Kimモデル

観光地競争力に関するもう一つの代表的研究Dwyer and Kimモデルの内容も紹介します。Dwyer教授とKim教授が「同モデルは、広範な文献の中で提唱された国や企業の競争力に関する主たる要素、そして何人かの観光学の研究者――特にRitchieとCrouchにより提唱された観光地競争力の主たる要素を一つにまとめたものである。ここで提示される統合

図９－２　観光地競争力の主要素

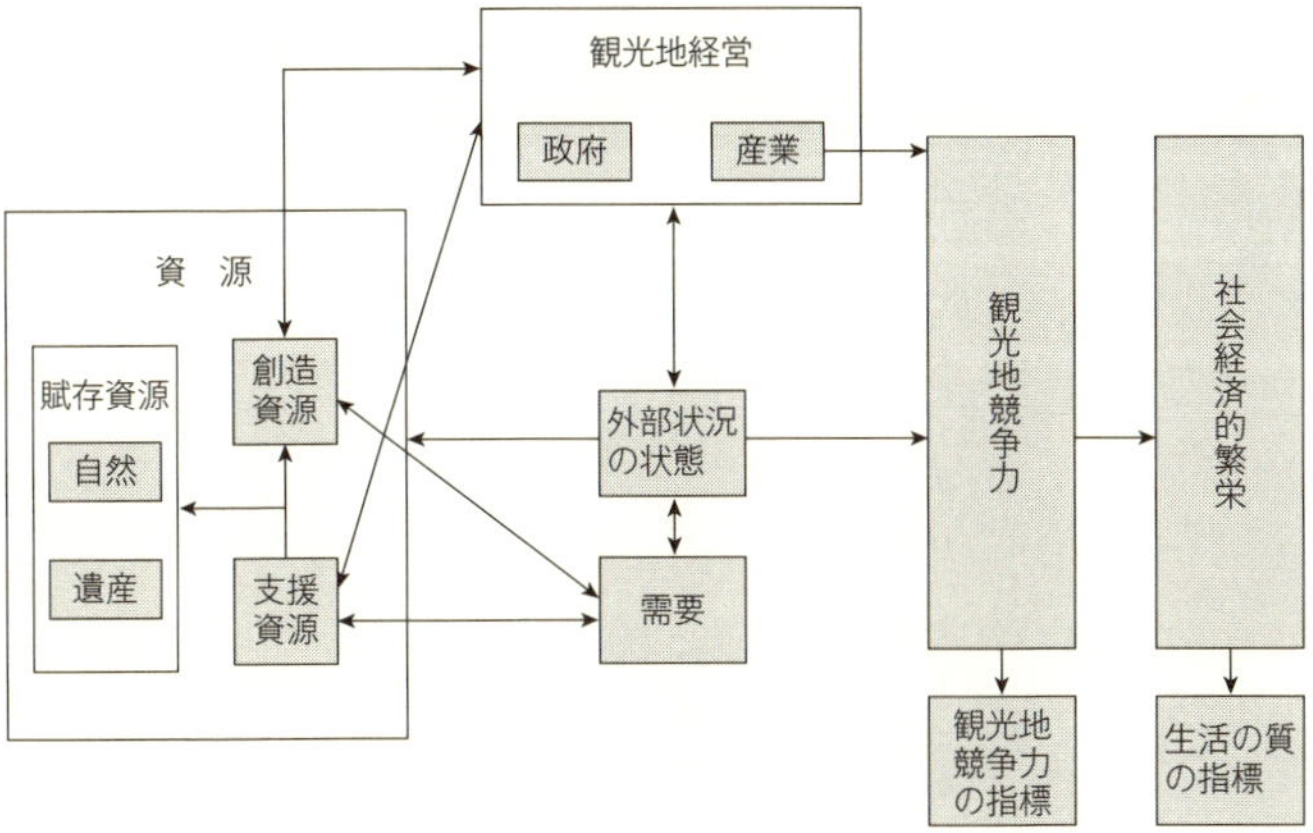

出所：Dwyer and Kim（2003), p.378 より引用。

モデルは、Crouch and Ritchie（1995, 1999）および Ritchie and Crouch（1993, 2000）が彼らの観光地競争力の分析枠組みの中で示した変数や分類項目を多数含んでいる」（Dwyer and Kim, 2003, p.377）というように、先に見た Crouch and Ritchie モデルが同モデルの基礎になります。しかし、Dwyer 教授と Kim 教授は、「需要状況（demand conditions）が観光地競争力の重要な決定因」であるとする点、さらに「観光地競争力は政策立案の最終到達点ではなく、地域や国の経済的繁栄という目標に向けての中間目的であると明示的に意識」されているという点で、「Crouch and Ritchie モデルとは異なる」（*Ibid*, p.377）と主張しています。

とはいえ、多くの要因や要素は Crouch and Ritchie モデルと同じであり、２００３年の Ritchie Crouch（2003）の改良モデルでは需要条件に関する要素もモデルに取り込まれています。このことから、Crouch and Ritchie モデルの要因や要素をよりわかりやすく整理したのが Dwyer and Kim モデルと考えられます。以下、図9―2の Dwyer and Kim モデルを簡単に説明していきます。

■資　源

まず図9―2の「資源」(resources)という大分類は、「賦存(継承)資源」(endowed (inherited) resources)と「創造資源」(created resources)、「支援資源」(supporting resources)の三つからなります。さらに賦存資源は、山、湖、砂浜、川、気候などの「自然」(natural)と、食、手工芸品、言葉、伝統、信念などの「遺産もしくは文化」(heritage or culture)とに分類されます。創造資源は、観光インフラ、イベント、観光体験の幅、娯楽、ショッピング施設などが含まれます。また支援資源は、一般的なインフラ、サービスの質、観光地へのアクセス、市場間のつながりなどが含まれます。すなわち、Crouch and Ritchie モデルの「比較優位」「中核の資源と魅力」「支援する要因と資源」という要因のなかから特に資源に関わる要素を抽出し、「資源」という括りで再整理したものといえるかもしれません。

■外部状況の状態

「外部状況の状態」(situational conditions)とは、「観光地の中で操業する企業やその他の組織に影響を与えたり、それら組織の活動にとって脅威や機会となりうる経済的、政治的、法的、政府関連、規制関連、技術的、競争上のトレンドや出来事」であり、要するに観光地の競争力に影響を与える「外部環境」（external environment）を意味します。Dwyer and Kim は、それら外部環境を、民間や公的な組織が活動する産業構造を意味する「操業環境」（operating environment）と、組織管理者の戦略的判断の制約となる観光地外部からの圧力を意味する「遠隔環境」（remote environment）とに分類します。また、Dwyer and Kim によれば、これら「外部状況の状態」は、Crouch and Ritchie モデルのなかの「制約因および増幅因に一致する」（*Ibid*, p.379）ともいいます。ただし筆者は、むしろ Crouch and Ritchie モデルの「グローバル（マクロ）環境」（global（macro）environment）と「競争（ミクロ）環境」（competitive（micro）environment）に一致するのではないかと考えます。

■観光地経営

「観光地経営」（destination management）とは、観光地経営組織の活動、観光地のマーケティング経営、観光地政策・計画・振興、人材開発、環境マネジメントが含まれ、Crouch and Ritchie モデルの「観光地経営」の内容にほぼ一致します。Crouch and Ritchie モデルとの違いは、Dwyer and Kim モデルが、「公的セクターによって実施される観光地経営と、民間セクターによって実施される観光地経営とを区別している」ことにあります。例えば、公的セクターによる観光地経営には、「国による観光戦略の展開、政府観光機関によるマーケティング活動、国や地域の人材プログラム、環境保護法制の整備など」（*Ibid*, p.379）が含まれます。

■需要条件

Dwyer and Kimモデルの独自性の一つとされる「需要条件」は、観光の需要者サイドの「認知（awareness）、知覚（perception）そして好み（preferences）」の三つからなります。そのうえで、Dwyer教授とKim教授は、「観光地の認知は、観光地マーケティングなど幾つかの手段により創出されうる。投影される観光地イメージは、知覚に影響を与え、これにより訪問にも影響を及ぼす。訪問が実現するかは、観光客の好みと知覚された観光製品〔サービス〕が一致するかにかかっている」と説明したうえで、「観光地が競争力を強化したいのであれば、常に変容する顧客の好みに合わせ観光製品〔サービス〕を開発していかなくてはならない」（*Ibid*, p.379）と主張します。こうした消費者行動を意識した観光製品や観光サービスの提供の重要性を指摘したことが、観光地競争力モデルへの両教授の重要な貢献の一つといえます。

■各要素間の関係性

Dwyer and Kimモデルでは要素間の関係性に関する所見も示されており、筆者は、この点も両教授の貢献の一つと考えています。図9―2のなかの支援資源から賦存資源と創造資源に向かう一方向の矢印は、「訪問を促進したり、実現したりする観光インフラ（宿泊施設、移動手段、レストラン）、組織化された体験型観光、娯楽、ショッピング施設などを欠いた状態の中で、単なる資源だけで観光地への実際の訪問を生み出すことは不十分であることを示しています。そうした関係性は、観光地が一体の組織となって観光製品に付加価値をつけるということを意味」（*Ibid*, pp.379-380）しています。

創造資源と支援資源から需要条件と観光地経営に向かう矢印は、２方向の因果関係を示しており、「特に旅行者の好みや旅の動機といった需要条件が観光地で開発される製品やサービスの種類に影響を及ぼす一方、創造資源や支援資源の独自の特性が需要条件に影響を及ぼす」ことになります。同じく「民間や公的セクターの観光地経営組織の活動が開発される製品やサービスの形態に影響を与える一方、創造資源と支援資源の特性が持続性を達成したり維持したりするための観光地経営に影響を与える」（*Ibid*, p.380）ことになります。

また「観光地競争力と記されたボックスが、後方の競争力の各決定因そして前方の社会経済的繁栄と結び付いているのは、観光地競争力が観光地の住民のよき生活という、より根本的な目的のための中間的目的になることを示唆」（*Ibid*, p.380）しています。さらに、それらの目的は一組の指標と結びついており、「観光地競争力」から下方に伸びる矢印でつながる「観光地競争力の指標」は、観光地アピール、景観美などの「主観的指標」、そして観光地の市場シェア、観光地の外貨獲得量などの「客観的指標」から構成されています。また「社会経済的繁栄」から下方に伸びる矢印でつながる「生活の質の指標」は、経済の生産性水準、国全体の雇用水準、一人当たり所得、経済成長率などのマクロ経済指標から構成されています。

以上のように、Dwyer and Kim モデルは、先の Crouch and Ritchie モデルの要素を基本的に踏襲する内容でありますが、それら要素を再整理し、さらに需要条件という要因を指摘した点に独自性が認められます。さらに、その関係性を統計学的に検証できるかどうかはわかりませんが、要因間の関係に関して試案が提示されていることも興味深い点です。

繰り返し強調することになりますが、やはり観光地はさまざまな要素から成り立つ一つのシステムであり、その競争力を適切に把握するためにはさまざまな要素に目を向けつつ、全体的な視点（holistic perspective）からそれを見ていく必要があります。

(2) 観光地競争力モデルを用いた実証研究

上述の Crouch and Ritchie モデルないし Dwyer and Kim モデルが発表されたことで、それらモデルに依拠した実証研究が進められます。ここでは、初期の代表的な実証研究を二つ紹介します。

① Enright and Newton（2004）の研究

Dwyer and Kim モデルが提示された翌年の２００４年に公刊され、観光地競争力を扱う論文のなかで頻繁に参照・引用されるのが、Michael J. Enright と James Newton による香港の観光地競争力を測定した「観光地競争力――数量的アプローチ」（Tourism Destination Competitiveness: Quantitative Approach）という論文です。

Enright and Newton は、観光地競争力を構成する要素を「魅力要因」（attractors）と「ビジネス関連要因」（business-related factors）とに分類したうえで、各要素の「重要性」を5段階（1＝かなり重要ではない、2＝重要ではない、3＝中立、4＝重要である、5＝かなり重要である）、各要素の「相対的競争力」を5段階（1＝かなり悪い、2＝悪い、3＝同等、4＝良い、5＝かなり良い）で評価します。なお相対的競争力とは、他の観光地との比較によって評価される競争力を意味します。アンケート調査の対象者は香港の観光産業の実務家たちであり、1116名に質問を送り183名から回答を得ました。

紙幅の制約があるため、ここでは魅力要因の結果のみを紹介します。「重要性」の評価は表9―1、「相対的競争力」の評価は表9―2のとおりです。評価の平均が5に近いほど、重要性が高く、相対的な競争力が高いことになります。標準偏差とは、それらデータのばらつき具合を意味します。

表9―1によれば、香港の観光で重要と評価されるのは、安全（4・64）、食事（4・36）、観光客向けの観光施設（4・33）、視覚的アピール（4・20）、よく知られた歴史的な建物（4・12）です。逆に重要でないのが、音楽や上演（3・29）、美術館やギャラリー（3・42）、有名な歴史（3・59）、気候（3・71）、興味深い建築（3・72）です。表9―2

表９－１　重要性の平均値でランク付けされた魅力要因（N=183）

	重要性ランク	平均	標準偏差
安　全	1	4.64	0.55
食　事	2	4.36	0.63
観光客向け観光施設	3	4.33	0.73
視覚的アピール	4	4.20	0.67
よく知られた歴史的な建物	5	4.12	0.65
夜の遊び	6	4.06	0.67
異質な文化	7	3.98	0.74
特別なイベント	8	3.96	0.72
興味深い祭り	9	3.75	0.83
地域独自の生活様式	10	3.73	0.87
興味深い建築	11	3.72	0.74
気　候	12	3.71	0.80
有名な歴史	13	3.59	0.76
美術館やギャラリー	14	3.42	0.77
音楽や上演	15	3.29	0.79
平　均		3.92	

出所：Enright and Newton (2004), p.783 より引用。

表９－２　相対的競争力の平均値でランク付けされた魅力要因（N=183）

	競争力ランク	平均	標準偏差
食　事	1	4.34	0.74
安　全	2	4.04	0.83
夜の遊び	3	3.82	0.89
視覚的アピール	4	3.73	0.75
気　候	5	3.46	0.78
よく知られた歴史的な建物	6	3.38	0.89
異質な文化	7	3.38	0.84
地域独自の生活様式	8	3.36	0.84
特別なイベント	9	3.35	0.79
興味深い建築	10	3.29	0.88
興味深い祭り	11	3.28	0.86
観光客向け観光施設	12	3.18	0.94
有名な歴史	13	3.15	0.87
音楽や上演	14	2.99	0.78
美術館やギャラリー	15	2.69	0.80
平　均		3.43	

出所：Enright and Newton (2004), p.784 より引用。

図９－３　魅力要因の重要性と相対的競争力

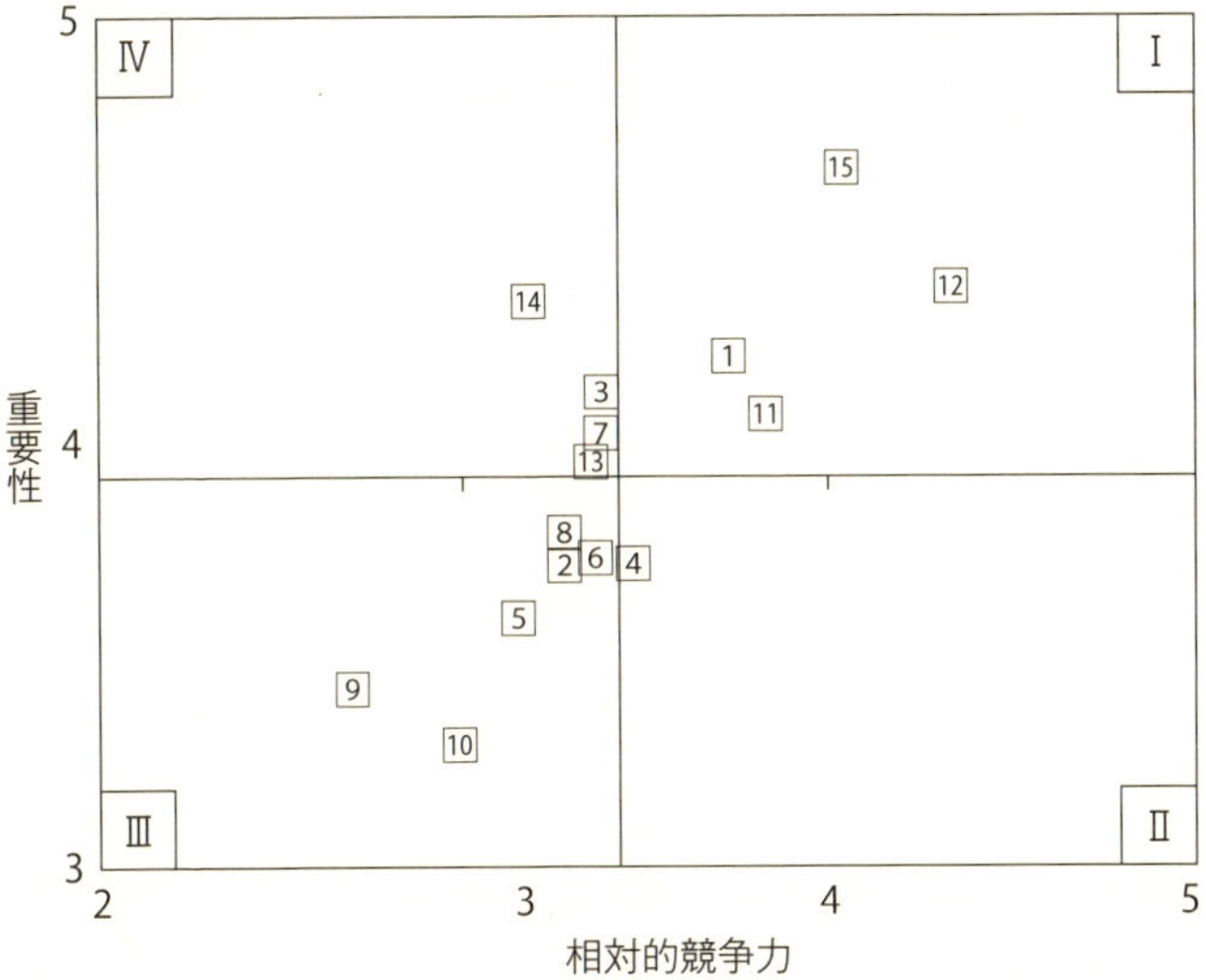

1＝視覚的アピール，2＝興味深い建築，3＝よく知られた歴史的な建物，4＝気候，5＝有名な歴史，6＝地域独自の生活様式，7＝異質な文化，8＝興味深い祭り，9＝美術館やギャラリー，10＝音楽や上演，11＝夜の遊び，12＝食事，13＝特別なイベント，14＝観光客向け観光施設，15＝安全

出所：Enright and Newton（2004），p.785より引用。

によれば、香港の観光で競争力があると評価されるのは、食事（4・34）、安全（4・04）、夜の遊び（3・82）、視覚的アピール（3・73）、気候（3・46）です。逆に競争力がないのが、美術館やギャラリー（2・69）、音楽や上演（2・99）、有名な歴史（3・15）、観光客向けの観光施設（3・18）、興味深い祭り（3・28）です。

そのうえで、図9―3のような重要性・実力分析（importance performance analysis）が行われます。すなわち第1象限は「高い重要性、高い競争力」、第2象限は「低い重要性、高い競争力」、第3象限は「低い重要性、低い競争力」、第4象限は「高い重要性、低い競争力」を意味します。そのなかで特に問題となるのが第4象限で、観光地にとって重要であるにもかかわらず、競争力が弱い要素です。図9―3によれば、14番「観光客向けの観光施設」が第4象限に入っています。このことから、香港では、今後、観光客向け観光施設を強化していく必要があると考えられます。

② Gomezelj and Mihalič（2008）の研究

よく参照・引用されるもう一つの実証研究が、Doris Omerzel Gomezelj と Tanja Mihalič による「観光地競争力――異なるモデルの適用、スロベニアの事例」（Destination Competitiveness - Applying Different Models, The Case of Slovenia）です。同論文の学術的意義は、1998年に実施された De Keyser - Vanhove モデルによるスロベニアの観光地競争力調査に対して、2004年に Dwyer らの統合モデルを用いてスロベニアの競争力を測定し直し、そのうえでそれぞれの観光地競争力モデルが内包する問題点を析出することにあります。今回は、それら学術的な論点には深く入り込まず、Dwyer and Kim モデルを用いたスロベニアの競争力の分析結果の一部を紹介するに止めます。

供給サイドの利害関係者、例えば観光産業関係者、政府関係者、観光学の研究者と大学院生など、いわゆる専門家に各要素の相対的競争力を5段階で評価してもらいます。それらアンケート結果は、Dwyer and Kim モデルに沿って整理され、平均値と標準偏差が計算されます。

スロベニアの継承資源（inherited resources）では、手つかずの自然（４・４０６８）、植物や動物の生態系（４・００００）、旅行に適した気候（３・８３９０）などが相対的に高く評価されています。創造資源（created resources）では、健康リゾートと温泉（４・２７１２）、自然エリアへのアクセスの良さ（３・９２３７）、多様な食事（３・８１３６）などが相対的に高く評価されています。支援資源（supporting resources）では、住民による観光客へのおもてなし（３・４５７６）、住民と観光客の対話と信頼関係（３・３４７５）、観光地へのアクセス（３・３１３６）などが相対的に高く評価されています。

観光地経営（destination management）では、観光開発への住民のサポート（３・１６９５）、サービスの質の重要性への認識（３・０３３９）、観光客のニーズに合わせた観光業・宿泊業の人材育成（３・０２５４）などが相対的に高く評価されています。外部状況の状態（situational conditions）では、観光客の安全と保障（４・１６９５）、政治的安定性（４・

１１８６）、観光地での観光体験の値ごろ感（３・４４９２）などが相対的に高く評価されています。需要条件（demand conditions）では、上述の要素よりも平均値が低くなりますが、全体的なイメージ（２・８３０５）が相対的に高く評価されています。

これらの結果からは、自然や生態系、健康リゾートや温泉、安全や保障、政治的安定性などが4を超える数値となっており、スロベニアの強みとして評価されていることがわかります。かたや、国際的な認知度、アミューズメントパークそしてテーマパークは、2に近い数値となり、スロベニアの弱みになっていることがわかります。もちろん、それら弱みが、そのまま解決されるべき問題となるわけではありません。スロベニアに旅行しようとする人たちは、そもそもテーマパークを求めていない可能性が高いと考えられるからです。要するに、求められていないものを、わざわざ強化する必要はないということになります。

以上の二つの実証研究をみれば、観光地競争力モデルを活用することで、数多くの要素で構成される観光地の、どこに強みがあり、どこに弱みがあるかを、数値によって把握できることがわかります。やはり、観光地が自らの観光振興政策を検討する前段階の予備調査として、これら学術研究のなかで提唱されたモデルを用いて観光地の競争力の現状をしっかり把握した方が良いと考えられます。

これら初期の実証研究の後にも、観光地競争力モデルをより精緻化したり、評価数値の信頼性を高めたりするための数多くの実証研究が発表されます（Cracolici and Nijkamp, 2008;

Crouch, 2011; Greenwood and Dwyer, 2015; Zehrer *et al.*, 2017; Zhou *et al.*, 2015)。今回は紙幅の制約があり、それら後続の研究の内容に触れることはできません。また別の機会に詳しく説明したいと思います。

3 調査と分析の方法—how?

これら観光地競争力の調査は、実際どのように行われているのでしょうか。実は、東北学院大学経営学部の地域観光産業調査チーム（村山貴俊、松岡孝介、秋池篤）も、宮城県内の宮城蔵王、塩竈、松島、石巻圏において、観光地競争力モデルを用いたアンケート調査を行い、その分析結果の一部を各観光地の観光振興組織や地方公共団体に提供してきました（これら調査は、筆者が研究代表であるＪＳＰＳ科研費 15K01961 および 18K11872 の助成を受けて実施されました）。そのなかから、特に観光客を対象に実施したアンケート調査の方法を簡単に紹介します。

まずは表９—３のように観光地競争力モデルの各要素に依拠して質問票を作成します（質問票は、Gomezelj and Mihalič, 2008 と Zhou *et al.*, 2015 に基づき筆者らが作成）。評価は５段階で、１＝平均を大きく下回る、２＝平均を少し下回る、３＝平均、４＝平均を少し上回る、５＝平均を大きく上回るとします。また、観光地の競争力は相対的なものであることから、最初に調査対象の観光地と競合する観光地を挙げてもらい、それらと比較しながら当該

表9－3　質問票の例

（1）松島と競合する観光地はどこだと思いますか？
競合していると思われる順に、観光地の名称を5つあげてください

1 ________ 2 ________ 3 ________ 4 ________ 5 ________

（2）上で挙げた競争相手と比較しながら、各質問に関して松島を点数で評価してください。点数に○を付けてください。

1＝平均を大きく下回る，2＝平均を少し下回る，3＝平均，
4＝平均を少し上回る，5＝平均を大きく上回る

おもてなしや親しみやすさ	1	2	3	4	5
安全性	1	2	3	4	5
清潔さ	1	2	3	4	5
体験型観光の種類	1	2	3	4	5
交通アクセスの良さ	1	2	3	4	5
:					
（中略）					
:					
自然との触れ合い	1	2	3	4	5

出所：東北学院大学経営学部地域観光産業調査チーム（村山貴俊，松岡孝介，秋池篤）が作成したアンケートの一部を抜粋。

図９－４　アンケート調査結果の表示

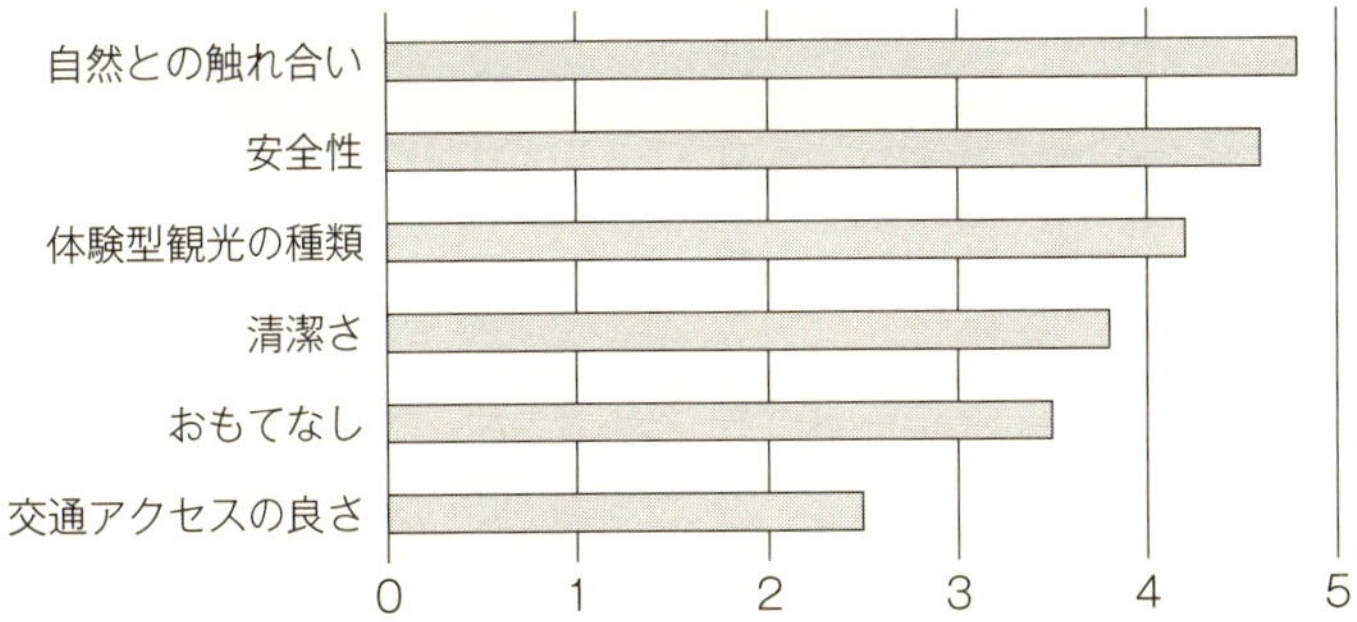

	交通アクセスの良さ	おもてなし	清潔さ	体験型観光の種類	安全性	自然との触れ合い
平均値	2.5	3.5	3.8	4.2	4.6	4.8

出所：筆者作成。

観光地を評価してもらいます。例えば、松島の調査であれば、「松島と競合する観光地はどこだと思いますか？ 競合していると思われる順に、観光地の名称を5つあげてください」といった質問を最初に設けます。観光客は、それら競合する観光地を念頭におきながら、松島の観光競争力の各要素を5段階で評価します。

そのうえで事前に訓練を受けた学生を現地に派遣し、観光客にアンケートへの回答を依頼します。例えば、ある観光地の調査では、10月の週末を利用して2回の現地調査を行い、観光客１４４名から回答を得ました。われわれが調査する際は、各観光地の市役所、役場、観光振興組織などと連携するようにしています。特に日本において現地調査を首尾よく実施するためには、公的セクターや観光振興組織との協力が不可欠です。また、アン

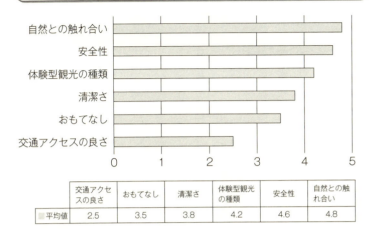

ケートの回答者には色々な方がおり、予期せぬ事態が発生する可能性もありますので、トラブル対応などに関する学生の事前訓練は欠かせません。

回収されたアンケート結果をMS Excel™などに入力します。回収数が多い場合は、専門の入力業者に外注するのが良いと考えられます。回収数が少ない場合は、自分たちでも入力できますが、入力の間違いなどが心配な場合は、やはり信頼できる専門業者に任せた方が安心できます。

観光地競争力モデルの利点の一つと筆者が考えているのが、統計学の高度な処理を行う必要性がないということです。先に見た実証研究も、評価の平均値と標準偏差を計算しているだけです。もちろん近時に至り、各要素の評価の信頼性をより高くするためにAnalytic Hierarchy Process（分析的階層過程）という手法も提唱されていますが（Crouch, 2011; Zhou *et al.*, 2015）、各観光地の観光政策立案の基礎資料にするという用途であれば平均値と標準偏差の計算で事足りると思われます。

計算された平均値は、図9―4のように棒グラフで示すことができます。先に紹介したスロベニアの実証研究を行ったGomezelj and Mihalič（2008）も、棒グラフを用いて各要素の平均値を表示しています。これによって、どの要素の評価が相対的に高く、どの要素の評価が相対的に低いかが一目でわかるようになります。

4　観光地競争力の目的―why？

最後に、なぜ、こうした研究や調査が必要になるのか？　さらに、観光地が競争力を構築する目的は何か？という点を検討し、本章を締め括ります。

Crouch 教授と Ritchie 教授は「観光地競争力の一般モデルは、観光地の競争力の問題点を診断したり、それに対する持続可能な解決策を創出したりしようとする観光地の管理者への指針として重要な役割を果たす」（Crouch and Ritchie, 2003, p.62）といいます。筆者も、彼らの意見に同意します。地方公共団体などが自らの観光地のＳＷＯＴ分析を行い、強みや弱みを分類し、それを観光振興戦略を立案する際の資料にしている事例を目にすることがあります。強みや弱みを把握しようとする試みそれ自体は悪くありませんが、誰が、何を根拠にして、強みや弱みを分類しているのかという疑問を感じることがあります。例えば、観光地の地元関係者によるグループディスカッションを通じて観光資源を強みと弱みに分けるという方法もありますが、やはり学術界で提唱された観光地競争力というモデルを用いた方が良いのではないでしょうか。観光地の地元関係者によるグループディスカッションでは、現実世界のパワー関係が、現状の認識に影響を及ぼしてしまう可能性があります。すなわち、声が大きく、強い権力を持った人たちの意見によって、現実の認識が作り上げられてしまうのです。先に述べたように、観光地競争力モデルによる調査と分析はそれほど難しいものではありません。われわれのような大学の研究者と連携して実施することも可能です。

ゴールドマン・サックスの元アナリストで、現在は国宝や重要文化財の修復を手掛ける小西美術工藝社の会長兼社長（当時）であるデービッド・アトキンソンは著書『新・観光立国論』（東洋経済新報社、２０１５年）のなかで、日本の観光振興の問題点の一つとして、データに基づかない主観的かつ感情的な議論を挙げています。繰り返し強調することになりますが、観光地競争力モデルを用いることで、高度な分析や高額な費用を伴わず観光地の現状を把握できるデータが得られるわけです。

また、「モデルは…（中略）…意思決定を支援するものであり、意思決定者の役割を演じるべきではありません」（*Ibid,* p.60）という Crouch 教授と Ritchie 教授の指摘も重要です。データはあくまでも意思決定の基礎的資料であり、それ自体が観光振興に関する意思決定や政策を導き出すわけではありません。また、地域と大学との連携のなかで、大学はデータ作成には協力できますが、われわれ外部の人間が意思決定それ自体を下すことはできません。

例えば、先に見たスロベニアの実証研究を思い出してください。スロベニアの強みとして自然や温泉、弱みの一つとしてアミューズメントパークやテーマパークなどが挙げられていました。観光地の限りある資源を使って、今後、さらに強み（自然）を伸ばしていくか、弱み（テーマパーク）を補強していくかを最終的に決定するのは、まさに当該地域の地方公共団体や観光振興組織の管理者の仕事であり責任になります。そして、そこで誤った意思決定を下さないためにも、より良質なデータや情報を収集する必要があるのです。

最後に、観光地が競争力を構築する目的を論じます。Dwyer 教授と Kim 教授は「国際的に観光客を誘致する観光開発には広範な目的があります。しかし最終的に、経済的な豊かさに着眼することは理に適っています。つまり、国（や観光地）は、自分の国の住民が経済的に豊かになれるように国際観光市場で競争しているわけです。もちろん、観光開発のその他の目的――例えば居住するため、貿易するため、投資するため、取引をするため、スポーツを楽しむための場として国を盛り上げるチャンスにする――を持つこともできます。観光は、国際的な相互理解、平和、信頼を促進できるかもしれません。しかし長期的視点で見れば、観光地の住民の経済状態を良くすることが観光地競争力の主たる関心事になります」(Dwyer and Kim, 2003, p.375) と主張しています。すなわち、当該地域の住民の経済的な豊かさこそが、観光地競争力の目的になるといいます。経済的な豊かさを目的とすることが、本当に正しいことなのか、善いことなのかを判断するのは、非常に難しいことです。しかし、地域社会や地域住民の経済状態の改善という考え方が、今後、日本の各地においてますます重要になってくると思われます。

近時に至り、我が国で「限界集落」という用語が注目されています。『コトバンク』によれば、限界集落とは「過疎化・高齢化が進展していく中で、経済的・社会的な共同生活の維持が難しくなり、社会単位としての存続が危ぶまれている集落」を指します（https://kotobank.jp/word/ 限界集落―１８４２７７を参照）。人口減と高齢化が進む日本では、今後、限界集落が大きな社会問題になってくる可能性があります。そうしたなか、人口減少、それによる地域の経済損失への処方箋の一つとして観光振興が注目されています。観光庁の調査によれば、２０１８年1~3月期の速報値にみる訪日外国人一人当たり旅行支出額は約15万円、国籍・地域別でみるとオーストラリアが約25万円、ベトナムが約23万円、中国が約23万円です（観光庁ＨＰ、http://www.mlit.go.jp/kankocho/siryou/toukei/syouhityousa.html を参照）。同時期の日本人国内旅行の一人当たりの消費額は宿泊旅行で約5万円、日帰り旅行で約1万７０００円です（観光庁ＨＰ、http://www.mlit.go.jp/kankocho/siryou/toukei/shouhidoukou.html を参照）。一方、総務省によれば、定住人口一人当たりの年間消費額は約１２４万円（ただし２０１３年）です（総務省ＨＰ、http://www.soumu.go.jp/johotsusintokei/whitepaper/ja/h27/html/nc233100.html を参照）。これらの数字に依拠すれば、定住人口が一人減少した時の消費減少分の約１２４万円は、訪日外国人の場合は約８人（１２４万円÷15万円）、宿泊を伴う国内旅行者の場合は約25人（１２４万円÷５万円）を誘客することで賄える計算になります。観光客を誘客するためにはそれ相応の投資や費用がかかるため、こうした単純な計算はあまり意味がないとも思われますが、ここにきて、行政、鉄道関連業者、民間シンクタンクの報告のなかでこうした計算式をよく目にすることがあります。もちろんコスト（投資や費用）とベネフィット（誘客による消費拡大）について慎重かつ冷静に比較酌量する必要がありますが、観光産業は、高齢化や人口減に直面する地域が今後抱えるであろう特に経済面での問題を一部解消できる可能性を秘めていると考えられます。

ただし、観光客を誘客するためには、観光地間での苛烈な競争に勝ち残る必要があり、そのために競争力を磨く必要があります。その際には、そもそも観光地の競争力とは何か、そして競争力を構成する要素は何かをよく知る必要があります。そのうえで、それら要素に基づき、自らの観光地の競争力の現状や問題点をしっかり把握していく必要があります。本章で説明した観光地競争力モデルが、そうした取組の一助になると考えています。

【注】

（1）本研究は、ＪＳＰＳ科研費15K01961（研究代表：村山貴俊）および18K11872（研究代表：村山貴俊）の助成を受けています。本章は、村山貴俊（２０１９）「観光地競争力モデルとは何か？」『東北学院大学 経営学論集』第12号を学生の教育用に補正したものです。

（2）筆者自身は、これを概念モデルと呼ぶことに若干の違和感があり、むしろ分析枠組みとした方が良いと考えています。とはいえ、Ritchie and Crouch（2003）は概念モデルとして提唱しているため、それに倣いモデルと表記することにします。

参考文献

【文　献】

Azzopardi, E. and Nash, R.（2017）, "A Review of Crouch and Ritchie's, Heath's, and Dwyer and Kim's Models of Tourism Competitiveness," *Tourism Analysis*, vol.22, pp.247-254.

Cracolici, M.F. and Nijkamp, P.（2008）, "The Attractiveness and Competitiveness of Tourist Destinations: A Study of Southern Italy Regions," *Tourism Management*, vol.30, pp.336-344.

Crouch, G.I. and Ritchie, J.R.B. (1999), "Tourism, Competitiveness, and Societal Prosperity," *Journal of Business Research,* vol.44, pp.137-152.

Crouch, G.I. (2011), "Destination Competitiveness: An Analysis of Determinant Attribute," *Journal of Travel Research,* vol.50, no.1, pp.27-45.

Dwyer, L. and Kim, C. (2003), "Destination Competitiveness: Determinants and Indicators," *Current Issues in Tourism,* vol.6, no.5, pp.369-414.

Enright, M.J. and Newton, J. (2004), "Tourism Destination Competitiveness: A Quantitative Approach," *Tourism Management,* vol.25, pp.777-788.

Gomezelj, D. and Mihalič, T. (2008), "Destination Competitiveness: Applying a Different Models, The Case of Slovenia," *Tourism Management,* vol.29, pp.294-307.

Greenwood, V.A. and Dwyer, L. (2015), "Consumer Protection Legislation: A Neglected Determinant of Destination Competitiveness," *Journal of Hospitality and Tourism Management,* vol.24, pp.1-8.

Heath, E. (2003), "Towards a Model to Enhance Competitiveness: A South Africa Perspective," in Braithwaite, R.L. and Braithwaite, R.W. (ed.), *CAUTHE 2003: Riding the Wave of Tourism and Hospitality Research,* Lismore, N.S.W.: Southern Cross University, pp.500-521.

Porter, M.E. (1990), *Competitive Advantage of Nations: Creating and Sustaining Superior Performance,* NY: Free Press.

Ritchie, J.R.B. and Crouch, G.I. (2003), *The Competitive Destination: A Sustainable Tourism Perspective,* Oxfordshire, UK: CABI Publishing.

Ritchie, J.R.B. and Crouch, G.I. (2010), "A Model of Destination Competitiveness/Sustainability: Brazilian Perspective," *Revista de Administração Pública,* vol.44, no.5, pp.1049-1066.

Zehrer, Anita, Smeral, E. and Hallman, K. (2017), "Destination Competitiveness: A Comparison of Subjective and

Objective Indicators for Winter Sport Areas," *Journal of Travel Research*, vol.56, no.1, pp.55-66.

Zhou, Y., Maumbe, K., Deng, Jinyang and Selin, S.W. (2015), "Resource-Based Destination Competitiveness Evaluation Using a Hybrid Analytical Hierarchy Process (AHP): The Case Study of West Virginia," *Tourism Management Perspectives*, vol.15, pp.72-80.

アトキンソン・デービッド（２０１５）『新・観光立国論』東洋経済新報社。

（ただし引用文中に示された参考・引用文献は表記していません）

【ホームページ】

観光庁ＨＰ、http://www.mlit.go.jp/kankocho/siryou/toukei/syouhityousa.html

観光庁ＨＰ、http://www.mlit.go.jp/kankocho/siryou/toukei/shouhidoukou.html

『コトバンク』https://kotobank.jp/word/限界集落−１８４２７７

総務省ＨＰ、http://www.soumu.go.jp/johotsusintokei/whitepaper/ja/h27/html/nc233100.html

さらなる学習へ

観光競争力に関する学術研究を解説した日本語文献はあまりありません。学生の皆さんも、本章で参照・引用したRitchie and Crouch（2003）, *The Competitiveness Destination: A Sustainable Tourism Perspective* など英語の教科書や論文に挑戦してみてください。

データと分析に基づく観光振興の重要性については、アトキンソン（２０１５）『新・観光立国論』をお薦めします。ここでいう「データに基づく」とは、高度な統計分析を行うということではなく、感情的にならず、数字などの客観的データに基づき論理的に議論を進めることと理解されます。アトキンソンによれば、英国人は子供のころから議論と感情とを切り離す「議論の文化」の重要性を教育されるといいます。

演習問題

問1、観光地競争力モデルを構成する要因や要素は何でしょうか。本章を読み返し、できるだけ細かく書き出してください。

問2、なぜ、観光地の競争力が必要なのでしょうか。観光地が競争力を構築する理由や目的について考えてください。

《著者紹介》

東北学院大学経営学部おもてなし研究チーム

斎藤善之（さいとう・よしゆき）担当：第1章
経営学部教授 商業史担当

村山貴俊（むらやま・たかとし）担当：第2章・第4章・第9章
同学部教授 国際経営論担当

折橋伸哉（おりはし・しんや）担当：第3章
同学部教授 経営管理論担当

松村尚彦（まつむら・なおひこ）担当：第5章
同学部教授 ファイナンス担当

松岡孝介（まつおか・こうすけ）担当：第7章・第8章
同学部准教授 原価計算論担当

矢口義教（やぐち・よしのり）担当：第6章
同学部教授 企業倫理担当

（検印省略）

2012年11月10日 初版発行
2019年 2 月25日 増補版発行

略称 ―おもてなし理論

おもてなしの経営学［理論編］［増補版］
―旅館経営への複合的アプローチ―

著　者 東北学院大学経営学部
おもてなし研究チーム

発行者 塚 田 尚 寛

発行所 東京都文京区
春日２－13－1 株式会社 **創 成 社**

電　話 03（3868）3867　　F A X 03（5802）6802
出版部 03（3868）3857　　F A X 03（5802）6801
http://www.books-sosei.com 振　替 00150-9-191261

定価はカバーに表示してあります。

ISBN978-4-7944-2544-7 C0034
Printed in Japan

組版：トミ・アート　印刷：亜細亜印刷
製本：宮製本所

創　成　社　の　本

おもてなしの経営学［実践編］

—宮城のおかみが語るサービス経営の極意—

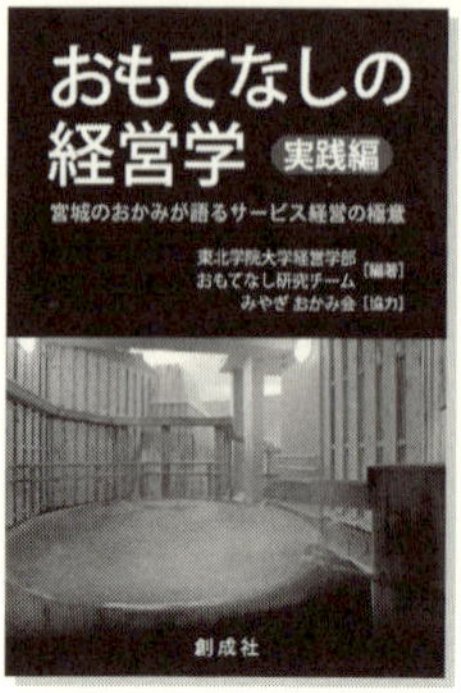

定価（本体 1,600 円＋税）

東北学院大学経営学部
おもてなし研究チーム［編著］
みやぎ おかみ会［協力］

宮城を代表する９名のおかみが，旅館経営について熱く語った１冊。

地域との関わりや，こだわりのサービスまでわかる！

おもてなしの経営学［震災編］

—東日本大震災下で輝いたおもてなしの心—

定価（本体 1,600 円＋税）

東北学院大学経営学部
おもてなし研究チーム［著］
みやぎ おかみ会［協力］

その時，女将たちは何を思い，どう行動したのか。

災害に備え，旅館ホテルはいかにあるべきかを考える１冊。

お求めは書店で

店頭にない場合は，FAX03（5802）6802か，TEL03（3868）3867までご注文ください。
FAXの場合は書名，冊数，お名前，ご住所，電話番号をお書きください。